A Revolução Holandesa

Coleção Estudos
Dirigida por J. Guinsburg

Equipe de realização – Revisão: Márcia Abreu; Sobrecapa: Sergio Kon; Produção: Ricardo W. Neves, Sergio Kon, Raquel Fernandes Abranches, Luiz Henrique Soares, Elen Durando, Mariana Munhoz e Daniel G. Mendes.

**Roberto Chacon
de Albuquerque**

A REVOLUÇÃO HOLANDESA
ORIGENS E PROJEÇÃO OCEÂNICA

 PERSPECTIVA

CIP-Brasil. Catalogação na Publicação
Sindicato Nacional dos Editores de Livros, RJ

A298r
    Albuquerque, Roberto Chancon de
    A revolução holandesa: origens e projeção oceânica / Roberto Chancon de Albuquerque. – 1. ed. – São Paulo : Perspectiva, 2014.
    224 p. ; 23 cm. (Estudos ; 324)

    ISBN 978-85-273-1003-1

    1. Holandeses – Brasil – História – Séc. XVII. 2. Brasil – História – Domínio holandês, 1624-1654. I. Título. II. Série.

14-10965   CDD: 981.032
                                                                      CDU: 94(81).025

02/04/2014   09/04/2014

Direitos reservados em língua portuguesa à
EDITORA PERSPECTIVA S.A.

Av. Brigadeiro Luís Antônio, 3025
01401-000 São Paulo SP Brasil
Telefax: (011) 3885-8388
www.editoraperspectiva.com.br

2014

Sumário

Apresentação XI

Da Pragmática Sanção à Ata de Abjuração,
a Independência dos Países Baixos...................... 1

    Países Baixos Habsbúrgicos 4
    Pragmática Sanção................................ 8
    Pacificação de Gante 9
    Ata de Abjuração 12
    Unificação Inconclusa 14
    Anexo... 16

A União de Utrecht, a Primeira Constituição
dos Países Baixos..................................... 43

    Os Países Baixos Rumo à Independência 45
    Principais Dispositivos 47
    Prática Constitucional........................... 52
    Uma república Híbrida 54
    Anexo... 56

A União de Utrecht: Um dos Modelos Para
a Constituição Americana 69

A Hegemonia Holandesa nos Países Baixos
do Século XVII 75

A Carta-Patente da Companhia das Índias Orientais,
os Países Baixos à Conquista da Ásia 87

    Antigas Companhias 91
    Carta-Patente 94
    Conselho Federal de Administração 95
    Câmaras Regionais 98
    Participação dos Acionistas 100
    Prestação de Contas 102
    A Responsabilidade Limitada dos Diretores 103
    Conteúdo da Concessão 104
    Dispositivos Adicionais 109
    Uma Multinacional em Declínio 111
    Anexo 113

A Primeira Carta-Patente da Companhia das Índias
Ocidentais, Capitalismo Neerlandês e Subsídios Estatais . 127

    Conselho Federal de Administração 129
    Câmaras Regionais 131
    Participação dos Acionistas 135
    Prestação de Contas 135
    A Responsabilidade Limitada dos Diretores 137
    Conteúdo da Concessão 137
    Dispositivos Adicionais 141
    As Bênçãos do Estado 142
    Anexo 144

Judeus Participantes do Projeto Holandês Para o Brasil . . 161

    A Expulsão dos Judeus da Espanha 163
    A Expulsão dos Judeus de Portugal 164
    A Proteção Recebida Pelos Judeus nos Países Baixos . 167
    Uma Companhia Judaica Para o Brasil 174
    A Participação Judaica na Companhia das Índias
    Ocidentais 182
    A Proteção Recebida Pelos Judeus no Brasil
    Holandês 191
    Intolerância Calvinista e Perseguição Religiosa 202

Entre o final da Espanha e o começo da Índia, há um trecho de mar curto e navegável em poucos dias.

ARISTÓTELES

Apresentação

Mesmo sendo uma importante encruzilhada comercial desde a Idade Média com suas feiras e quermesses, que atraíam pessoas vindas de todo o Noroeste europeu, desde a França até a Alemanha, sem esquecer a vizinha Inglaterra, os Países Baixos, ocupando um pequeno território, então em boa parte alagado, na foz dos rios Reno, Mosa e Escalda, nunca desempenharam um papel central na política e na economia europeias até a chegada do século XVII. Periféricos, política e economicamente, no Sacro Império Romano-Germânico do qual faziam parte e, mais tarde, no Império habsbúrgico, sob o comando espanhol, teria sido muito difícil, senão impossível à época, no começo da Era Moderna, prever que eles conseguiriam uma das maiores façanhas da história mundial.

    Indo até as últimas consequências, os Países Baixos desafiaram a maior potência do mundo no século XVI, o Império espanhol, para conseguir, a todo custo, sua independência. Liderados pela Holanda, uma pequena região pantanosa, notoriamente abaixo do mar, com muito poucos recursos naturais, os Países Baixos lutaram durante várias décadas, a Guerra dos Oitenta Anos, com todos os seus recursos, contra o Império habsbúrgico, onde o sol nunca se punha. A Holanda, com Amsterdã à frente, tinha razões para, a despeito de seu tamanho reduzido e dos escassos meios disponíveis, ter uma autoconfiança que beirava a temeridade; um século antes, ela, na guerra contra a Liga Hanseática (1438-1441), derrotara a maior aliança comercial do mundo, controlada por comerciantes alemães. Tendo conseguido o impensável, ter acesso ao lucrativo comércio que ia do Mar do Norte ao Mar Báltico, que há bem dois séculos era controlado pela Liga, por que não pensar mais alto? Livrar-se dos grilhões do Império espanhol podia não ser tão difícil assim.

Se estes foram os cálculos iniciais dos holandeses, eles estavam demasiadamente confiantes. Madri, com Castela, era a capital do mundo. Os Países Baixos podiam ser ainda periféricos, mas estavam em ascensão; em poucas palavras, eles eram dinâmicos e geravam cada vez mais riqueza. Como o Império habsbúrgico poderia "abandonar" uma região tão promissora? Para que os Países Baixos se tornassem independentes, eles tiveram de enfrentar, com sucesso, um verdadeiro pesadelo, a Guerra dos Oitenta Anos (1568-1648). Durante quase um século, combateram contra os espanhóis num dos mais longos e cruentos conflitos da história europeia. Sem que os espanhóis aparentemente houvessem percebido muito bem, seus súditos haviam mudado muito; não só eles estavam cada vez mais ricos, como não pensavam mais como antes. Para começar, a oligarquia da Holanda e da Zelândia convertera-se ao calvinismo. Em pleno mercantilismo, os Países Baixos estavam se preparando para converterem-se também ao capitalismo. Entre Holanda e Castela, não havia mais nada em comum. A Holanda, à frente dos Países Baixos, estava preparada para dar seu grande salto, criar um novo mundo, na Revolução Holandesa; com novas ideias, transformar a realidade.

O século XVII é considerado com razão, pelos holandeses, seu Século Dourado (*Gouden Eeuw*), com Erasmo de Roterdã o antecipando, Rembrandt van Rijn o concluindo e Hugo Grócio de permeio, entre os vultos máximos do humanismo, pintura e direito. A Universidade de Leiden, fundada em 1575, por Guilherme I, príncipe de Orange, líder da Guerra dos Oitenta Anos, já no século seguinte se equiparava às medievais Bolonha, Oxford, Cambridge, Sorbonne e Heidelberg, datadas de duzentos ou trezentos anos antes.

Enquanto isto, a Holanda, capitaneando os Países Baixos, atingia o maior apogeu do capitalismo até então mundializado, no sentido de *O Moderno Capitalismo* de Werner Sombart, a quem Fernand Braudel tanto recorre no seu livro *Civilização Material, Economia e Capitalismo*. Os Países Baixos, sob o comando da Holanda, só não consumaram completamente seu propósito de organizar a projeção oceânica dos seus interesses econômicos devido às dificuldades de coordená-los diante das sucessivas e crescentes guerras que lhe foram feitas não só pela Espanha como pela Inglaterra, França e Portugal, com forças maiores do que as suas; assim, o propósito não conseguiu tornar-se um projeto articulando as tentativas, apesar de os Países Baixos terem sido persistentes em seu desígnio.

Ao invadirem o Brasil em 1630, os Países Baixos, sempre com a Holanda à frente, não eram formalmente, *de jure*, um país independente. Uma confederação de províncias rebeldes, constantemente em conflito com o Império espanhol, numa luta de vida e morte, não lhes faltava ambição. De seu pequeno território na foz dos rios Reno, Mosa e Escalda, cujo principal recurso natural era a água, eles tentaram colocar em prática uma estratégia de dominação global. Fundaram duas companhias comerciais, a Companhia das Índias Orientais e a Companhia das Índias Ocidentais, para conquistar o que a Espanha e Portugal tinham de mais precioso, seus impérios coloniais nas Américas, na África e na Ásia. Para a surpresa de Castela, a Holanda também contribuiu muito para a concepção de um novo conceito militar, depois formulado por outros, a guerra mundial; um pouco por toda a parte, por mar e por terra, nos cinco continentes, os holandeses atacaram os espanhóis e portugueses. Esta nova estratégia, a guerra mundial, tinha uma vantagem. O Império habsbúrgico, fustigado em todas as frentes, não podia concentrar todas as suas forças contra os Países Baixos. A guerra, travada entre duas potências europeias, não era mais exclusivamente europeia.

A conquista do Brasil fez parte desta estratégia, a dominação extracontinental, nas Américas e na África, paralela à da Companhia das Índias Orientais, do Grande Desígnio (*Groot Desseyn*) da Companhia das Índias Ocidentais, a construção de um império neerlandês transatlântico. A resistência dos luso-brasileiros contra o invasor, no entanto, não facilitou o trabalho dos Países Baixos; os investidores relutaram em participar desta Companhia, uma máquina de guerra, e de lucro, contra portugueses e espanhóis. Para eles, a Companhia das Índias Orientais era mais atraente. A Ásia, com a Índia, Indonésia, China, era mais promissora; Potosi, com suas minas de prata, na atual Bolívia, também fazia parte do projeto. Tendo despertado a cobiça dos especuladores, na Carta-Patente das Índias Orientais consta uma relação nominal dos investidores. Para a Companhia das Índias Ocidentais, tudo foi mais difícil. Mesmo assim, os Países Baixos não desistiram; subsidiaram-na, sem se esquecer de reservar parte do botim para o governo da República. O príncipe de Orange, paradoxal monarca, eleito por uma república, era seu chefe de Estado. Os investidores tinham suas razões ao serem cautos em relação à Companhia.

Depois do fracasso no Brasil e no Atlântico Sul, a Companhia das Índias Ocidentais faliu duas vezes até ser extinta sem honras de Estado. Seu empreendimento no Atlântico Norte era centrado em Nova Amsterdã, transformada em Nova York pela força econômica e marítima inglesa, ali substituindo a Holanda-Países Baixos. Só no Caribe, Indonésia e Suriname, a Holanda-Países Baixos permaneceu por mais tempo.

A Revolução Holandesa, entremeada pela Guerra dos Oitenta Anos, esta transição cheia de percalços do mercantilismo ao liberalismo, com ativa participação judaica, deu origem ao Novo Mundo holandês, este mundo capitalista no qual vivemos até hoje. Ao repudiar Filipe II, soberano legítimo do Império espanhol, não houve mais volta. Um século antes da Revolução Gloriosa (1688-1689), na Inglaterra, dois séculos antes da Guerra de Independência Americana (1775-1783) e da Revolução Francesa (1789-1799), os Países Baixos utilizaram o conceito de contrato social contra Filipe II, na Ata de Abjuração, sua declaração de independência. Outros povos passaram depois a também nisto convergir e coincidir; os princípios fundamentais da Revolução Holandesa continuam associando-se a novas realidades. A mais rica cidade da Europa no século XVII, Amsterdã conseguiu aquilo com o que ela sempre sonhara, tornar-se: um farol para o mundo. Mais tarde, a Inglaterra, vitoriosa nas Guerras Anglo-Holandesas (1652-1784), tentaria transformar as ideias de seu inimigo em suas, para criar um mundo que completasse e ampliasse este Novo Mundo holandês.

Amsterdã prossegue se confirmando, até hoje, como um dos mais importantes centros de economia-mundo no sentido de Fernand Braudel, dentre eles, mais adiante, a também holandesa Roterdã, o maior porto da Europa e dos principais em escala global, demonstrando ter sobrevivido e em grande parte sido realizado o desígnio oceânico da Holanda-Países Baixos.

Para a elaboração desta obra, foram pesquisados livros, artigos e documentos originais em diversas viagens pessoais aos arquivos, bibliotecas e livrarias da Holanda e Curaçao, no Caribe holandês.

Este livro prossegue a centenária herança brasileira de estudos sobre o Brasil Holandês. Francisco Adolfo de Varnhagen, Pereira da Costa, José Higino Duarte Pereira, Alfredo de Carvalho, Pedro Celso Uchoa Cavalcanti, Joaquim de Souza Leão, José Antônio Gonsalves de Mello, Luís da Câmara Cascudo, José Honório Rodrigues, Evaldo Cabral de Mello, Leonardo Dantas. Todos eles, cada um à sua maneira, contribuíram para o aprofundamento da análise do período holandês na história do Brasil.

Da Pragmática Sanção à Ata de Abjuração, a Independência dos Países Baixos

Os Países Baixos pertenciam ao Sacro Império Romano-Germânico[1] (962-1806). Ao contrário da França, com sua sucessão dinástica hereditária, o cargo de imperador era eletivo. Escolhido inicialmente por todos os príncipes alemães, depois ele passou a ser indicado pelos sete príncipes eleitores mais poderosos. Autoproclamado sucessor do Império Romano do Ocidente, à luz da doutrina da *translatio imperii*, o imperador chegou a ser coroado pelo papa em Roma; esta coroação foi o fundamento de sua legitimação política[2]. Da mesma maneira que o papa era a autoridade espiritual máxima da Cristandade, até a dissolução do Império, com as Guerras Napoleônicas, o imperador era sua autoridade temporal máxima. Para o Sacro Império Romano-Germânico, a Cristandade era a *res publica christiana*, governada pelo imperador. Esta lógica modificou-se a partir do século XVII, com a Guerra dos Trinta Anos (1616-1648), entre católicos e protestantes.

Com Carlos V[3] (1500-1558), cuja política universalista terminaria sendo vantajosa para os Países Baixos, o Império atin-

---

1 Em alemão e latim, Sacro Império Romano (Heiliges Römisches Reich/Sacrum Romanum Imperium).
2 Carlos V foi o último imperador a receber a coroação papal.
3 Com visão e objetivos universalistas, Carlos V descendia diretamente de quatro importantes dinastias europeias, da Áustria a Flandres, de Portugal à Espanha.

giu seu apogeu. Adotaram-se reformas institucionais que permitiram a formação de um Estado centralizado moderno, mas com a situação periférica dos Países Baixos, desde o século XII, a autoridade do imperador era ali pouco efetiva. Os Países Baixos tornaram-se cada vez mais independentes, tanto sob o ponto de vista político como econômico, exercendo praticamente direitos soberanos como atores de direito internacional público. Da América Central à América do Sul, da Itália à Alemanha, Carlos V exercia sua autoridade. Os Países Baixos, pequenos territorialmente, tornaram-se uma das principais potências econômicas do Sacro Império Romano-Germânico. Carlos V tinha poder, com sua autoridade temporal soberana, para submeter política e militarmente os Países Baixos, mas preferiu seguir outro caminho. Com a Pragmática Sanção[4] (1549), Carlos V preparou inconscientemente sua independência do Império, transformando os Países Baixos[5] numa entidade autônoma, da qual os Habsburgos eram herdeiros.

Dotados de leis e costumes próprios, cada vez mais pujantes economicamente, os Países Baixos não se contentaram com a Pragmática Sanção. Filipe II (1527-1598), filho e sucessor de Carlos V, não queria a independência neerlandesa. Convertidos ao protestantismo, os Países Baixos do norte[6] passaram a abominar o Império habsbúrgico católico, controlado por Filipe II, do qual faziam parte.[7] Para libertarem-se do que os Países Baixos consideravam uma opressão ignominiosa, os neerlandeses rebelaram-se contra Filipe II. Sob a liderança de Guilherme I[8] (1533-1584), príncipe de Orange, chamado de o Taciturno, teve início uma das guerras mais longas e devastadoras de toda a história europeia, a Guerra dos Oitenta Anos (1568-1648), a

---

4 No Sacro Império Romano-Germânico, as pragmáticas sanções (*pragmaticae sanctiones*) eram éditos adotados pelo imperador; elas diziam respeito a questões de natureza estatal consideradas essenciais para o Império.
5 As dezessete províncias, contempladas pela Pragmática Sanção, correspondiam aproximadamente ao território dos atuais Países Baixos, Bélgica, Luxemburgo e partes do norte da França e do oeste da Alemanha.
6 As principais províncias dos Países Baixos do norte eram a Holanda e a Zelândia.
7 Os Países Baixos habsbúrgicos compreenderam todos os Países Baixos de 1482 a 1581.
8 Guilherme I é considerado o patriarca, o pai da pátria (*vader des vaderlands*) neerlandês.

Guerra de Independência Neerlandesa. Guilherme I fora fiel servidor de Filipe II; como homem de sua estrita confiança, Filipe II nomeara Guilherme I membro do Conselho de Estado e estatúder[9], governador, da Holanda e Zelândia[10]. Travada contra a Espanha, Filipe II não viu o fim da guerra, que foi extremamente custosa para os espanhóis[11]. Para que se encerrasse a Guerra dos Oitenta Anos, foi necessário esperar que Filipe IV (1605-1665), neto de Filipe II, reconhecesse a independência dos Países Baixos do norte[12], das Sete Províncias Unidas, com a Paz de Münster (1648)[13]. Desde 1581, com a Ata de Abjuração[14], Filipe II fora deposto como monarca reinante das Províncias Unidas. Filipe II nunca mudava as principais diretrizes de seu governo, mas ele tinha uma grande sensibilidade para com o que estava acontecendo[15]. Ao formar a União de Utrecht (1579), ato fundador da Neerlândia (*Nederlanden*), os Países Baixos do norte prometeram auxílio mútuo contra a Espanha. Filipe IV não tinha alternativa. Ele apenas reconheceu *de jure* a independência dos Países Baixos.

---

9 O estatúder (*stadhouder*) durante a República das Sete Províncias Unidas dos Países Baixos (1581-1795) ocupava um cargo semelhante ao de chefe de Estado. Na República, a soberania era exercida pelos Estados provinciais, reunidos nos Estados Gerais; eles determinavam quem era o estatúder. O poder executivo durante a República das Sete Províncias Unidas dos Países Baixos era exercido pelos Estados da Holanda mediante seus grandes pensionários, chefes de governo, mas o estatúder, chefe de Estado, influenciava as decisões adotadas. O cargo de estatúder tornou-se virtualmente hereditário (*erfstadhouder*) durante a República, tendo sido sempre ocupado por membros da dinastia de Orange.

10 Han van der Horst, *Nederland: De vaderlandse geschiedenis van de prehistorie tot nu*, Amsterdam: Uitgeverij Bert Bakker, 2010, p. 129: "*Filips II beloonde Oranje rijkelijk voor zijn diensten. Hij benoemde hem tot lid van de Raad van State en stadhouder van Holland en Zeeland*."

11 Ibidem, p. 143: "*Het neerslaan van de opstand in de Nederlanden vergde meer van zijn financiën dan hij aankon*."

12 Os Países Baixos do norte, as sete províncias setentrionais, eram: Holanda e Zelândia, as mais importantes, juntamente com Frísia, Groninga, Gueldres, Overijssel e Utrecht.

13 O termo província, ao gosto de Carlos V, remete às províncias do Império romano (cf. J.C.H Blom; E. Lamberts, *Geschiedenis van de Nederlanden*. 3. ed. Baarn: HBuitgevers, 2008, p. 97: "*De term provincie verwijst naar het Romeinse imperium dat onder keizer Karel V meer dan ooit hersteld leek*").

14 *Plakkaat van Verlatinghe*.

15 H. van der Horst, op. cit., p. 143: "*Filips wijzigde nooit de grote lijnen van zijn beleid, maar hij had een groot gevoel voor de realiteit*."

A língua, literatura e costumes da Holanda, a província mais populosa e mais rica desses Países Baixos, tanto predominaram que holandês praticamente se tornou, em todo o mundo, sinônimo de neerlandês.

PAÍSES BAIXOS HABSBÚRGICOS

A Guerra dos Oitenta Anos (1568-1648), a guerra de independência neerlandesa, foi uma rebelião bem-sucedida dos Países Baixos contra o rei católico da Espanha, Filipe II, soberano dos Países Baixos habsbúrgicos; uma guerra religiosa, protestante, calvinista, contra católicos. Seu primeiro líder foi Guilherme I, seguido por vários de seus descendentes. A guerra resultou numa das primeiras secessões bem-sucedidas da história moderna, com a República das Sete Províncias Unidas dos Países Baixos (1581-1795), uma das primeiras repúblicas europeias modernas, separando-se do Império habsbúrgico católico. No começo, Filipe II conseguiu reprimir a rebelião. Quando os rebeldes capturaram Brielle[16], a Guerra dos Oitenta Anos tomou rumo novo[17]. As Províncias Unidas tornaram-se antes independentes *de facto*, depois *de jure* em 1648.

Durante a Idade Média, muitas das principais cidades dos Países Baixos compraram ou ganharam privilégios, conferindo-lhes direitos e liberdades. Quando o calvinismo disseminou-se nos Países Baixos, Filipe II tentou extirpar a nova religião; o povo rebelou-se. Em 1567, o duque de Alba, governador-geral dos Países Baixos (1567-1573), atacou com um exército de dez mil homens para extirpar a heresia. Com Guilherme I, príncipe de Orange, como seu líder, a Guerra dos Oitenta Anos mal começara. A Espanha, arruinada pela guerra contra o Império

---

16 Brielle (*Den Briel*) é uma cidade portuária da atual província da Holanda do Sul.
17 "Em 1º de abril, Alba perdeu seus óculos" ("*Op 1 april verloor Alva zijn bril*"), diz a tradição. Don Fernando Álvarez de Toledo, duque de Alba, governador-geral dos Países Baixos, o "Duque de Ferro" (*IJzeren Hertog*), não perdera seus óculos (*bril*). Em 10 de abril de 1572, ele perdeu não seus óculos, mas a cidade de Brielle (Den Briel), aos mendigos do mar, rebeldes independentistas neerlandeses. Ainda segundo a tradição, ao tomar conhecimento da queda de Brielle, o duque de Alba teria dito – "Não é nada" (*No es nada*).

otomano[18], estava falida[19]. Ávido por uma nova fonte de receita, Filipe II ordenou ao duque de Alba que sobrecarregasse fiscalmente os Países Baixos mediante um imposto sobre vendas[20] com uma alíquota de 10% incidente em todas as transações comerciais de bens móveis[21]; um duro golpe para um país de comerciantes. Assassinado em 1584, o príncipe de Orange foi sucedido por seu filho, Maurício de Nassau[22]. Inglaterra e França socorreram os Países Baixos contra a Espanha, mas foi necessário aguardar a Paz de Münster para que a Guerra dos Oitenta Anos terminasse[23]. Guilherme I indispôs-se com Filipe II, do qual ele era seu antigo homem de confiança, por motivos políticos e religiosos, ao lutar pela independência neerlandesa, e por motivos pessoais, ao acusá-lo de matar seu próprio filho, Carlos (1545-1568), príncipe das Astúrias.

18 A chamadas Guerras do Turco (*Guerras del Turco*) foram travadas durante séculos (1526-1791) entre os Impérios otomano e habsbúrgico. Durante o século XVII, os espanhóis foram atacados e atacaram várias vezes os otomanos em sua luta pela hegemonia no Mar Mediterrâneo; Filipe II lutou com todos os meios de que dispunha contra Solimão, o Magnífico. A Liga Santa, uma coalizão entre Espanha, Ordem de Malta, Estados Pontifícios, Ducado de Saboia, República de Gênova, República de Veneza e outros países católicos mediterrânicos destruiu praticamente toda a frota otomana na Batalha de Lepanto (1571).

19 A Espanha faliu várias vezes durante o reinado de Filipe II; foram quatro bancarrotas, em 1557, 1560, 1575 e 1596. Primeiro país do mundo a declarar moratória, cronicamente inviável, incapaz de sustentar seus gastos militares, a Espanha tornou-se dependente do ouro e prata de seu Império colonial nas Américas (México, Peru).

20 De acordo com a proposta do Império habsbúrgico, o imposto tinha como objetivo arrecadar receita para pagar o soldo dos terços espanhóis estacionados nos Países Baixos; ele tinha várias alíquotas. O centésimo (1%) incidia uma única vez sobre a propriedade de bens móveis e imóveis; o vigésimo (5%) era um imposto sobre valor agregado que recaía sobre o preço de venda de bens imóveis (casas, fazendas etc.); o décimo (10%) também era um imposto sobre valor agregado que incidia sobre o preço de venda de bens móveis (tecidos, bebidas etc.). O décimo era inspirado pela *alcabala* em vigor na Espanha.

21 Da mesma maneira que a Guerra de Independência dos Estados Unidos, a Guerra de Independência dos Países Baixos teve em suas origens a resistência à adoção de um imposto. Para os ingleses e espanhóis, os americanos e neerlandeses eram, além de rebeldes secessionistas, sonegadores fiscais.

22 O príncipe de Orange Maurício de Nassau (1567-1625) era homônimo do seu primo conde João Maurício de Nassau-Siegen (1604-1679), governador-geral do Brasil Holandês.

23 Os franceses católicos, liderados pelo cardeal de Richelieu e por Luís XIII, aliaram-se com os neerlandeses contra a Espanha. O preço cobrado pela França foi caro. Em 1648, eles incorporaram extensas regiões dos Países Baixos do sul.

A República das Sete Províncias Unidas dos Países Baixos cresceu rapidamente durante a Guerra dos Oitenta Anos, tornando-se uma potência mundial. Paradoxalmente, a repressão habsbúrgica nos Países Baixos do sul[24], controlados pela Espanha (1556-1714), favoreceu a República; grande parte da elite cultural, intelectual e financeira fugiu rumo norte, contribuindo para o sucesso da República das Sete Províncias Unidas dos Países Baixos. A República também contribuiu, à sua maneira, para o colapso dos Países Baixos do sul, impondo-lhes um rígido bloqueio econômico e naval.

Na Guerra dos Oitenta Anos, os mendigos[25], verdadeiros guerrilheiros de sangue azul, uma confederação composta por nobres neerlandeses calvinistas e outros descontentes, assumiram um papel determinante desde 1566 contra o Império habsbúrgico; o grupo mais bem-sucedido atuava no mar, sendo chamados de mendigos do mar[26,27]. Agindo como piratas com uma causa, a captura de Brielle pelos mendigos do mar em 1572 foi um acontecimento de importância fundamental. A partir desta cidade fortificada, os mendigos iniciaram uma guerra santa contra os católicos para conquistar os Países Baixos do norte, ajudando a promover a independência da República das Sete Províncias Unidas contra o Império habsbúrgico[28].

A nobreza neerlandesa, liderada por Luís de Nassau e Henrique de Brederode, assinara o Compromisso dos Nobres[29], comprometendo-se a defender os direitos e liberdades dos Países Baixos contra o considerado despotismo religioso e político de Filipe II. Em 5 de abril de 1566, os signatários do Compromisso dos Nobres apresentaram uma remonstrância,

---

24 Os Países Baixos do sul correspondiam à maior parte da atual Bélgica, incluindo Flandres, Luxemburgo e parte do norte da França.
25 *Geuzen*, liderados por nobres protestantes anticatólicos.
26 *Watergeuzen*.
27 Os mendigos que atuavam em terra, atacando os espanhóis, eram chamados de mendigos da floresta (*bosgeuzen*) ou mendigos selvagens (*wilde geuzen*).
28 Em seguida à captura de Brielle, Guilherme II da Marca (Willem II van der Marck), comandante dos mendigos do mar, ordenou em 1572 a execução sem julgamento dos dezenove mártires de Gorcum (*Gorinchem*), frades e padres católicos. Mesmo ameaçados, eles negaram-se a abjurar sua fé católica. Canonizados pelo papa Pio IX (1792-1878), o local onde eles foram martirizados, tendo sofrido sevícias e mutilações antes de serem enforcados em Brielle, tornou-se um centro de peregrinações e procissões até hoje.
29 *Eedverbond der Edelen*.

uma petição com reclamações, a Margarida, duquesa de Parma, governadora-geral dos Países Baixos (1559-1567/1578-1581). Cerca de trezentos nobres marcharam ao palácio, liderados por Luís de Nassau e Henrique de Brederode; diante da multidão, a governadora-geral assustou-se. De acordo com a tradição, um de seus conselheiros, Carlos de Berlaymont, teria exclamado: "Que é isto, minha senhora, Sua Alteza está assustada com estes mendigos (*geuzen*)?"

A observação, verídica ou inverídica, não caiu no esquecimento. Mais tarde, Henrique de Brederode declarou, numa reunião com os principais confederados, que se fosse necessário todos eles se tornariam mendigos, guerrilheiros, pela causa dos Países Baixos, a luta por seus direitos e liberdades contra o despotismo religioso e político de Filipe II. O que Carlos de Berlaymont expressara como um insulto se transformou no título de uma causa, dos partidários de um movimento de libertação nacional; os guerrilheiros durante a Guerra dos Oitenta Anos adotaram os emblemas da mendicância, a bolsa e a tigela, em seus chapéus e cintas. Esmagados pelo duque de Alba, governador-geral dos Países Baixos (1567-1573), muitos de seus princípios triunfaram.

Durante a Guerra de Independência, as províncias da Holanda e Zelândia, Frísia, Groninga, Gueldres, Overijssel e Utrecht formaram a confederação conhecida como a República das Sete Províncias Unidas dos Países Baixos; todas estas províncias eram autônomas e tinham seu próprio governo, os Estados da Província[30]. Os Estados Gerais tinham sede na Haia, compostos por representantes de cada uma das Províncias Unidas[31]. A

---

30 Os Estados das províncias/Estados provinciais (Estados da Holanda, Estados da Zelândia etc.) correspondiam aproximadamente aos Parlamentos provinciais ou estaduais da atualidade. As províncias dos Países Baixos, no entanto, eram soberanas; a República das Sete Províncias Unidas era, ao menos formalmente, uma confederação. Os Estados das províncias não tinham, portanto, as mesmas competências dos Parlamentos provinciais ou estaduais da atualidade.

31 Os Estados Gerais, o Parlamento unicameral dos Países Baixos, não eram uma instituição democrática; seus membros, os deputados, não eram eleitos mediante o sufrágio livre e universal dos cidadãos. Controlados pela oligarquia dos regentes, classe dirigente que representava os interesses da burguesia, classe dominante, eles não tinham representatividade popular. A República das Sete Províncias Unidas, à luz da União de Utrecht, era tecnicamente uma confederação. Sendo assim, cada província tinha direito a um voto nos Estados Gerais. Para que decisões consideradas de importância fundamental

região pouco povoada de Drente, sem direito de voto nos Estados Gerais, também fazia parte da República, mas não era considerada uma de suas províncias. A República chegou a ocupar durante a Guerra dos Oitenta Anos uma série de territórios, chamados Terras da Generalidade[32] (*Generaliteitslanden*)[33]; estes territórios eram governados diretamente pelos Estados Gerais. Sem uma estrutura de governo própria, eles não tinham representantes nos Estados Gerais. Basicamente católicos, sua população era utilizada como bucha de canhão entre a República e os Países Baixos do sul.

A República das Sete Províncias Unidas dos Países Baixos viveu durante o século XVII seu Século de Ouro[34] (1588-1702), com um desenvolvimento artístico, científico, comercial e político ímpar, com colônias e feitorias estabelecidas por todo o mundo. Da América do Sul, com Recife e Paramaribo; à América do Norte, com Nova Amsterdã, a atual Nova York; e Caribe holandês; da África, com a Cidade do Cabo, fundada em 1652 por Jan van Riebeeck; à Ásia, com Batávia, a atual Jacarta, a República deixou sua marca indelével. Depois de vencer o Império habsbúrgico, a República das Sete Províncias Unidas, herdeira dos mendigos do mar, consolidou o Império neerlandês.

Para que a República fosse tão bem-sucedida, foi necessário percorrer um longo caminho para tornar-se independente do Império habsbúrgico.

PRAGMÁTICA SANÇÃO

Carlos V reuniu vários feudos, dentre os quais Artois e Flandres, cedidos pela França com o Tratado de Cambrai de 1529, para compor as dezessete províncias, uma união pessoal de províncias no âmbito dos Países Baixos; elas deveriam permanecer

fossem tomadas, como declaração de guerra, exigia-se a unanimidade dos Estados das províncias, cujos deputados compunham os Estados Gerais; nem sempre, no entanto, a regra da unanimidade foi observada. A Holanda, a província mais rica, costumava cooptar as províncias mais pobres.

32 A Generalidade (*Generaliteit*), a União, era o governo central, os Estados Gerais.
33 Fizeram parte das Terras da Generalidade, por exemplo, parte do Brabante e de Flandres, diante dos Países Baixos do sul, controlados pelos espanhóis.
34 *Gouden Eeuw*

unidas sob uma mesma coroa, a do Sacro Império Romano-
-Germânico, constituindo uma nova unidade política. Este foi
o objeto da Pragmática Sanção, de 4 de novembro de 1549; ela
reconheceu a existência dos Países Baixos[35].

As dezessete províncias compreendiam a Holanda, Zelândia,
Artois, Brabante, Drente, Flandres, Frísia, Groninga, Gueldres,
Hainaut, Limburgo, Luxemburgo, Mechelen, Namur, Overijssel,
Utrecht e Zutphen. Antes da Pragmática Sanção, com Carlos v,
não havia Países Baixos como uma entidade autônoma. Previamente à sua incorporação ao Sacro Império Romano-Germânico, eles faziam parte do Ducado da Borgonha.

Com Filipe II, esta união pessoal católica, diante do calvinismo em ascensão na Holanda e Zelândia, desagregou-se rapidamente. Durante a Guerra dos Oitenta Anos, com o fracasso
da Pacificação de Gante, os Países Baixos do norte rumaram à
independência; não apenas províncias que se tornariam protestantes, mas também províncias que permaneceram católicas
faziam parte da Pragmática Sanção. Embora Carlos v tenha
com a Pragmática Sanção assegurado as dezessete províncias
como parte do Sacro Império Romano-Germânico, ele abriu
caminho, com sua autonomia, para a independência da República das Sete Províncias Unidas dos Países Baixos.

A Pragmática Sanção foi o começo de um processo do qual
não houve mais volta.

PACIFICAÇÃO DE GANTE

Dom Luís de Requesens y Zúñiga, governador-geral dos Países
Baixos (1573-1576), faleceu inesperadamente em 1º de março de

---

35 Jonathan Irvine Israel, *The Dutch Republic: Its Rise, Greatness, and Fall 1477-
1806*, Oxford University Press, 1998, p. 64: "The unification process was not
complete, or almost so, the finishing touch being put in 1548 with the promul-
gation by the States General, and the Imperial Diet of the Holy Roman Empire,
of the so-called Pragmatic Sanction, recognizing the Habsburg Netherlands
as a separate, and single, entity and laying down the principle that sovereignty
over the whole Habsburg Netherlands would pass to the Emperor's heir, and
heirs, in perpetuity, as well as seeking to define the future relationship between
the Netherlands and the rest of the Holy Roman Empire. The articles of the
Pragmatic Sanction were then endorsed, and sworn to, during 1549 by all the
provincial assemblies and high courts of the seventeen provinces."

1576 em Bruxelas; considerado moderado em relação ao seu antecessor, o duque de Alba, ele era favorável a uma anistia religiosa. Filipe II não nomeou um sucessor imediato. Mergulhada numa série crise financeira, a Espanha suspendeu o pagamento de seus soldados; revoltados, muitos desertaram. Os terços (*tercios*), uma unidade militar espanhola, passaram a atacar indiscriminadamente cidades dos Países Baixos, no que ficou conhecido como a Fúria Espanhola[36]. Em 4 de novembro de 1576, Antuérpia foi saqueada, sua população, massacrada[37].

Em 8 de novembro de 1576, Holanda e Zelândia, as duas principais províncias calvinistas, assinaram a Pacificação de Gante, um tratado de paz com as demais províncias dos Países Baixos habsbúrgicos. Um triunfo de Guilherme I, príncipe de Orange, o principal objetivo da Pacificação foi promover a unidade dos Países Baixos em sua luta comum contra o Império habsbúrgico. Todas as províncias prometeram cooperar em prol de dois objetivos fundamentais: manter em vigor os direitos e liberdades (rejeição do absolutismo real) e expulsar os espanhóis (independência). A questão religiosa, a guerra civil entre católicos e protestantes, seria resolvida por um acordo definitivo depois da vitória contra o Império habsbúrgico; até lá, os éditos contra os heréticos seriam suspensos. A Pacificação de Gante foi aprovada pelos Estados Gerais, com deputados de todas as províncias que faziam parte dos Países Baixos habsbúrgicos.

A Pacificação significou a aceitação provisória do princípio da liberdade de consciência. Na Holanda e Zelândia, a Igreja Reformada (calvinista) teve seu virtual monopólio religioso assegurado; em todas as outras províncias, o poder do catolicismo continuou intacto. A Pacificação de Gante não foi aceita por Filipe II.

36 A Fúria Espanhola (*Spaanse Furie*) não foi um fato isolado, circunscrito ao saque de Antuérpia (*plundering van Antwerpen*); ela compreendeu uma série de ataques, massacres e pilhagens (1572-1579) contra várias cidades (Aalst, Maastricht, Mechelen etc.). Motivada por sentimentos como vingança e frustração, a Fúria Espanhola aterrorizou os Países Baixos.
37 Da mesma forma que calvinistas e católicos tentaram conter os espanhóis, eles também assinaram juntos a Pacificação de Gante. Poucos dias depois da assinatura da Pacificação, os habitantes de Gante conseguiram expulsar os soldados espanhóis; alguns meses mais tarde, o mesmo ocorreu em Antuérpia e Utrecht.

Para lutar contra o Império habsbúrgico, procurou-se unir politicamente todas as províncias. A Segunda União de Bruxelas (1577), com Guilherme I como líder, no entanto, foi um fracasso; as províncias católicas não queriam submeter-se às calvinistas Holanda e Zelândia[38]. Muito pouca consequência tiveram as decisões e iniciativas tomadas pela União de Bruxelas; as dezessete províncias não passavam de uma união pessoal de pequenas províncias altamente autônomas. O conflito entre católicos e calvinistas gerava um impasse levando à prevalência dos interesses das províncias sobre os interesses nacionais.

Após a Pacificação de Gante, paradoxalmente, o antagonismo religioso aumentou. Em todas as províncias, com a exceção da Holanda e Zelândia, em que o calvinismo triunfara inequivocamente, havia uma guerra civil religiosa. Para os calvinistas, a sua era a verdadeira fé cristã, a dos católicos não passava de idolatria papal. Em algumas províncias majoritariamente católicas, como Flandres, havia uma significativa minoria calvinista, cerca de 30% da população; controlando as forças armadas, esta minoria aterrorizava os católicos, saqueando e destruindo igrejas. Sobretudo nas províncias francófonas do Artois e do Hainaut, com uma sólida nobreza conservadora católica, as violações calvinistas do previsto na Pacificação de Gante eram profundamente rejeitadas.

Guilherme I, o príncipe de Orange, tentou bloquear o processo de desintegração política e religiosa dos Países Baixos. Para os calvinistas militantes, no entanto, seu apelo à moderação era uma traição. As iniciativas de Guilherme I foram consideradas por eles uma tentativa desesperada de salvar a unidade nacional dos Países Baixos, ao defender o princípio da tolerância com a admissão do culto calvinista e da missa católica.

---

38 Houve duas Uniões de Bruxelas. Os Estados Gerais, com sede em Bruxelas, capital dos Países Baixos habsbúrgicos, aprovaram, com o beneplácito de Filipe II, a Primeira União de Bruxelas/*Eerste Unie van Brussel* (9 de janeiro de 1577); o catolicismo recebeu proteção especial. Guilherme I apoiou a Segunda União de Bruxelas/*Tweede Unie van Brussel* (10 de dezembro 1577); catolicismo e protestantismo foram tratados em pé de igualdade. Em meio à Guerra dos Oitenta Anos, os Países Baixos do sul, católicos, abandonaram a União de Bruxelas para formar em 6 de janeiro de 1579 a União de Atrecht/Arras. Não tardou para que os Países Baixos do norte, protestantes, fizessem o mesmo, para celebrar em 23 de janeiro de 1579 sua própria União, a União de Utrecht.

ATA DE ABJURAÇÃO

A Ata de Abjuração, de 26 de julho de 1581, trouxe pela primeira vez em tempos modernos a ideia de que os governantes são responsáveis perante o povo, podendo ser depostos por ele; esta ideia é fundamental para o desenvolvimento do governo republicano e democrático. A Ata de Abjuração constitui a declaração formal de independência dos Países Baixos perante o rei da Espanha, Filipe II.

Filipe II colocou a cabeça de Guilherme I a prêmio[39]. Os Estados das províncias rebeladas solidarizaram-se com Guilherme I, adotando a Ata de Abjuração[40]. A partir de então, a Guerra dos Oitenta Anos acirrou-se[41].

Desde Carlos V, as dezessete províncias dos Países Baixos habsbúrgicos eram uma união pessoal, constituindo uma entidade distinta com a Pragmática Sanção. A partir da abdicação de Carlos V, seu filho Filipe II tornou-se senhor das dezessete províncias; ele quis assumir o título feudal de cada província separadamente, como conde da Holanda, duque do Brabante etc. Sendo assim, não haveria Países Baixos Unidos, embora suas províncias fossem representadas nos Estados Gerais dos Países Baixos. Na Guerra dos Oitenta Anos, províncias como Holanda e Zelândia, calvinistas, rebelaram-se contra Filipe II; elas poderiam ter-se revoltado apenas contra seus vice-reis, governadores-gerais como o duque de Alba.

Os Estados das províncias juraram fidelidade a Filipe II; juramentos de fidelidade eram levados em conta seriamente, à luz da moral medieval que privilegiava a honra. Desde que o

---

39 J.C.H. Blom; E. Lamberts, op. cit., p. 115: "Formeel volgde het afscheid twee jaar later. Het was Filips zelf, die dat besluit had uitgelokt. Weinig scrupuleus als hij was in de keus van zijn middelen, besloot hij zijn grote tegenstander Willem van Oranje vogelvrij te verklaren. In maart 1580 loofde hij een beloning uit van 25.000 gouden kronen voor de man die de prins om het leven zou brengen. Zo wilde hij het verzet neerslaan door het van zijn leider te beroven."

40 Ibidem: "Het eerste belangrijke gevolg was, dat de Staten-Generaal van de opstandige provincies nu besloten definitief met hun erfheer te breken. In het plakkaat van verlating van juli 1581 verklaarden zij Filips en zijn huis vervallen van hun rechten. Daarmee kozen zij niet alleen ondubbelzinnig partij voor de veroordeelde prins. Zij sloten bovendien elke vorm van verzoening uit."

41 J.I. Israel, op. cit., p. 210: "The Act of Abjuration also caused the propaganda war raging on all sides to boil over."

conflito pudesse ser mascarado, os Estados Gerais podiam continuar leais a Filipe II; mas se um novo soberano fosse reconhecido, eles precisavam escolher. As províncias rebeldes decidiram declarar o trono oficialmente vacante devido ao comportamento de Filipe II, considerado tirânico; por isto, a designação Ata de Abjuração, de Deserção. Não a deserção de Filipe II por seus súditos, mas a deserção, o abandono de seus súditos, do povo neerlandês por Filipe II. A Ata proibiu o uso do nome e do selo de Filipe II; seu nome foi abolido das moedas a serem cunhadas. Os magistrados foram desonerados dos juramentos de fidelidade para com Filipe II. Doravante, eles teriam de prestar juramento de fidelidade para os respectivos Estados das províncias, observando a forma prescrita pelos Estados Gerais da República.

A Ata de Abjuração contém um longo preâmbulo, verdadeira justificativa ideológica. Filipe II é indiciado por todos os males praticados contra os Países Baixos; os rebeldes fazem um apelo à opinião pública universal em defesa de seus direitos e privilégios. Com a Ata, depõe-se Filipe II por ele ter violado o contrato social com seus súditos. Foi a primeira vez que se colocou em prática esta teoria política, quase um século antes de Thomas Hobbes (1588-1679) e praticamente dois séculos antes de Jean-Jacques Rousseau (1712-1778). A Ata de Abjuração modificou o cenário político dos Países Baixos, fortalecendo os radicais; Filipe II não reconheceu evidentemente sua validade jurídica. Por respeito ao princípio monárquico, os Países Baixos cogitaram indicar o duque de Anjou (1555-1584) como soberano. Filho mais jovem de Henrique II (1519-1559), rei da França, frequentemente em guerra contra o Império habsbúrgico, o duque, com a esperada ajuda francesa, poderia ter auxiliado os Países Baixos contra Filipe II. O duque de Anjou, católico, no entanto não era popular nas calvinistas Holanda e Zelândia, que não o admitiam como soberano; a alternativa mais lógica era indicar Guilherme I, o Taciturno, como soberano dos Países Baixos. Assassinado em 1584, a mando de Filipe II, Guilherme I não pôde continuar, no entanto, como príncipe de Orange durante muito tempo.

A Ata foi uma declaração de impedimento do rei Filipe II. Os Estados Gerais anunciam suas queixas a seu respeito; ele não teria respeitado seus deveres. Ao comportar-se como um tirano, Filipe II rompeu o contrato social com seu povo; como consequência, ele é destituído de sua soberania. Esta fórmula serviu de exemplo a Thomas Jefferson para a redação da Declaração de Independência dos Estados Unidos. A Revolução Gloriosa inglesa (1688-1689), a Guerra de Independência americana (1775-1783) e a Revolução Francesa (1789-1799) vêm desde a Revolução Holandesa, surgida da Guerra dos Oitenta Anos (1568-1648).

Os Estados Gerais decidiram assumir o poder soberano, dando início à República das Sete Províncias Unidas dos Países Baixos[42].

UNIFICAÇÃO INCONCLUSA

Com a Pragmática Sanção de Carlos V, os Países Baixos tornaram-se uma unidade política; este conjunto desagregou-se rapidamente com seu filho, Filipe II, que confiou sua administração a estrangeiros. Os Países Baixos, comandados por Guilherme I, príncipe de Orange, denunciaram então o despotismo espanhol. Em resposta ao protestantismo e à Revolta Iconoclasta[43] na Holanda e Zelândia, Filipe II enviou um exército de dez mil homens comandado pelo duque de Alba. Ele mandou executar Lamoral, conde de Egmont (1522-1568), e Filipe de Montmorency, conde de Horne (1524-1568), líderes dos nobres neerlandeses, embora eles fossem católicos; decapitados em 5 de junho de 1568 na Grande Praça (*Grote Markt*) de Bruxelas, diante da prefeitura, ambos haviam protestado contra a introdução da Inquisição nos Países Baixos. Na Batalha de Heiligerlee (23 de maio de 1568), teve início a Guerra dos Oitenta Anos, a rebelião dos Países Baixos contra o Império habsbúrgico, que levará à sua independência.

Depois da Fúria Espanhola, com a tomada de Antuérpia pelos soldados espanhóis amotinados, um acordo, a Pacificação de Gante, foi concluído entre as províncias católicas, que desejavam a partida dos mercenários espanhóis, e as províncias

---

42 Os Países Baixos foram apoiados e sustentados política e financeiramente pela Inglaterra e França durante a Guerra dos Oitenta Anos.
43 *Beeldenstorm*.

protestantes rebeladas (Holanda, Zelândia); mediante a Pacificação, elas pretendiam restituir a paz aos Países Baixos.[44] Diante da resistência espanhola, com o fracasso da Pacificação de Gante, as províncias católicas e as províncias protestantes, após a formação da União de Utrecht, separaram-se. Estas declararam independência com a Ata de Abjuração; as províncias católicas, os Países Baixos do sul, tornaram-se colônias *de facto* do império mercantil da protestante República das Sete Províncias Unidas.

Para que a Guerra dos Oitenta Anos fosse encerrada, os Países Baixos tiveram de celebrar um tratado com a Espanha, a Paz de Münster (1648), parte da Paz de Vesfália; a Paz da Vestfália foi uma série de tratados de paz assinados em Osnabrück e Münster, Vestfália, atual Alemanha. Não apenas encerraram a Guerra dos Trinta Anos (1618-1648) no Sacro Império Romano-Germânico, como a Guerra dos Oitenta Anos (1568-1648) entre os Países Baixos e a Espanha. Mesmo não sendo oficialmente reconhecida como um Estado independente, a República das Sete Províncias Unidas dos Países Baixos conseguiu participar das tratativas de paz; para surpresa geral, os Países Baixos e a Espanha chegaram a um acordo, concluindo-se a paz. Com a Paz de Münster, os Países Baixos foram reconhecidos como um país independente *de jure* da Espanha.

Ao invadir o Brasil em 1630, chegando a controlar cerca da metade do território brasileiro disponível à época, Pernambuco e regiões circunvizinhas, indubitavelmente sua região mais rica à época, os Países Baixos ainda não eram reconhecidos como um país independente pela Espanha.

A Paz da Vestfália resultou de um grande congresso diplomático, dando início a uma nova ordem política na Europa Central, a soberania da Vestfália, baseada no conceito do Estado soberano, fundamentando o princípio da não intervenção. A Paz da Vestfália representou o triunfo do conceito de soberania nacional sobre o de império, dos governos nacionais sobre o Império habsbúrgico. Com a Guerra dos Oitenta Anos, a República das Sete Províncias Unidas dos Países Baixos

---

44   J.C.H. Blom; E. Lamberts, op. cit., p. 114: "De zeventien gewesten hadden zich in 1576 met elkaar verbonden in de Pacificatie van Gent, in de mening dat ze één groot gezamenlijk belang hadden, namelijk herstel van de vrede."

deram sua contribuição para o início da vitória do princípio da autodeterminação nacional.

A vitória da República, no entanto, foi incompleta; os neerlandeses nunca conseguiram expulsar os espanhóis dos Países Baixos do sul. A unidade dos Países Baixos, sem Flandres, parte da Bélgica, permanece inconclusa até hoje. A derrota da Espanha, na Guerra dos Oitenta Anos, não foi completa.

ANEXO

Pragmática Sanção
(Tradução do autor)

Lei e Pragmática do imperador Carlos v: príncipe e senhor das dezessete províncias dos Países Baixos, pelas quais, por requisição dos Estados das mesmas províncias, ele estabelece e ordena que, no futuro, elas permanecerão unidas e fazendo parte de uma só totalidade, sob um único e mesmo príncipe, e que, para este efeito, a ordem da representação será seguida e observada unanimemente em todos os casos de sucessão que ocorram.

Dada em Bruxelas, no mês de novembro de 1549.

Carlos, pela divina clemência imperador dos romanos, sempre augusto rei da Germânia, de Castela, de Leão, de Granada, de Aragão, de Nápoles, de Navarra, da Sicília, de Maiorca, da Sardenha, das Ilhas, Índias e Terra Firme do Mar Oceano, arquiduque da Áustria, duque da Borgonha, da Lorena, do Brabante, de Limburgo, do Luxemburgo e de Gueldres, conde de Flandres, do Artois e da Borgonha, palatino do Hainaut, da Holanda, da Zelândia, de Ferrette, de Haguenau, de Namur e de Zutphen, príncipe da Suábia, marquês do Sacro Império, senhor da Frísia, de Salins, de Mechelen, das cidades, cidadela e País de Utrecht, Overijssel e Groninga, e dominador na Ásia e na África, fazemos saber a todos os presentes e por vir que, como nós temos velado sempre cuidadosa e especificamente por tudo o que diz respeito ao bem, descanso e tranquilidade de nossos países deste lado, e desde que, não somente o que nos pareceu necessário para o presente, mas também as coisas por vir, a fim de que nossos países mencionados fossem tanto melhor regidos, governados e conservados em sua inteireza, e sendo nossa intenção de sempre fazer o mesmo a respeito destes com todos os meios adequados que se possam oferecer, nós consideramos que importa grandemente a nossos países mencionados, para a inteira segurança e estabelecimento destes e que, para que, no futuro, eles permaneçam sempre sob um mesmo príncipe para mantê-los unidos, sabendo bem que, vindo eles a cair em mãos diferentes, por direito de sucessão hereditária, isto será a evidente destruição e ruína destes. De forma que, sendo eles desmembrados e separados uns dos outros, e, como consequência, suas forças enfraquecidas e diminuídas, seus vizinhos poderiam ficar ainda mais animados para perturbá-los. O que seria impedido desde que nossos países mencionados acima sejam possuídos sempre por um só príncipe e mantidos em sua totalidade. O que, para os respectivos súditos e vários outros, acreditamos convir grandemente para o bem de todos os nossos países acima mencionados. Tendo assim feito propor aos Estados destes, e, conjuntamente, lhes declarar, que, para adotar o que consta acima, ser-lhes-á requerido tornar uniformes os costumes orais e atestados diversamente do direito de representação: o que, como nós entendemos, não ocorreria em nenhum de nossos países mencionados se, como Flandres, Artois, Hainaut e alguns outros, se estatuir, por lei e decreto irrevocável, que doravante a representação ocorrerá, em todos os nossos países mencionados, como com a sucessão do príncipe. Requerendo aos Estados mencionados querer consenti-lo, ao que estes Estados, depois de várias assembleias e convocações sobre isto ocorridas cada uma em seu lugar, condescenderam unânime e voluntariamente, até mesmo fazendo instância para que nós adotássemos a mencionada Lei e Pragmática, sem com isto tocar no que diz respeito à sucessão dos súditos particulares deste lado, e permanecendo, quanto a estes, os costumes de cada um dos países com força de direito em sua inteireza, para que as coisas mencionadas acima sejam consideradas, desejando sobre todas as coisas prover e dar ordem, desde que nos seja para o bem, em prol do repouso e da tranquilidade de nossos países mencionados deste lado; e conservar estes numa totalidade, e que eles sejam inseparavelmente possuídos por um só príncipe, para as causas antes mencionadas.

Tendo primeiro consultado os principais conselheiros de nossos países mencionados deste lado, os quais acharam que a mencionada Pragmática é não apenas razoável, mas também útil e muito necessária para a república de nossos países mencionados. Nós, com grande e maior deliberação, com a aprovação de nossa caríssima e amadíssima irmã, a rainha viúva da Hungria, da Boêmia etc., para nós regente e governante em nossos países mencionados deste lado, dos príncipes de nosso sangue, cavaleiros de nossa ordem, chefes, presidentes e gentes de nossos Conselhos de Estado, privado e das finanças. Temos o consentimento e a requisição dos Estados mencionados de nossos países mencionados deste lado, de nossa certa ciência, autoridade e poderio absoluto, que nos compete ou pode competir, tanto em qualidade de imperador como de outra forma, como sendo, respectivamente, príncipe soberano e senhor dos países mencionados, tendo ordenado, estatuído e decretado, ordenamos, estatuímos e decretamos por lei perpétua e irrevocável por estes presentes atos. Que doravante em todos os nossos mencionados países patrimoniais e hereditários daqui e da Borgonha, a representação, em matéria de sucessão, seja masculina ou feminina, sendo, de acordo com os antigos costumes, direitos e privilégios de nossos Países Baixos mencionados, capazes de suceder, ocorre e ocorrerá, no que diz respeito à sucessão do príncipe ou princesa destes países, tanto em linha direta como transversal, e até um número infinito, apesar de todos os costumes de alguns de nossos países mencionados serem contrários a isto, dispomos que não deve haver representação: os quais, para as causas e considerações mencionadas acima, temos, de nossa mencionada autoridade e pleno poder, derrogado e derrogamos, por estes presentes atos mencionados, no que poderá depois disto tocar a sucessão do príncipe dos países mencionados. Querendo, no entanto, que, ocorrendo os costumes orais do direito de representação mencionado, e permanecendo em sua força e vigor, a respeito de nossos vassalos e súditos particulares destes países, e que eles sejam mantidos e observados, como no passado. Assim, damos em mandado aos mencionados conselheiros de Estado e privado, presidente e gentes de nosso Conselho, chanceler e gentes de nosso grande Conselho do Brabante, governador, presidente e gentes de nosso Conselho em Luxemburgo, governador, chanceler e gentes de nosso Conselho em Gueldres; governador do Limburgo, Faulquemont, Dalhem e de outros nossos Países de Outremeuse, governador, presidentes e gentes de nossos Conselhos em Flandres e Artois, presidente e gentes de nossa Corte de Parlamento em Dole, Grande Bailio do Hainaut e gentes de nosso Conselho em Mons no Hainaut; governador e gentes de nosso Conselho na Holanda, governador, presidente e gentes de nosso Conselho em Namur, governador, presidente e gentes de nosso Conselho na Frísia, governador de Overijssel e Groninga; governador, presidente e gentes de nosso Conselho em Utrecht; governador de Lille, Douai, e Orchies; presidente e gentes de nossas Câmaras de Contas em Lille, em Bruxelas, na Haia; preboste o conde, em Valenciennes, administradores de Bewest e Beoisterschelt, na Zelândia; escolteto de Mechelen e a todos os outros nossos funcionários judiciais, servidores, empregados, vassalos e súditos, presentes e ainda por vir, e cada um deles no que lhes diga respeito, que esta nossa presente ordenança, estatuto, decreto e pragmática, eles mantenham e observem, façam manter e observar inviolavelmente e para sempre como lei perpétua e irrevocável. Procedendo, por estes de nossas Cortes Soberanas deste lado, e por nossas mencionadas Contas em Lille, Bruxelas e na Haia, com a intervenção destes presentes atos mencionados, e fazendo-os registrar para seu inteiro cumprimento no tempo vindouro. Porque assim nos agrada, e queremos que seja feito.

A fim de que isto seja coisa concluída, e estável para sempre, nós assinamos os presentes atos mencionados com nosso nome e a estes fizemos apor nosso selo: Dada em nossa cidade de Bruxelas, no mês de novembro, o ano da graça de 1549. De nosso Império o trigésimo, de nossos Reinos de Castela e outros o trigésimo quarto.

Assinado Carlos.

Fonte: Sanction Pragmatique. Donné en nostre ville de Bruxelles au mois de Novembre l'an de grace 1549, de nostre Empire le 30 et de nos Règnes de Castille et autres le 34.

Pacificação de Gante
(Tradução do autor)

Tratado e Confederação, dita a Pacificação de Gante, entre os Estados dos Países Baixos, de uma parte, e o príncipe de Orange, com os Estados da Holanda, Zelândia etc., de outra.

Feita em Gante, 8 de novembro de 1576.

A todos os que verão ou ouvirão estas presentes cartas, saudações. Como os países deste lado têm sido expostos, nos nove ou dez últimos anos, a uma guerra cruel pela ambição e rigoroso governo dos espanhóis, e, por suas injustiças e violências, bem como da parte de seus aderentes, em virtude do que os países mencionados foram lançados numa grande miséria, e que, para poder e fazer cessar ainda maiores tormentos, opressão e miséria dos países mencionados acima, por meio de uma paz firme e de uma boa pacificação, eles reuniram-se no mês de fevereiro do ano de 1574. E convocaram, em Breda, deputados e mandatários de Sua Majestade, o sr. príncipe de Orange, junto com os Estados da Holanda, Zelândia e seus associados, pelos quais foram apresentados diversos meios e propostas tendentes amplamente ao prosseguimento da Pacificação mencionada acima, sem que, no entanto, se tenham visto os frutos que se esperaram, mas que, pelo contrário, enquanto, da parte de Sua Majestade, se esperava algum alívio e compaixão, os espanhóis mencionados continuaram diariamente a oprimir e arruinar os pobres súditos, tentando reduzi-los a uma escravidão eterna por diversas sedições, ameaçando até mesmo os senhores e as cidades, tomando com meios hostis vários lugares, chegando mesmo a pilhá-los e a incendiá-los; é por isto que eles foram declarados inimigos de Sua Majestade e do bem-estar comum pelos deputados no governo dos países mencionados; os Estados deste lado, com o consentimento dos deputados mencionados acima, foram obrigados a tomar armas e, além do mais, para prevenir a ruína total, e a fim de que os habitantes destes Países Baixos estejam reunidos por uma firme paz e acordo, se pudesse, conjuntamente, fazer retirar os espanhóis mencionados acima e seus aderentes, como destruidores dos países mencionados, e para que estes súditos fossem reintroduzidos no gozo de seus direitos, privilégios, costumes e liberdades, por meio dos quais seu comércio e sua prosperidade possam reflorescer; com o acordo prévio dos senhores deputados mencionados acima no governo dos países mencionados, a negociação de Breda começou por honra de Deus e para o serviço de Sua Majestade, entre os prelados, nobres, cidades e membros do Brabante, Flandres, Artois, Hainaut, Valenciennes, Lille, Douai, Orchies, Namur, Tournai, Utrecht e Mechelen, representantes dos Estados da Holanda, da Zelândia e seus associados, por seus deputados encarregados respectivamente de parte e de outra; a saber, os mui honoráveis senhores, o senhor Jan van der Linden, abade de Santa Gertrudes em Lovaina; senhor Gislain, abade de São Pedro em Gante; senhor Matheeus, abade de São Gisleno, eleito bispo de Arras; senhor Jan de Mol, senhor de Oetingen; senhor Franchois van Halewin, senhor de Zwevegem, governador e capitão de Oudenaearde e encarregado da renovação das leis de Flandres; senhor Kaerle van Gavre; senhor de Frezin, cavaleiros; senhor Elbertus Leoninus, doutor e professor de direito na Universidade de Lovaina; doutor Peeter de Bevere, conselheiro de Sua Majestade em Flandres; e o senhor Quinten du Pretz, chefe dos vereadores da cidade de Berghen no Hainaut, junto com Jan de Pennantz, conselheiro de Sua Majestade e doutor de sua Câmara de Contas no Brabante, deputado de sua parte, secretário dos Estados do Brabante mencionados acima, Flandres, Hainaut etc.; o senhor Philips van Marnix, senhor de Santa Aldegonda; Arnould van Dorp, senhor de Teempsche; Willem van Zuylen van Nyveldt, senhor de Heeraetsberghe, escudeiro; senhor Adriaen van der Mylen, doutor em direito e conselheiro de Sua Excelência e do Conselho Provincial da Holanda; doutor Cornelis de Coninck, formado em direito e também conselheiro de Sua Excelência; doutor Pauwels Buys, advogado do País da Holanda; doutor Peeter de Rycke, bailio de Vlissinghen; Anthonis van de Zyckele, conselheiro da Zelândia; e Andries de Jonghe, burgomestre de Midelburgo; da parte dos mencionados acima, sr. príncipe e Estados da Holanda, Zelândia e associados, depois da exibição de seus mandados aduzidos ao final dos presentes atos, foi feito e redigido o presente Tratado, de Aliança e de União, firme e eterno, de acordo com as condições que se seguem.

i – Primeiramente, que todas as ofensas, as injúrias, os malfeitos e prejuízos resultantes por causa dos tormentos, entre os habitantes das províncias compreendidas neste tratado, em qualquer lugar ou de qualquer maneira que seja, serão perdoados, esquecidos e considerados como se não houvessem ocorrido de tal maneira que, por causa deles, não se fará jamais menção, e ninguém tampouco será perseguido.

ii – Seguindo o que os mencionados Estados do Brabante, Flandres, Hainaut etc., como também o mencionado sr. príncipe, e os Estados da Holanda e da Zelândia e seus associados, prometem cumprir doravante, de boa-fé e sem dissimulação, e de fazer manter, pelos países mencionados, uma firme e inviolável paz e amizade. E, por este meio, ajudar um ao outro, em qualquer tempo, e em todas as circunstâncias, com decisão, conselho e de fato, e de utilizar, para isto, corpos e bens, e, sobretudo, para expulsar e manter fora destes países os soldados espanhóis e outros estrangeiros que se esforçaram, sem qualquer recurso ao direito, para afastar a vida dos senhores e dos nobres, para apropriarem-se de suas riquezas e dos bens do país e para submeter e manter a comuna em servidão perpétua. E, a fim de fornecer tudo o que será necessário para resistir, a todos aqueles que agrade contrariar este fato, os mencionados confederados e aliados prometem estar prontos, disponíveis e equipados para fazer todas as contribuições e imposições necessárias e razoáveis.

iii – Além disto, foi acordado que, imediatamente depois da partida dos espanhóis e de seus aderentes, e quando tudo estiver tranquilo e seguro, as duas partes serão obrigadas a prosseguir e a providenciar a convocação e a assembleia dos Estados Gerais, da forma e da maneira como ela tem sido efetuada, desde a época passada de altíssima memória, pelo imperador Carlos, quando ele permitiu e transportou estes Países Baixos, nas mãos do rei nosso senhor: a fim de colocar em ordem os negócios do país, tanto no aspecto geral quanto no particular, tanto no que diz respeito ao exercício da religião nos países da Holanda, Zelândia e seus associados, como para a restituição das fortalezas, da artilharia, dos barcos e de outras coisas pertencentes à Sua Majestade, os quais, durante os tormentos mencionados, foram tomados por estes da Holanda e da Zelândia, ou de outra forma, segundo o que se achará ser útil para o serviço de Sua Majestade e para o bem e a união dos países. O que se fará sem objeção e sem que, de uma parte ou de outra, se possa apresentar qualquer impedimento, prazo ou atraso, sejam a respeito das ordenanças, declarações e resoluções, as quais, a respeito disto, serão feitas e colocadas em prática, seja a respeito de sua execução, quaisquer que sejam elas, ao que as duas partes se submetem inteiramente e de boa-fé.

iv – Doravante, os habitantes e súditos de uma parte e de outra, de qualquer uma das províncias deste lado, ou de qualquer estado, qualidade ou condição que sejam, poderão visitar, frequentar, passar, repassar, permanecer, negociar por toda parte, seja para fazer comércio, ou para outras finalidades, e isto com toda a liberdade e segurança. Bem entendido que não será lícito nem permitido aos da Holanda e da Zelândia, ou a outrem de qualquer país, qualidade ou condição que seja atentar alguma coisa deste lado, ou fora dos mencionados países da Holanda, da Zelândia e lugares aliados, contra a tranquilidade e a paz pública, sobretudo contra a religião católica romana, ou o exercício desta, nem injuriar ou irritar por causa desta, de fato ou com palavras, nem tampouco escandalizar por meio de atos semelhantes, sob pena de serem punidos como perturbadores da tranquilidade pública, a fim de servir de exemplo aos outros.

v- Para que, no entanto, ninguém seja minimamente exposto a qualquer detenção, prisão ou perigo, todos os éditos que foram feitos e publicados aqui, sobre o fato da heresia, bem como também as ordenanças criminosas feitas pelo duque de Alba, seu cumprimento e execução serão suspensos até que seja determinado de outra forma pelos Estados Gerais: bem entendido que não se faça nenhum escândalo na maneira mencionada acima.

vi – O sr. príncipe permanecerá na qualidade de almirante-geral do mar e governador de Sua Majestade na Holanda, Zelândia, Bommel e outros lugares associados, para neles comandar em tudo, assim como ele faz atualmente, com os mesmos funcionários judiciais e magistrados, sem nenhuma mudança nem inovação, a não ser que isto se faça com seu consentimento e decisão, e isto nas cidades e lugares que Sua

Excelência tenha presentemente sob seu controle, até que os Estados Gerais, depois da partida dos espanhóis, decidam de forma contrária.

VII – No que diz respeito às cidades e lugares compreendidos no mandato que ele tem de Sua Majestade, e os quais atualmente não estão sob o controle de Sua Excelência, este ponto permanecerá em paz até que as mencionadas cidades e lugares se juntem a esta união e acordo com os outros Estados, e que Sua Excelência lhes tenha prestado satisfação a respeito dos pontos que se possam achar interessantes de ficar sob seu governo, sobre o exercício da religião ou de outro modo, a fim de que as províncias não sejam desmembradas e para evitar qualquer dissensão e discórdia.

VIII – No entanto, nenhum édito, mandado, provisão nem citação será adotado nos mencionados países e cidades governados pelo príncipe mencionado, senão os que tenham sido aprovados ou concedidos por Sua Excelência ou pelo Conselho, pelos magistrados ou por funcionários deste lugar, sem prejuízo, para os tempos que se sucedam, do recurso ao Grande Conselho de Sua Majestade.

IX – Também se condicionou que todos os prisioneiros detidos por causa de tumultos passados, sobretudo o conde de Boussu, serão soltos sem pagar resgate, mas sim as despesas da prisão, com a exceção apenas dos resgates que tenham sido pagos antes da data desta, ou a respeito dos que já se tenham convindo ou acordado.

X – Além do mais, também se acordou que ao sr. príncipe mencionado e a todos os outros senhores, cavaleiros, nobres, pessoas particulares e sujeitos de qualquer estado, qualidade, ou condição que seja, junto com suas viúvas, rainhas viúvas, crianças e herdeiros, de parte e de outra, serão entregues seus bens e bom renome, podendo também retomar e reintegrar-se na posse de todas as suas senhorias, bens, prerrogativas, ações e créditos, ainda não vendidos ou alienados, mas no estado em que os bens mencionados se encontrarem presentemente. E, para este efeito, todas as privações, contumácias, prisões, apreensões e execuções, dadas e feitas, desde o começo dos tumultos, no ano de 1566, tanto em virtude da religião como por terem tomado armas, com tudo o que se seguiu, serão desconsideradas, revogadas e anuladas. E, da mesma forma, todos os procedimentos, ações e citações, os quais a respeito disto houverem sido feitos, serão anulados e riscados dos registros, sem que seja necessário conseguir ou obter qualquer outro documento ou provisão, além do presente tratado, apesar de todas as incorporações, direitos, costumes, privilégios, prescrições, tanto legais como convencionais, costumeiros, locais, nem nenhuma outra isenção em contrário: os quais, para tanto, e em todas as outras coisas que digam respeito a estes tumultos, cessarão, e não terão nenhum valor, como tendo sido derrogados, especialmente por estes presentes atos (se isto for necessário), como o direito também dispõe que a derrogação geral não tem nenhum valor, se a especial não preceder.

xi – Bem entendido que por isto estará abrangida e gozará deste presente benefício a senhora condessa palatina, antes viúva do falecido senhor de Brederode, no que diz respeito a Vianen, e a outros bens que ela possa pretender, ou os que tenham alguma ação a respeito dela.

xii- Da mesma forma, por isto será abrangido o conde de Büren, no que diz respeito à cidade, ao castelo e ao País de Büren, para deles gozar como seu bem próprio, depois que a guarnição parta deles.

xiii – As colunas, troféus, inscrições e efígies erguidas pelo duque de Alba, em desonra e reprovação, tanto dos que foram denominados acima disto como de todos os outros, serão derrubados e demolidos.

xiv – Quanto aos frutos e rendas das senhorias e bens mencionados acima, os atrasados dos dotes, usufrutos, arrendamentos, foros e rendas, consignados tanto nos países como nas cidades de Sua Majestade, bem como todos os outros, os quais caducaram antes da data destes presentes atos, e, no entanto, não foram pagos nem recebidos por Sua Majestade, ou os que têm direito a isto, cada um no que lhes diga respeito, poder-se-á recebê-los e gozá-los.

xv – Bem entendido, tudo o que houver caducado, tanto as mencionadas heranças e rendas, bem como outros bens, desde o São João do ano de 1576 último passado, permanecerá em benefício daqueles que tenham direito a eles, ainda que os beneficiários dos confiscos ou outros já houvessem recebido algo, para o que, em tal caso, não haverá restituição.

xvi – Mas se, há alguns anos, os mencionados arrendamentos, rendas ou outros rendimentos houverem sido apreendidos e recebidos por Sua Majestade, cada um deles será, por semelhantes anos, desimpedido, livre e desobrigado dos encargos reais e das hipotecas incidentes sobre tais bens, como também se terão por desimpedidos, livres e desobrigados de todas as rendas designadas nos países e bens, das quais não se pôde gozar em virtude dos tumultos ocorridos, a totalidade de acordo com a proporção do tempo decorrido em que o gozo foi impedido pela causa mencionada acima. Quanto aos castelos e outros imóveis, os quais foram dissipados, vendidos ou alienados, de parte e de outra, ninguém poderá pretender nenhuma restituição.

xvii – E a respeito das heranças, casas e rendas, as quais houverem sido vendidas ou alienadas a título de confisco, os Estados Gerais conferirão mandato a alguns dentre eles, em cada província, para tomar conhecimento das dificuldades, se houver ocorrido alguma, para prestar-lhes satisfação razoável, tanto aos antigos proprietários como aos compradores e vendedores dos mencionados bens e rendas, para a respectiva evicção em respeito às suas normas.

xviii – O mesmo procedimento adotar-se-á no que diz respeito a todos os atrasados das rendas pessoais, às obrigações e todas as outras pretensões, queixas e reclamações que os interessados, em virtude dos tumultos, possam, depois disto, intentar e propor, de parte e de outra, de qualquer maneira que seja.

xix – Todos os prelados e outras pessoas eclesiásticas cujas abadias, dioceses, fundações e residências, situadas fora da Holanda e Zelândia, serão, no entanto, objeto de vantagens nos países mencionados, reintegrando-se na posse de seus bens mencionados, como antes com relação aos seculares.

xx – Mas no que toca às pessoas religiosas e outras eclesiásticas que prestaram seus votos e recebiam prebendas nas mencionadas duas províncias, e delas se retiraram, visto que a maior parte de seus bens foi alienada, se lhes concederá doravante meios razoáveis de subsistência aos que nelas permanecerem, ou, de outra forma, se lhes permitirá o gozo de seus bens de acordo com a escolha e opção, no entanto, dos Estados, que a respeito disto deliberarão até que, a respeito de suas ulteriores pretensões, seja decidido pelos Estados Gerais.

XXI – Depois, acordou-se que todas as doações, deserdações e outros dispositivos, *inter vivos* ou *causa mortis*, feitos por pessoas particulares e privadas, pelos quais os verdadeiros herdeiros tenham sido denegados, privados ou deserdados, por causa dos tumultos mencionados ou da religião, serão, em virtude destes atos, tidos por desconsiderados e de nenhum valor.

XXII – Como os da Holanda e Zelândia, para contribuir de forma ainda melhor para as despesas da guerra, colocaram a alto preço todas as espécies de moeda de ouro e de prata, que eles não saberiam debitar em outras províncias sem grande perda, condicionou-se que os deputados dos Estados Gerais anunciarão o mais cedo possível que será possível adotar a este respeito uma base geral, para que a cotação das mencionadas moedas possa ser igualada o mais próximo possível em benefício da manutenção desta união e do tráfego comum de uma parte a outra.

XXIII – Quanto à remonstrância apresentada pelos deputados da Holanda e Zelândia, a fim de que a Generalidade de todos os Países Baixos assuma como obrigação pagar todas as dívidas nas quais o sr. príncipe incorreu, para fazer suas duas expedições e o recrutamento de seus dois grandes exércitos, a respeito do que tanto os da Holanda e Zelândia como os das outras províncias e cidades se empenharam no tempo de sua última expedição, obrigando-se (como eles afirmaram), este ponto foi diferido e deixado à discrição e determinação dos Estados Gerais mencionados, aos quais (depois que todos os assuntos forem pacificados) se fará um relatório ou remonstrância, a fim de ver o que lhes competirá.

XXIV – Neste Acordo comum e Pacificação, não serão incluídos, para gozar de seu benefício, os países, senhorias e cidades de parte contrária, até que eles se tenham efetivamente juntado e unidos a esta Confederação, o que eles poderão fazer quando lhes agradar.

Este tratado e negociação de paz, em seguida ao relatório, aprovação e consentimento dos senhores deputados no governo dos países mencionados, como também dos Estados destes, junto com o sr. príncipe, os Estados da Holanda, Zelândia e associados, os deputados mencionados acima, em virtude de seu poder e mandato, prometeram observar, manter e cumprir inviolavelmente todos os mencionados pontos e artigos, como também tudo o que pelos Estados Gerais for definido e ordenado a este respeito; e de fazê-los respectivamente ratificar, jurar, assinar e selar de parte e de outra pelos prelados, nobres, cidades e outros membros dos países mencionados acima, e particularmente pelo senhor mencionado, o príncipe de Orange, tanto em geral quanto em particular, e isto num mês próximo para a satisfação de cada um. Em testemunho disto acima que os deputados mencionados assinaram estes presentes atos na Prefeitura da cidade de Gante, em 8 de novembro de 1576.

Fonte: Pacificatie van Gent. Ende in kennisse van alle 't guene voirsz. is, hebben de voirsz. gedeputeerden dese jegenwoirdighe onderteekent in 't schepenhuys van de stadt van Ghendt den VIIIen van Novembri XVc LXXVI.

Ata de Abjuração a Filipe II
(Tradução do autor)

Declaração dos Estados Gerais das Províncias Unidas de que Filipe II é destituído do direito de soberania que ele detinha nas mencionadas províncias.

Feita na Haia, 26 de julho de 1581.

Os Estados Gerais das Províncias Unidas dos Países Baixos: a todos os que verão os presentes atos, ou tê-los-ão lido, saudações: como é notório para cada um que o príncipe de um país é estabelecido por Deus como soberano e chefe dos súditos, para defendê-los e conservá-los contra todas as injúrias, opressões e violências: da mesma maneira que um pastor é ordenado para a defesa e guarda de suas ovelhas: e que os súditos não são criados por Deus para o uso do príncipe; para serem-lhe obedientes em tudo o que ele ordene, seja a coisa pia ou ímpia, justa ou injusta, e para servi-lo como escravos: mas o príncipe é, para os súditos, sem os quais ele não pode ser príncipe, a fim de governar segundo o direito e a razão, para mantê-los e amá-los como um pai a seus filhos, ou um pastor a suas ovelhas, que coloca seu corpo e sua vida em perigo para defendê-los e garanti-los. E, quando ele não se comporta mais desta maneira, mas que, em lugar de defender seus súditos, ele procura oprimi-los e afastar-lhes os privilégios e antigos costumes, dar-lhes ordens e usá-los como escravos: ele não deve mais ser considerado um príncipe, mas um tirano. E, como tal, seus súditos, segundo o direito e a razão, não podem mais reconhecê-lo como seu príncipe.

Sobretudo quando isto se faz com a deliberação e a autoridade dos Estados do país, então se pode abandoná-lo e, em seu lugar, escolher-se outro, sem se enganar, como chefe e senhor, que os defenda. Coisa que ocorre, principalmente, quando os súditos por meio de humildes orações, requerimentos e remonstrâncias não conseguiram nunca serenar seu príncipe, nem desviá-lo de suas empreitadas e desígnios tirânicos. De forma que só lhes resta um meio para conservar e defender sua antiga liberdade, de suas mulheres, crianças e descendentes, em benefício dos quais, segundo a lei natural, eles são obrigados a expor suas vidas e seus bens: assim, em todas as ocasiões semelhantes, vimos, em diversas vezes, ocorrer, em diversas épocas, cujos exemplos são bem conhecidos. O que deve ocorrer, principalmente, nestes países: os quais, desde sempre, têm sido governados de acordo com o juramento prestado por seus príncipes quando eles foram recebidos, segundo o teor de seus privilégios e antigos costumes. Inclusive porque também a maior parte das mencionadas províncias sempre recebeu seu príncipe sob certas condições, segundo contratos e acordos jurados. Os quais, se o príncipe violá-los, ele é, à luz do direito, destituído da soberania do país. Ora, é assim que o rei da Espanha, depois do falecimento de seu pai de excelente memória, o imperador Carlos v (de quem ele recebeu todos estes países), se tem comportado, esquecendo os serviços tanto do seu mencionado pai, de quem ele mesmo recebera estes países, como dos súditos destes, pelos quais, principalmente, o rei da Espanha obtivera tão gloriosas e memoráveis vitórias contra seus inimigos, em virtude do que seu nome e seu poder eram renomados e temidos em todo o mundo. Esquecendo também as admoestações que Sua mencionada Majestade imperial lhe fizera previamente em sentido contrário, ele concedeu audiência e acreditou os do Conselho da Espanha, que estavam perto dele e que conceberam um ódio secreto contra estes países e sua liberdade, nos quais eles não podiam ter nenhuma incumbência para governar, ou para neles desservir os principais Estados e ofícios, como eles fazem no Reino de Nápoles, Sicília, Milão, nas Índias e em outros países que estão sob o poder do rei. Tendo, também, se apoderado das riquezas dos países mencionados, dos quais a maior parte dentre eles tinha bom conhecimento. O Conselho mencionado, ou alguns dos principais membros deste, demonstraram, por diversas vezes, ao rei, que para sua reputação, e para a maior autoridade de Sua Majestade, era melhor conquistar de novo estes Países Baixos, a fim de poder, então, comandá--los livre e absolutamente (o que não é nada mais do que tiranizá-los a seu bel-prazer), e não governá-los sob tais condições e restrições que, na recepção da soberania dos países mencionados, ele jurara observar. Desde então, o rei da Espanha, seguindo este Conselho, procurou todos os meios para reduzir estes países (despojando-os de sua antiga liberdade) à servidão, sob o governo dos espanhóis: tendo, primeiramente, sob o pretexto da religião, querido colocar, nas principais e mais poderosas cidades, novos bispos, beneficiando-os e dotando-os da incorporação das mais ricas abadias, acrescentando, a cada bispo, nove cônegos para serem seus conselheiros: dos quais três teriam, especificamente, como encargo, a Inquisição. Por esta incorporação, os bispos mencionados (que pudessem ser escolhidos, tanto estrangeiros como naturais do país) teriam sido, em primeiro lugar, a primeira voz nas assembleias dos Estados dos países mencionados, e teriam sido suas criaturas, sempre prontos a obedecer suas ordens, em sua devoção. E, pela associação dos cônegos mencionados, ele introduziu a Inquisição da Espanha, a qual, desde sempre, foi, nestes países, motivo também de grande horror, e tão odiosa, como é notório para cada um, por sua extrema servidão. Tanto que Sua Majestade imperial a tendo outrora colocado em prática nas Províncias Unidas, desistira dela, ao ver as remonstrâncias que lhe foram dirigidas, não mais a propondo, demonstrando com isto a grande afeição que ele tinha por seus súditos. Mas, não obstante as diversas remonstrâncias dirigidas ao rei, tanto pelas províncias quanto pelas cidades específicas, por escrito, como por alguns dos principais senhores do país, oralmente: sobretudo pelo barão de Montigny e pelo conde de Egmont, que, com o consentimento da duquesa de Parma, então regente destes países, por decisão do Conselho de Estado e da Generalidade, foram enviados para estes fins por diversas vezes à Espanha. E, não obstante, bem como o rei lhes dera, de boca, boa esperança, que, seguindo seu requerimento, ele nisto proviria, eis que, de qualquer maneira, por cartas, ele fez depois o contrário: ordenando, de forma bem expressa, e sob pena de provocar sua indignação, receber imediatamente os novos bispos, para colocá-los em posse de seus bispados e abadias incorporados, permitindo-lhes praticar a Inquisição nos locais onde ela ocorrera antes: de que se obedecessem e se seguissem os decretos e ordenanças do Concílio de Trento, os quais, em diversos pontos, contradiziam os privilégios do país. O que, tendo chegado ao conhecimento da comuna, deu justo motivo a um grande tumulto entre eles, diminuindo, grandemente, a boa afeição, a qual (como bons súditos) eles dirigiram desde sempre ao rei e a seus predecessores. Sobretudo vendo que ele não procurava apenas tiranizar suas pessoas e bens: mas também suas consciências, pelas quais eles não entendiam ser responsáveis, mas tendo de prestar contas apenas a Deus. Nesta ocasião, e pela piedade que eles tinham do pobre povo, os principais da nobreza do país apresentaram, no ano de 1566, certa remonstrância sob a forma de petição: suplicando, por meio desta, que se tranquilizasse a comuna, evitando-se todos os tumultos e sedições, de forma a agradar-se Sua Majestade (demonstrando o amor e a afeição que, como príncipe benigno e clemente, ele dirigia a seus súditos), no sentido de moderar os pontos mencionados, sobretudo os que diziam respeito à rigorosa Inquisição e suplício, em razão da religião. E, para que o rei entendesse tudo de forma mais específica, e com mais autoridade, e demonstrando-lhe como isto era necessário para o bem e a prosperidade do país, para mantê-lo em descanso e tranquilidade ao afastar as novidades mencionadas acima, e moderando o rigor da infração aos éditos, publicados a respeito da religião: o marquês van den Berghe e o barão de Montigny mencionado acima foram enviados, por petição da mencionada senhora regente, do Conselho de Estado e dos Estados Gerais de todos os países, como embaixadores, à Espanha. Lá, onde o rei, em vez de conceder-lhes audiência e de resolver os inconvenientes que lhe foram apresentados (os quais, por não terem sido remediados a tempo, como a urgente necessidade lho pedia, já haviam começado, efetivamente, a serem praticados por todo o país, entre a comuna), ele fez declarar, por persuasão e incitação do Conselho da Espanha, como rebeldes e culpados do crime de lesa-majestade, a todos os que fizeram a mencionada remonstrância, sendo puníveis em seus corpos e bens. E, além disto, (pensando ter assegurado totalmente os países mencionados, bem como tê-los reduzido ao seu pleno poder e tirania pelas forças e violências do duque de Alba), ele, depois, fez com que fossem aprisionados e mortos os senhores embaixadores mencionados, confiscando todos os seus bens, e isto contra todos os direitos das gentes, desde sempre inviolavelmente observados, mesmo entre as mais bárbaras e cruéis nações, assim como entre os príncipes mais tirânicos. E, não obstante, apesar de todo o tumulto mencionado acima, ocorrido no ano de 1566, na ocasião mencionada acima, houvesse sido quase saciado pela regente e seus aderentes, sendo que vários destes que defendiam a liberdade destes países fossem uns expulsos, outros oprimidos e subjugados, de tal forma que o rei não tinha nenhum motivo do mundo para oprimir ainda mais estes países pelas armas e pelo uso da violência. Se, por que causas fossem que o Conselho da Espanha, há muito tempo, procurara e esperara (bem como as cartas interceptadas do embaixador da Espanha Alana, estando na França, e escritas, então, à duquesa de Parma, demonstram-no claramente) a fim de aniquilar todos os privilégios dos países, para poder governá-los tiranicamente a seu bel-prazer, como nas Índias e nos novos países conquistados, ele enviou, por indução e conselho dos espanhóis (demonstrando a pouca afeição que ele tinha por seus súditos, o contrário do que, como seu príncipe, protetor e bom pastor, ele tinha de fazer), para oprimir estes países, o duque de Alba com um poderoso exército, o qual é conhecido por sua desumanidade e crueldade, como um dos principais inimigos do país, acompanhado por conselheiros, de igual natureza e humor que ele. E quando ele viu que, nestes países, não havia nenhuma oposição, e que ele foi recebido pelos pobres súditos com todo o respeito e honra, os quais esperavam dele apenas toda indulgência e clemência, da maneira como o rei lhes escrevera fingidamente com frequência: e que ele tinha mesmo a intenção de vir aqui em pessoa, para colocar tudo em ordem, para o contentamento de cada um, tendo também, para este fim, feito preparar, quando da partida do duque de Alba, uma frota de navios na Espanha para trazê-lo, e uma na Zelândia para ir diante dele, às grandes custas e despesas dos países: mas tudo isto para abusar ainda mais de seus súditos, precipitando-os em suas armadilhas. Este, todavia, o duque de Alba mencionado acima, declarou imediatamente, depois de sua chegada, ele, que era apenas um estrangeiro, e, de forma alguma, de sangue real, que ele tinha mandato do rei, de grande capitão, e, pouco tempo depois, de governador-geral dos países, contra os privilégios e antigos costumes dos países mencionados. E, manifestando bastante seu desígnio, ele colocou imediatamente guarnições nas principais cidades e castelos, fazendo erguer castelos e fortalezas nas principais e mais poderosas cidades, para mantê-las sujeitas: e mandou buscar, muito amavelmente, por encargo do rei, os principais senhores, sob o pretexto de fazer parte de seu Conselho, de querer utilizá-los ao serviço do país, e fez prisioneiros os que deram fé a suas cartas, levando-os, contra os privilégios, para fora do Brabante, onde eles eram prisioneiros, fazendo correr o processo deles diante de si, que não era seu juiz competente; e, enfim, sem ouvi-los plenamente em suas defesas, ele entregou-os à morte, sendo executados pública e escandalosamente. Os outros, que conheciam melhor o fingimento dos espanhóis, mantendo-se fora do país, ele declarou-os terem perdido corpos e bens, e, para tanto, tomou seus bens, confiscando-os, a fim de que os pobres súditos não pudessem contar com a ajuda de suas fortalezas, ou dos príncipes que houvessem querido defender sua liberdade contra a violência do papa. Além, ainda, de uma infinidade de outros cavaleiros e notáveis burgueses, os quais, uns, ele fez morrer, expulsando outros, a fim de poder confiscar seus bens. O resto dos bons habitantes, embora continuasse trabalhando, além da opressão que eles sofriam em suas mulheres, crianças e bens, da parte dos soldados espanhóis hospedados em suas casas, tinha de pagar diversas contribuições, sendo constrangidos a participar da arrecadação de dinheiro para construir novos castelos e fortificações das cidades para sua própria ruína, com a cobrança do centésimo, vigésimo e décimo denário, para o pagamento dos soldados, tanto era o que eles queriam levar que se cobrava nestes países, para utilizá-los contra seus compatriotas e contra os que se expunham ao perigo, arriscando sua vida, para defender a liberdade do país. A fim de que os súditos, estando empobrecidos, não lhes restasse nenhum meio no mundo para impedir seu desígnio e poder, colocando em prática, da melhor maneira possível, a instrução que lhe fora transmitida na Espanha, no sentido de tratar o país como tendo sido novamente conquistado. E, para este fim, ele começou também a mudar a ordem da justiça, à maneira da Espanha, diretamente contra os privilégios dos países, e a erguer novos conselhos, enfim, pensando que não havia mais nada a temer para ele, ele quis, à força, adotar uma imposição do décimo denário sobre as mercadorias e manufaturas, para a ruína total do país, para o qual o bem e a prosperidade consistem, em sua totalidade, nas mencionadas mercadorias e manufaturas, não obstante uma infinidade de remonstrâncias apresentadas em sentido contrário tanto por cada província especificamente, como por todas as províncias em geral. Contra o que ele houvesse obtido, assim, pela força, não se teriam oposto apenas Monsenhor, o príncipe de Orange, e diversos cavaleiros, bem como outros bons habitantes banidos pelo mencionado duque de Alba, que seguiam o príncipe mencionado acima, estando, em sua maior parte, a seu serviço, com outros habitantes afeiçoados à liberdade de sua pátria, tendo as províncias da Holanda e Zelândia, logo depois, se revoltado, em sua maior parte, sendo colocadas sob a proteção do sr. príncipe mencionado, sendo que, contra estas duas províncias, o duque de Alba mencionado, durante seu governo, e, depois dele, o grande comandante (que o rei enviara a estes países, não para remediar os males, mas para continuar o mesmo sistema de tirania, por meios mais encobertos e mais cautelosamente), passaram a constranger as províncias, por suas guarnições e cidadelas, para serem reduzidas ao jugo espanhol, tendo empregado suas pessoas e todos os seus meios para ajudar a subjugá-las, não poupando, sequer, as províncias mencionadas, que eles utilizaram em seu auxílio, como se elas mesmas fossem suas inimigas, permitindo aos espanhóis, sob o pretexto de se amotinarem, entrar à força na cidade de Antuérpia, diante do grande comandante, para nela permanecer durante seis semanas, vivendo à sua discrição, às custas e a cargo dos burgueses, e, além do mais, constrangendo-os (para serem libertados da violência dos espanhóis) a fornecer a soma de quatrocentos mil florins para o pagamento do soldo que eles exigiam. Depois disto, os soldados mencionados (tomando, com a conivência de seus chefes, ainda mais ousadia) avançaram para tomar abertamente as armas contra os países mencionados, tentando, primeiramente, tomar a cidade de Bruxelas, para nela fazer o ninho de suas rapinas, na localidade que era o lugar comum da residência dos príncipes do país. Isto não lhes sucedendo, eles tomaram a cidade de Aalst à força e, depois disto, eles surpreenderam e forçaram a cidade de Maastricht e a cidade de Antuérpia mencionada acima, a qual eles saquearam, pilharam e queimaram, massacraram e trataram de tal forma os habitantes que os mais bárbaros e cruéis inimigos não teriam podido fazer mais, em prejuízo indizível, não apenas dos pobres habitantes, mas também quase de todas as nações do mundo, que nela tinham suas mercadorias e dinheiro. E eis que os espanhóis mencionados foram declarados e anunciados pelo Conselho de Estado (ao qual o rei, depois da morte do grande comandante, conferira o governo geral do país), em presença de Jerônimo de Roda, inimigos do país, por causa de seus ultrajes e violências: se bem que o Roda mencionado, com sua autoridade privada, ou (como é de se presumir) em virtude de certa instrução secreta que ele podia ter da Espanha, procurou ser o chefe dos espanhóis mencionados e de seus aderentes, servindo-se (sem respeitar o Conselho de Estado mencionado acima) do nome e da autoridade do rei, falsificando seu selo, e comportando-se, abertamente, como governador e lugar-tenente do rei. O que motivou os Estados a entrar em acordo, ao mesmo tempo, com o sr. príncipe de Orange, mencionado acima, e os Estados da Holanda e Zelândia: cujo acordo foi aprovado e considerado bom pelo Conselho de Estado mencionado (como governadores legítimos do país) para, conjunta e unanimemente, fazer a guerra contra os espanhóis, inimigos comuns da pátria, e para expulsá-los para fora do país. Sem, no entanto, deixar, durante este tempo, como bons súditos, de procurar e requerer, com toda a diligência, mediante diversos e humildes requerimentos dirigidos ao rei, e todos os outros meios convenientes e possíveis, que ele quisesse, à luz dos tumultos e inconvenientes já ocorridos neste país, que podiam ocorrer ainda, fazer partir seus espanhóis para fora do país, punindo os que foram a causa do saque e da ruína de suas principais cidades e de outras inumeráveis opressões e violências que os pobres súditos sofreram, para a consolação destes, aos quais isto ocorrera, e para servir de exemplo aos outros. No entanto, o rei, ainda que ele fingisse com palavras que isto acontecera contra seu grado e contra sua vontade, e que ele tinha a intenção de punir os autores, sendo que, doravante, ele queria, com toda a indulgência e clemência (como um príncipe deve comportar-se), prover e colocar em ordem ao descanso do país, mas, pelo contrário, ele não apenas negligenciou fazer justiça e punir, como, com efeito, parecia bastante que tudo acontecera com seu consentimento e deliberação precedente do Conselho da Espanha, assim como se viu, pouco tempo depois, pelas cartas interceptadas, escritas a Roda e aos outros capitães (autores do mal mencionado acima) pelo rei mesmo, pelas quais ele declarava que não apenas ele aprovava o fato, mas que, até mesmo, os louvava e prometia recompensá-los, sobretudo o Roda mencionado acima, como lhe tendo prestado um serviço singular, o que ele também cumpriu para este fim com sua volta à Espanha, a ele e a todos os outros que foram ministros de sua tirania nestes países. Ele também enviou, ao mesmo tempo (pensando ofuscar ainda mais a vista de seus súditos), seu irmão bastardo, dom João de Áustria, como governador nestes países, como sendo de seu sangue. O qual, sob o pretexto de achar bom e aprovar o acordo adotado em Gante, de manter a promessa feita aos Estados, de fazer saírem os espanhóis, de punir os autores das violências e desordens ocorridas nestes países e de colocar em ordem a tranquilidade pública, restituindo-lhes sua antiga liberdade, tentou separar os Estados mencionados, subjugando, primeiro, um país, e depois outro, da maneira como isto foi descoberto, pouco tempo depois, pela providência de Deus (inimigo de toda tirania), mediante certas cartas interceptadas, nas quais aparecia que ele tinha mandato do rei para comportar-se de acordo com a instrução que Roda lhe transmitira para tanto: e, para melhor encobrir esta fraude, ele proibia que eles se entrevissem, falando um com o outro, mas que ele se comportasse amigavelmente com os principais senhores, para conquistá-los, de maneira que, com seu meio e auxílio, ele pudesse ter a Holanda e a Zelândia sob seu poder, a fim de fazer o mesmo depois, de acordo com sua vontade, com as outras províncias. Em virtude do que também dom João, apesar de ele ter jurado e prometido solenemente, na presença de todos os Estados mencionados acima, manter a Pacificação de Gante, e certo acordo feito entre ele e os Estados de todas as províncias, procurou, pelo contrário, todos os meios para ganhar, com grandes promessas e por meio de seus coronéis, os quais ele tinha já em sua devoção, os soldados alemães, que, então, estavam em guarnição nas principais fortalezas e cidades, e, mediante tais práticas, tornar-se mestre deles: como ele já ganhara a maior parte, e a tinha como afeiçoada ao seu partido: a fim de poder, por este efeito, obrigar e forçar os que não queriam se juntar a ele, para ajudá-lo a fazer a guerra ao príncipe mencionado acima e aos da Holanda e Zelândia e, assim, suscitar uma guerra mais cruel e sangrenta do que antes. Mas como as coisas que são tratadas com fingimento e, ao contrário da intenção que se demonstra exteriormente, não podem permanecer escondidas durante muito tempo, este desígnio foi descoberto, antes de poder colocar em prática plenamente sua intenção, ele não pôde cumprir o que ele prometera, mas, pelo contrário, ele suscitou, em lugar da paz da qual ele se vangloriava com sua chegada, uma nova guerra, a qual dura ainda até o presente. Todas estas coisas nos deram motivos mais do que suficientes para abandonar o rei da Espanha, e procurar outro príncipe poderoso e indulgente, para ajudar a defender estes países e tomá-los sob sua proteção. E isto tanto mais que os países mencionados já foram abandonados por seu rei, em meio a tais desordens e opressões, por mais de vinte anos, tempo durante o qual ele tratou os habitantes não como súditos, mas como inimigos, seu próprio senhor se esforçando para subjugá-los pela força das armas.

Tendo também, após o falecimento de dom João, sido bastante declarado pelo barão de Selles, sob o pretexto de propor e adiantar algum bom meio de acordo, que ele não queria confirmar a Pacificação de Gante: a qual, no entanto, dom João jurara, em seu nome, manter, colocando assim, diante de nós, diariamente, as mais difíceis condições. E, apesar disto, nós não quisemos deixar de requerer incessantemente, mediante humildes remonstrâncias, por escrito, e com a intercessão dos principais príncipes da Cristandade, no sentido de nos poder reconciliar e colocar em acordo com o rei. Tendo também tido, ultimamente, durante muito tempo, nossos deputados, em Colônia, esperado obter, com a intercessão de Sua Majestade imperial e dos eleitores, que se empenharam nisto, uma boa e assegurada paz, com alguma aprazível e moderada liberdade, sobretudo no que diz respeito à religião (a qual diz respeito sobretudo a Deus e às consciências). Mas nós concluímos enfim, por experiência, que nós não podíamos obter nada do rei, pelas mencionadas remonstrâncias e tratados: já que as mencionadas tratativas e comunicações não tinham sequência, servindo apenas para colocar as províncias em discordância, e fazer com que elas se separassem umas das outras, para, ainda mais comodamente, subjugar uma depois da outra, executando seu primeiro desígnio com todo o rigor contra elas. O que, mais tarde, apareceu claramente por meio de certo Édito de Proscrição que o rei fez publicar, pelo qual, nós e todos os funcionários e habitantes das Províncias Unidas, todos os que seguem o partido deles, são declarados rebeldes, tendo, como tais, perdido corpos e bens, a fim de reduzir-nos, por este meio, ao desespero, tornando-nos a todos odiosos, e impedindo o tráfego e o comércio, prometendo, além do mais, dar uma grande soma de dinheiro a quem matar o príncipe mencionado acima. Tanto que, sem o último recurso de qualquer meio de reconciliação, e nos achando destituídos de qualquer outro remédio e socorro: nós, seguindo a lei natural, para a instrução e defesa de nós e dos outros habitantes, de nossos direitos, privilégios, antigos costumes e liberdades de nossa pátria, da vida e da honra de nossas mulheres, crianças e sucessores, a fim de que eles não caiam na servidão dos espanhóis, fomos constrangidos, ao abandonar de bom direito o rei da Espanha, a procurar e praticar alguns outros meios, que nós acreditamos serem mais úteis, para nossa maior segurança e conservação de nossos direitos, privilégios e franquias mencionados acima.

Fazemos saber que, considerado o acima, e a extrema necessidade que nos oprime, como foi mencionado, nós temos declarado, por comum acordo, deliberação e consentimento, e declaramos, por meio desta, o rei da Espanha destituído, *ipso jure*, de sua soberania, direito e herança destes países, e que nós não temos mais a intenção de reconhecê-lo em coisa alguma que diga respeito ao príncipe, sua soberania, jurisdição, ou aos domínios destes Países Baixos, e de não utilizar mais seu nome como soberano, ou permitir que ninguém o utilize. Seguindo o que, nós declaramos, também, todos os servidores, funcionários judiciais, senhores particulares, vassalos e todos os outros habitantes destes países, de qualquer condição ou qualidade às quais eles pertençam, livres doravante do juramento que eles prestaram, de qualquer maneira que seja, ao rei da Espanha, como tendo sido senhor destes países e do que eles poderiam ser obrigados para com ele. E, pelas causas mencionadas acima, a maior parte das Províncias Unidas se submeteu, por comum acordo e consentimento de seus membros, à senhoria e governo do ilustre príncipe e duque de Anjou, sob certas condições e pontos acordados e resolvidos com Sua Alteza. E que o sereníssimo arquiduque Matias renunciou, em nossas mãos, ao governo geral destes países, o que foi aceito por nós. Nós ordenamos e mandamos a todos os funcionários judiciais, servidores e a todos os outros aos quais isto possa de qualquer forma dizer respeito que eles abandonem doravante e não utilizem mais o nome, o título, o grande e pequeno selo, o contrasselo e os carimbos do rei da Espanha: e que, no lugar destes, enquanto o Monsenhor duque de Anjou, em virtude de questões urgentes, que dizem respeito ao bem e à prosperidade destes países, estiver ainda ausente (no que diz respeito às províncias tendo contratado com Sua Alteza), ou de outra forma, eles tomarão, de maneira provisória, e utilizarão o título e o nome do chefe e Conselho do país. E, durante este tempo, em que o mencionado chefe e conselheiros não tenham sido, plenamente e de fato, nomeados, convocados e estabelecidos no exercício de seu Estado, eles utilizarão nosso nome. Salvo que, na Holanda e na Zelândia, utilizar-se-á o nome de Monsenhor o príncipe de Orange, e dos Estados destas províncias, até que o Conselho mencionado acima seja realmente estabelecido, e então eles se disciplinarão de acordo com os acordos e o contrato celebrado com Sua Alteza. E, em lugar dos selos do rei mencionados acima, utilizar-se-á doravante nosso grande selo, contrasselo e carimbos, nos assuntos que digam respeito ao governo geral, para o que o Conselho do país, seguindo sua instrução, está autorizado. E nos assuntos que digam respeito à polícia, à administração da justiça e a outras questões específicas em cada província: o Conselho provincial e os outros Conselhos do país utilizarão, respectivamente, o nome, o título e o selo da mencionada província onde o caso se apresentar, e não de outra, isto tudo sob pena de nulidade das cartas, documentos ou despachos, feitos ou selados de forma diferente da especificada acima. E para cumprir e colocar em prática, da melhor forma, e mais seguramente, o que foi mencionado, nós temos ordenado e mandado, ordenamos e mandamos, por meio destes, que todos os selos do rei da Espanha, que estão nestas Províncias Unidas, sejam imediatamente, depois da publicação dos presentes atos, levados, respectivamente, às mãos dos Estados de cada província, ou dos que serão especialmente encarregados e autorizados pelos mencionados Estados, sob pena de correção arbitral. Ordenamos e mandamos, além do mais, que doravante não se cunhará nenhuma moeda nas mencionadas Províncias Unidas com o nome, título ou armas do rei da Espanha, mas que, apenas, se lhe aporá tal forma ou figura como será ordenado, para cunhar novas unidades de ouro e de prata, com seus quartos ou diminuições. Ordenamos e mandamos, de forma semelhante, ao presidente e a outros senhores do Conselho privado, e a todos os outros chanceleres, presidentes e senhores do Conselho provincial, e a todos os presidentes e primeiros conselheiros de contas, e aos outros de todas estas Câmaras de Contas, estando presentes, respectivamente, nestes países mencionados, e também a todos os outros funcionários judiciais e servidores (como os tendo doravante livrado do juramento que eles prestaram ao rei da Espanha, continuando a manutenção de seus mandatos) que eles prestem um novo juramento aos Estados do país do qual eles provenham respectivamente, ou de seus mandatos, pelo qual eles jurem ser-nos fiéis contra o rei da Espanha e todos os seus aderentes, tudo de acordo com o enunciado que os Estados Gerais formularam acima. E entregaremos aos mencionados conselheiros, funcionários judiciais e servidores, nas províncias que houverem contratado com o mencionado sereníssimo duque de Anjou, em nosso nome, em ato contínuo, suas funções, e isto no lugar de um novo mandato, prevendo a cassação do precedente, e, isto, de maneira provisória, até a chegada de Sua Alteza. E aos conselheiros, conselheiros de contas, funcionários judiciais e servidores, nas províncias que não houverem contratado com a sua mencionada Alteza, um novo mandato com nosso nome e selo. Não se reconhece, no entanto, que os detentores do primeiro mandato mencionado sejam inculpados e convencidos de terem transgredido os privilégios do país, de se terem comportado mal, ou de terem feito algo semelhante. Mandamos, além disto, ao presidente e gentes do Conselho Privado, ao chanceler do Ducado do Brabante, igualmente ao chanceler do Ducado de Gueldres e Condado de Zutphen, ao presidente e gentes do Conselho da Holanda, aos receptores ou altos servidores de Beoosterscheldt e Bewesterscheldt, na Zelândia, ao presidente e Conselho da Frísia, ao escolteto de Mechelen, ao presidente e gentes do Conselho de Utrecht, e a todos os outros funcionários judiciais e servidores aos quais isto possa dizer respeito, a todos os lugares-tenentes, e a cada um deles especificamente, a quem isto couber, que se faça publicar esta nossa ordenança, por todos os meios, em sua jurisdição e nos lugares nos quais se tem o costume de fazer tais anúncios e publicações, de tal forma que ninguém possa arguir ignorância. E que eles mantenham e observem, inviolavelmente, sem infringir, a mencionada ordenança, constrangendo, neste sentido, rigorosamente, os infratores na questão, como foi mencionado, sem nenhum atraso ou dissimulação. Por que nós achamos isto útil para o bem do país. E, para fazer isto, e o que depende disto, nós lhes damos, a cada um ao qual isto diga respeito, pleno poder, autoridade e mandato especial.

Em testemunho do que, nós fizemos aqui apor nosso selo.

Dado na Haia em nossa Assembleia, em 26 de julho de 1581.

Na dobra, estava escrito: Por ordenança dos Estados mencionados.

E assinado, J. de Asseliers.

Fonte: Plakkaat van Verlatinghe. Ghegheven in onse vergaderinghe in 's Gravenhaghe, den sessentwintichsten Julij MDLXXXI.

A União de Utrecht, a Primeira Constituição dos Países Baixos

A Guerra dos Oitenta Anos (1568-1648), a guerra de independência dos Países Baixos contra o Império habsbúrgico, opôs católicos e protestantes[1], neerlandeses e espanhóis. As províncias dos Países Baixos, calvinistas e católicas, para minorar o conflito religioso, que se tornara uma guerra civil, procuraram, depois do saque e da destruição de Antuérpia (1576), reconciliar-se; durante a Fúria Espanhola, milhares de habitantes de Antuérpia foram massacrados pelos espanhóis. A resposta da Espanha, que controlava os Países Baixos, foi imediata. Para dividi-los, Alexandre Farnese, duque de Parma, governador-geral dos Países Baixos (1578-1582), conseguiu que as províncias católicas assinassem a União de Atrecht/Arras (1579)[2]. A religião católica tornou-se oficialmente a única religião admitida

---

1 A denominação protestante predominante nos Países Baixos, sobretudo na Holanda e na Zelândia, era a dos calvinistas.
2 Insatisfeitas com o radicalismo calvinista, o qual tentava proibir e reprimir o catolicismo em áreas sob seu controle, os Países Baixos do sul, católicos, assinaram em 6 de janeiro de 1579 a União de Atrecht/Arras; o Artois, Cambrai, Douai, Hainaut, Lille e Orchies fizeram parte desta União. Atualmente, estas regiões pertencem à Picardia (França), Nord-Pas-de-Callais (França) e à Valônia (Bélgica). A União de Atrecht reconheceu a lealdade de seus signatários para com Filipe II.

nestas províncias, submetidas à autoridade de Filipe II, rei da Espanha; todas as outras religiões foram proibidas.

Para as províncias protestantes, lideradas por Guilherme I, príncipe de Orange, correspondentes aproximadamente aos atuais Países Baixos, isto era inadmissível. Em resposta à União de Atrecht, católica, elas assinaram a União de Utrecht (1579)[3], uma constituição confederada, a primeira Constituição neerlandesa, principal fundamento jurídico da República das Sete Províncias Unidas dos Países Baixos (1581-1795)[4].

A União de Utrecht foi o começo dos Países Baixos como um Estado independente. Muitos obstáculos durante a Guerra dos Oitenta Anos, a guerra de independência contra a Espanha, tiveram de ser superados para que a União de Utrecht vingasse;[5] Filipe II estava determinado a esmagá-la[6]. A Guerra dos Oitenta Anos e a guerra contra o Império Otomano levaram a Espanha em 1575 à sua segunda moratória[7]; foi a prata do México e do Peru, que deu novo fôlego à Espanha na Guerra dos Oitenta Anos[8]. Somente mais tarde, os Países Baixos declararam-se formalmente independentes com a Ata de Abjuração

3 O tratado da União de Utrecht foi assinado (23 de janeiro de 1579) por representantes da Holanda, Zelândia, Gueldres, Groninga, Utrecht e Zutphen. Mais tarde, a União de Utrecht foi ratificada por representantes das cidades de Gante (4 de fevereiro de 1579), Nijmegen (5 de março de 1579), Arnhem (9 de março de 1579), Frísia (23 de março de 1579), Venlo (11 de abril de 1579), Amersfoort (10 de junho de 1579), Ieper (10 de julho de 1579), Antuérpia (29 de julho de 1579), Breda (13 de setembro de 1579), Bruges e Land van Strijen (1º de fevereiro de 1580), Lier (16 de fevereiro de 1580) e Drente (11 de abril de 1580). Diante da oposição espanhola, com a força das armas, nem todas estas províncias e cidades puderam continuar a fazer parte da União de Utrecht.
4 As sete províncias que permaneceram como membros da União de Utrecht foram: Holanda, Zelândia, Frísia, Groninga, Gueldres, Overijssel e Utrecht. Drente não tinha representação nos Estados Gerais.
5 Jonathan Irvine Israel, *The Dutch Republic: Its Rise, Greatness, and Fall 1477-1806*, Oxford University Press, 1998, p. 201: "The signing of the final text by delegates of Holland, Zeeland, Utrecht, the Ommelands, and the ridderschap of the Arnhem and Zutphem quarters, at Utrecht on 23 January 1579, was no more than a first step in a long and arduous battle to establish the Union."
6 Ibidem, p. 212.
7 J.C.H Blom; E. Lamberts, *Geschiedenis van de Nederlanden*, 3. ed., Baarn: HBuitgevers, 2008, p. 111: "De Spaanse militaire inspanningen in de Nederlanden en tegelijk ook tegen de Turken voerden in 1575 tot een tweede schuldenmoratorium."
8 J.I. Israel, op. cit., p. 212: "On the contrary, buoyed by the silver of the Spanish Indies, and free now from his war against the Ottoman Turks, Philip's power in the Netherlands recovered rapidly."

(1581). Estrangeiros, como o duque francês de Anjou, François de France (1555-1584), e o conde inglês de Leicester, Robert Dudley (1532/1533-1588), fracassaram ao tentar administrá-los. Os Estados Gerais decidiram tomar as rédeas do poder; a República das Sete Províncias Unidas dos Países Baixos nascera.

Era o conflito entre duas diferentes concepções de Estado. O Império multinacional dos Habsburgos, o medieval Sacro Império Romano-Germânico pretendendo-se herdeiro e sucessor do antigo Império romano pela *translatio imperii*, a transferência do poder imperial, e a moderna República das Sete Províncias Unidas dos Países Baixos, paradoxal república coroada, com a dinastia de Orange, projetando-se da Europa às colônias das Américas do Norte e do Sul, Caribe, e da África à Indonésia.

OS PAÍSES BAIXOS RUMO À INDEPENDÊNCIA

Durante séculos, os Países Baixos não foram senhores de seu destino. Antes de fazerem parte do Império habsbúrgico, controlado por Filipe II, eles integravam o Ducado da Borgonha. Nos Países Baixos, Filipe II não era estimado; mais ainda do que seu pai, Carlos V, ele lutava pela centralização, contra os privilégios locais. Às cidades dos Países Baixos, fora assegurada uma série de direitos e liberdades.

Contra os protestantes, cujo principal reduto eram justamente as províncias mais ricas dos Países Baixos, Holanda e Zelândia, Filipe II convocou o Conselho de Beroerten[9] (1567-1576); seu objetivo era punir os fanáticos iconoclastas[10] que vandalizavam igrejas católicas e os convertidos ao calvinismo que pregavam ao ar livre[11]. Mais tarde, o Conselho de Beroerten ficou conhecido como o Conselho Sanguinário[12]. O Conselho de Beroerten não resultou em punições muito severas para os protestantes, mas as decisões tomadas eram contra os privilégios. A mando de Filipe II, o duque de Alba, governador-geral

9   Conselho de Beroerten (*Raad van Beroerten*), ou Conselho dos Tumultos.
10 *Beeldenstormers*.
11 *Hegeprekers*.
12 *Bloedraad*.

dos Países Baixos (1567-1573), adotou um imposto sobre vendas com uma alíquota de 10% incidente sobre todas as transações comerciais de bens móveis, o odiado décimo (*Tiende penning*). A situação, no entanto, fugiu do controle espanhol. Na Batalha de Heiligerlee (1568), teve início a Guerra dos Oitenta Anos; também a Revolução Americana começou a partir de uma desavença na cobrança de impostos.

Os Países Baixos habsbúrgicos tiveram alguns governantes gerais notáveis, para o bem e para o mal, nos períodos que se seguem. Margarida, duquesa de Parma (1559-1567); Fernando Álvarez de Toledo, duque de Alba (1567-1573); dom Luís de Requesens y Zúñiga (1573-1576); dom João de Áustria (1576-1578); Alexandre Farnese, duque de Parma (1578-1582); e Margarida, duquesa de Parma, corregente (1578-1582). Muitos deles exerceram uma autoridade puramente formal, perante o espírito de sublevação que dominava nos Países Baixos.

Com a fuga de Guilherme I, temendo a repressão espanhola, o cargo de estatúder[13], chefe de Estado, da Holanda, Zelândia e Utrecht ficou vacante. Em seu lugar, Margarida, duquesa de Parma, seguindo ordens de Filipe II, nomeou, em 17 de junho de 1567, Maximiliano de Hénin-Liétard (1542-1578), conde de Boussu. Desafiando Filipe II, não tardou para os Estados Gerais destituírem o conde de Boussu.[14] Para substituí-lo, em 1572, rejeitando as ordens de Filipe II, eles nomearam Guilherme I estatúder da Holanda, Zelândia e Utrecht (1572-1584)[15].

13 O nome do candidato ao cargo de estatúder (*stadhouder*) na República das Sete Províncias Unidas dos Países Baixos, originariamente uma espécie de lugar-tenente, governador-geral, ocupado sempre por um membro da dinastia de Orange, devia ser aprovado pelos Estados das províncias reunidos nos Estados Gerais. Os estatúderes da República foram os seguintes: Guilherme I, o Taciturno (1572-1584); Maurício de Nassau (1585-1625); Frederico Henrique de Orange (1625-1647); Guilherme II de Orange (1647-1650); Guilherme III de Orange-Nassau (1672-1702), rei da Inglaterra, Escócia e Irlanda (1689-1702); Guilherme IV de Orange-Nassau (1747-1751); e Guilherme V de Orange-Nassau (1751-1795). Houve dois períodos na história da República sem estatúderes (*Stadhouderloze Tijdperk*): 1650-1672 (Primeiro Período sem Estatúder/*Eerste Stadhouderloze Tijdperk*) e 1702-1747 (Segundo Período sem Estatúder/*Tweede Stadhouderloze Tijdperk*).

14 Os Estados da Holanda e da Zelândia, enquanto Estados das províncias/ Estados provinciais, equivaliam, aproximadamente, aos atuais Parlamentos provinciais ou estaduais.

15 Em 4 de julho de 1575, os deputados dos Estados das províncias da Holanda e Zelândia aprovaram uma união, a União de Dordrecht (*Unie van Dordrecht*), contra a Espanha. A União de Dordrecht permaneceu em vigor até o advento

Mesmo se com a União de Utrecht os Países Baixos não tenham querido separar-se do Sacro Império Romano-Germânico, sendo necessário ainda cerca de dois anos para que os Estados Gerais declarassem finalmente sua independência, depondo Filipe II, ela deve ser considerada o ato fundador da República das Sete Províncias Unidas dos Países Baixos. Com Carlos V (1500-1558), imperador do Sacro Império Romano-Germânico, os Países Baixos foram constituídos mediante a Pragmática Sanção (1549) em unidade política; este conjunto desagregou-se rapidamente ao ser transmitido a seu filho, Filipe II, rei da Espanha. O despotismo espanhol passou a ser denunciado pelos nobres neerlandeses, conduzidos por Guilherme I. A Pacificação de Gante foi a última tentativa de manter a unidade dos Países Baixos apesar da divisão religiosa; Holanda e Zelândia, as principais províncias protestantes, desejavam sobretudo a rápida partida dos soldados estrangeiros.

A União de Utrecht, precedida e sucedida por uma guerra de independência nacional, a Guerra dos Oitenta Anos, lançou as bases de uma arquitetura institucional original. Todo o poder passou a pertencer aos Estados Gerais, composto por deputados provenientes dos Estados das províncias; os Estados Gerais lideraram a guerra contra a Espanha. O chefe de Estado dos Países Baixos, estatúder, era confirmado em suas funções pelos Estados Gerais, órgão soberano, sob a condição de observar e colocar em prática a União de Utrecht.

PRINCIPAIS DISPOSITIVOS

Com a União de Utrecht, as Províncias Unidas[16], à luz do Tratado de Utrecht, tornaram-se uma confederação. Embora soberanas, as províncias transferiram parte de sua soberania aos Estados Gerais, em matéria, por exemplo, de defesa, tributação e política exterior. Para a República das Sete Províncias Unidas

---

das Uniões de Bruxelas (9 de janeiro de 1577/10 de dezembro de 1577). Com o fracasso das Uniões de Bruxelas, restou o caminho da separação entre os Países Baixos do sul, católicos, e os Países Baixos do norte, protestantes (União de Atrecht/Arras – 6 de janeiro de 1579 e União de Utrecht – 23 de janeiro de 1579).
16 As Províncias Unidas signatárias da União de Utrecht.

dos Países Baixos, a principal instituição desta nova entidade, a União, eram os Estados Gerais.

Seria um erro pensar na União como uma confederação com sete membros iguais; na prática, a Holanda dominava a República. Principal centro econômico, ela contava com mais da metade da população da União, arcando com mais da metade dos custos de manutenção das forças armadas da República. Era a Holanda que determinava os rumos da política exterior da União; daí ter-se popularizado a designação Holanda, em vez de Países Baixos/Neerlândia (*Nederlanden*), e holandês, em vez de neerlandês.

A República das Sete Províncias Unidas dos Países Baixos tinha seu próprio Parlamento, os Estados Gerais; nele, reuniam-se os deputados das Províncias Unidas. Embora cada província pudesse enviar aos Estados Gerais quantos representantes quisesse, cada província tinha direito a apenas um voto. Teoricamente, os deputados podiam decidir livremente, mas eles raramente deliberavam sem consultar previamente os respectivos Estados das províncias. Para emendar a União de Utrecht, era necessário convocar uma grande assembleia com membros de todas as províncias; isto aconteceu poucas vezes, sem resultados substanciais. O caminho da democracia é longo, vem de longe e ainda prossegue.

Ao tratar da defesa e da política exterior, os Estados Gerais declaravam guerra, celebravam a paz e concluíam tratados internacionais; eles também controlavam as forças armadas, enviando deputados para supervisionar seu funcionamento[17]. No além-mar, como na Indonésia e no Brasil, as grandes companhias de comércio, a Companhia das Índias Orientais e a Companhia das Índias Ocidentais[18], derivavam sua autoridade dos Estados Gerais. Para sustentarem-se, eles cobravam impostos nas Terras

---

17 Os chamados deputados *in locu* (*gedeputeerden te velde*).
18 Já no século XVII, João de Laet (1581-1649) escreveu uma obra pioneira sobre a Companhia das Índias Ocidentais, *Historia ou Annaes dos Feitos da Companhia Privilegiada das Indias Occidentaes Desde o Seu Começo Até ao Fim do Anno de 1636*; essa obra continua sendo uma fonte fundamental para o estudo da Companhia. João de Laet repertoriou a gênese da Companhia das Índias Ocidentais (cf. Joannes de Laet, Historia ou Annaes dos Feitos da Companhia Privilegiada das Indias Occidentaes desde o seu Começo até ao Fim do Anno de 1636, *Annaes da Bibliotheca Nacional*, v.XXX, Officinas Graphicas da Bibliotheca Nacional, 1912.)

da Generalidade (*Generaliteitslanden*)[19], territórios conquistados aos espanhóis e governados diretamente pelos Estados Gerais. Desde 1577, os Estados Gerais passaram a cobrar também impostos de importação e exportação. Como a receita auferida não era suficiente para cobrir as despesas, o Tesouro tinha de ser complementado por contribuições excepcionais, a respeito das quais os membros tinham de concordar unanimemente; esta exigência foi um dos fatores que levou a República das Sete Províncias Unidas dos Países Baixos à ruína.

O Conselho de Estado[20], órgão executivo dos Estados Gerais, tratava de assuntos como finanças. Nele, a Holanda tinha três membros; Frísia, Groninga e Zelândia, cada um com dois; e Gueldres, Utrecht e Overijssel, um para cada um destes; o funcionário mais importante do Conselho de Estado era o tesoureiro geral[21], o ministro da Fazenda das Províncias Unidas. O recebedor geral[22], exercendo atribuições próximas ao secretário geral da Receita Federal, supervisionava a coleta de impostos. Como responsável pelas finanças da União, ele apresentava anualmente aos Estados Gerais uma proposta orçamentária, acompanhada de um relatório, espécie de Estado da União, no qual ele descrevia a situação financeira da República das Sete Províncias Unidas dos Países Baixos; apenas após a aprovação desta proposta orçamentária pelos Estados Gerais, eram liberados os recursos solicitados. Em assuntos militares, o Conselho de Estado administrava o exército.

Para fiscalizar a utilização dos recursos públicos, havia a Câmara de Contas da Generalidade[23]. Ela conferia as contas das províncias, dos almirantados, do recebedor geral, das Terras da Generalidade etc. Cada província tinha dois representantes na Câmara de Contas da Generalidade.

A União podia indicar o capitão-geral[24] e o almirante-geral[25], autoridades militares máximas da República das Sete

---

19 Fizeram parte das Terras da Generalidade, por exemplo, parte do Brabante e de Flandres, diante dos Países Baixos do sul, controlados pelos espanhóis.
20 *Raad van State*.
21 *Thesaurier-generaal*.
22 *Ontvanger-generaal*.
23 *Generaliteitsrekenkamer*.
24 *Kapitein-generaal*.
25 *Admiraal-generaal*.

Províncias Unidas dos Países Baixos.[26] Sempre, na história dos Países Baixos, os Estados Gerais indicaram estatúderes para estes cargos; os estatúderes dos Países Baixos, chefes de Estado, pertenciam à dinastia de Orange.[27] Sua dignidade dinástica e comando militar tornavam-no o homem mais influente da República, apesar de suas competências formais não serem previstas formalmente pela União de Utrecht. O grande pensionário (*raadpensionaris*) da Holanda[28], ao representar a Holanda na Generalidade, exercia uma grande influência na República.

O secretário-geral[29] ou chanceler era um dos mais importantes funcionários dos Estados Gerais. Ele elaborava a agenda de cada reunião dos Estados Gerais junto com o grande pensionário da Holanda; lia os atos a respeito dos quais se precisava deliberar, formulando decisões. Presente em todas as reuniões, redigia relatórios e anotava o que era necessário; transmitia regularmente mensagens aos diplomatas estrangeiros, liderando a chancelaria. Ao escrever mensagens aos Estados Gerais, colocava-os a par das principais questões que afetavam a União. Na prática, não era o secretário geral ou chanceler o diretor da chancelaria dos Estados Gerais, o ministro das Relações Exteriores dos Países Baixos, mas o grande pensionário da Holanda.

Vamos agora apresentar uma perspectiva do conteúdo da União de Utrecht.

O tratado compreende um preâmbulo e 26 artigos.

---

26 O capitão-geral chefiava o Exército, e o almirante geral, a Marinha.
27 Os estatúderes deviam cumprir, em princípio, o que era determinado pelos Estados Gerais. Nos Estados Gerais, estava investida a soberania dos Países Baixos.
28 Cada província tinha seu pensionário (*pensionaris*). Eleito pelos membros do respectivo Estado dentre os representantes das famílias mais importantes da oligarquia, proveniente da classe burguesa mercantil, ocupava o cargo de dirigente máximo das Províncias; os Estados das províncias tinham o direito de destituí-lo quando julgassem conveniente. O cargo de pensionário da Holanda, província hegemônica, era conhecido como o grande pensionário (*raadpensionaris*), tendo substituído o de advogado da Nação (*landsadvocaat*). O grande pensionário da Holanda, na prática, era o chefe de governo da República das Sete Províncias Unidas; seu poder contrapunha-se ao do estatúder dos Países Baixos, chefe de Estado. Johan van Oldenbarnevelt (1547-1619), Johan de Witt (1625-1672) e Anthonie Hensius (1641-1720) foram os mais proeminentes grandes pensionários da Holanda.
29 *Griffier*.

- Preâmbulo: menciona-se a intenção de preservar a Pacificação de Gante. A União tem como um de seus principais objetivos assegurar a proteção contra o inimigo, os espanhóis;

- Artigos I e II: Estabelece a estrutura institucional confederada da União. As províncias preservam seus privilégios, sua autonomia, devendo prestar auxílio recíproco em caso de guerra contra os espanhóis;

- Artigo III: As províncias devem prestar auxílio recíproco contra outros inimigos;

- Artigo IV: Fortalecimento de cidades fronteiriças, arcando a Generalidade, a União, com a metade dos custos;

- Artigos V e VI: Custeamento de fortificações por meio de impostos e requisição de meios para a defesa comum;

- Artigo VII: Obrigação para as cidades fronteiriças de abrigar guarnições;

- Artigo VIII: Prevê o serviço militar obrigatório;

- Artigo IX: Tomada de decisão por consenso. Em caso de o consenso não ser alcançado, a decisão é tomada por estatúderes;

- Artigos X e XI: Tomada de decisão por unanimidade;

- Artigo XII: Necessidade de comum acordo para cunhar moedas; a cunhagem era supervisionada pela Generalidade[30];

- Artigo XIII: Liberdade de religião nas duas principais províncias calvinistas, Holanda e Zelândia;

- Artigos XIV e XV: Regula o tratamento a ser dispensado aos antigos membros de conventos e outras comunidades católicas;

- Artigo XVI: Conflitos entre províncias devem ser decididos pelas outras províncias;

- Artigo XVII: Proíbe-se às províncias dar origem *de per se* a guerra com outros países;

- Artigo XVIII: Nenhuma província pode cobrar tributos sem autorização das demais. Estes não podem ser mais elevados

---

30 J.I. Israel, op. cit., p. 295: "Under the terms of the Union of Utrecht, the provinces administered the mints and issued the coinage and in this sphere they were, formally, sovereign. But the Union assigned to the Generality responsibility for regulating the values, weights, and content of the seven coinages so that they formed in effect a single currency."

do que os cobrados a seus próprios habitantes. Sob o ponto de vista fiscal, as províncias não eram soberanas[31];

· Artigos XIX e XX: Disciplina como ocorriam as assembleias comuns;

· Artigos XXI e XXII: Mecanismo de interpretação e emenda da União de Utrecht;

· Artigo XXIII: Províncias prometem cumprir o disposto na União de Utrecht;

· Artigos XXIV e XXV: Mencionam-se diferentes categorias de pessoas que devem cumprir o disposto na União de Utrecht;

· Artigo XXVI: Cartas contendo a União de Utrecht devem ser seladas e assinadas.

PRÁTICA CONSTITUCIONAL

Guilherme I tentou promover a paz religiosa entre protestantes e católicos com a Segunda União de Bruxelas (1577); várias propostas foram apresentadas para acalmar os ânimos. Nas calvinistas Holanda e Zelândia, em cidades com ao menos cem famílias católicas, os católicos romanos poderiam ter sua própria igreja; a União de Bruxelas não foi bem acolhida nem por católicos nem por protestantes. Na Holanda e Zelândia, havia liberdade de consciência, mas não liberdade de religião; muito menos paz religiosa.

Dentro deste contexto, a Guerra dos Oitenta Anos não deve ser considerada apenas uma guerra de libertação nacional contra os espanhóis, mas uma guerra civil religiosa; em nome de Deus e da pátria, protestantes e católicos neerlandeses enfrentaram-se em batalhas fratricidas. Guilherme I almejava uma paz religiosa em todas as dezessete províncias originais dos Países Baixos; tanto nas protestantes Holanda e Zelândia como nas católicas. Não se deve esquecer, no entanto, que no começo da Guerra dos

---

31 Ibidem, p. 285: "The provinces retained some autonomy in fiscal matters. Nevertheless, the overall levels of expenditure and taxation were centrally fixed, as was the quota allocated to each province, so that, in practice, the seven provinces were not sovereign bodies in the fiscal sphere but shared a collective system of finance and taxation with buit-in provincial variations."

Oitenta Anos, mesmo na Holanda e Zelândia, a grande maioria da população continuava sendo católica romana; foi a oligarquia que primeiro se converteu ao protestantismo.

Para a União de Utrecht, cabia às províncias disciplinar a liberdade de religião; na prática, Holanda e Zelândia tornaram-se exclusivamente protestantes. Para as outras províncias, a liberdade de religião era encarada como uma possibilidade. Em todos os Países Baixos, católicos e protestantes talvez conseguissem conviver pacificamente; isto não foi possível. Os protestantes passaram a ocupar cargos políticos considerados fundamentais. Para eles, não havia diferença entre catolicismo e apoio aos espanhóis. Com a União, as províncias prometeram não chegar à paz com Filipe II sem o consentimento de todas.[32]

Após a União de Utrecht, houve um rápido desenvolvimento da Holanda e Zelândia. A liberdade de religião para católicos em seus respectivos territórios foi suprimida factualmente; em Utrecht e outras províncias, várias igrejas foram tomadas. Guilherme I, após resistências iniciais, assinou a União de Utrecht.

A União de Utrecht, pensada como uma união de províncias calvinistas, não se baseou, portanto, na liberdade de religião. Nos meses seguintes, Guilherme I chegou a lutar por um tratado que correspondesse aos seus ideais; uma nova União Geral[33], no sentido da Pacificação de Gante, com todas as províncias, de norte a sul dos Países Baixos, católicas e protestantes. Suas propostas tiveram pouca acolhida; as províncias do sul, católicas, ficaram do lado de Filipe II. Guilherme I foi obrigado a aceitar a União de Utrecht.

A União consagrou a rigor a liberdade de religião nas províncias majoritariamente católicas, mas não na Holanda e Zelândia; nestas, um número considerável de dispositivos anticatólicos foi aprovado. Membros de conventos e outras comunidades católicas, inclusive os que deles passassem a

---

32 J.C.H. Blom; E. Lamberts, op. cit., p. 113: "Het was op voorstel van het Gentse stadsbestuur, overgenomen door de stadhouder van Gelre Jan van Nassau, dat Brabant, Vlaanderen met Doornik, Holland, Zeeland en Gelre tot een nadere unie besloten, waarin zij elkaar toezegden geen afzonderlijke vrede te zullen sluiten met Filips *II*, samen op te komen voor de verdediging van hun privileges en costumen, en hun onderlinge geschillen door arbitrage op te lossen. Deze overeenkomst werd op 23 januari 1579 afgekondigd als de Unie van Utrecht."
33 *Generaale Unie.*

fazer parte no futuro, beneficiaram-se de uma série de medidas tidas como liberalizantes. Não precisavam mais trajar o hábito, podendo converter-se livremente ao protestantismo. A União teve um caráter anticatólico; não União de Utrecht, mas União da Holanda, União Protestante, Calvinista. Uma razão a mais para os católicos aliarem-se a Filipe II.

A própria liberdade de consciência ali avançou, mas não se consumou completamente. Minorias religiosas como os católicos, luteranos, menonitas e judeus foram discriminadas; o grupo protestante minoritário dos arminianos foi perseguido e eliminado pelo grupo protestante majoritário dos calvinistas. Bento de Espinoza/Baruch Spinoza, filósofo judeu, foi excomungado por seus iguais. Lutas políticas intestinas levaram à execução do estadista simpatizante dos arminianos Johan van Oldenbarnevelt (1547-1619) em condições suspeitas.

Guilherme I, líder da Guerra dos Oitenta Anos, tinha outro motivo para não gostar da União de Utrecht; ela não dispunha de qualquer dispositivo reconhecendo explicitamente o governo central dirigido por ele. Havia o medo de uma nova tirania.

Mesmo depois da União de Utrecht, Guilherme I tentou fazer a paz com a Espanha; esta tentativa não funcionou. Os Países Baixos repudiaram então Filipe II em 1581, com a Ata de Abjuração, declarando-se independentes. O território da República das Sete Províncias Unidas dos Países Baixos chegou a abranger as Províncias Unidas, as Terras da Generalidade e colônias como o Brasil Holandês.

A União de Utrecht tem importância como um fato histórico e jurídico. Nem todos os seus dispositivos, como com qualquer outro texto normativo, foram colocados em prática. Nos Estados Gerais, na maioria das vezes, adotava-se o caminho da persuasão para decidir.

UMA REPÚBLICA HÍBRIDA

A União de Utrecht foi uma união contra o inimigo espanhol ou uma constituição?

Primeiro texto normativo estatal autenticamente neerlandês, a União de Utrecht assumiu a forma de um tratado, celebrado entre províncias soberanas; ela criou um elo jurídico comum entre as Províncias Unidas, permitindo que parte de sua soberania, de suas competências, fosse transferida a uma autoridade central, os Estados Gerais. Um tratado, um acordo internacional, uma lei entre províncias soberanas, a União de Utrecht contém dispositivos que correspondem aos de uma constituição moderna. A União de Utrecht, junto com a Pacificação de Gante, a Ata de Abjuração e a Paz de Münster[34] (1648) constituíam a Constituição da República das Sete Províncias Unidas.

Para os cidadãos dos Países Baixos, a União de Utrecht tinha um caráter semissagrado. No século XVII, a República viveu seu Século de Ouro; um grande desenvolvimento artístico, científico, comercial e político, acompanhado pela conquista de colônias e feitorias um pouco por todo o mundo. Protestantes dos Países Baixos do sul fugiram em massa para a Holanda e Zelândia, levando o capital de que dispunham consigo.[35] No século XVII, surge uma economia-mundo; do Mar Báltico ao Mar Mediterrâneo, do Mar do Norte ao Oceano Atlântico. Os Países Baixos estavam no centro deste fenômeno.[36]

Desde então, os Países Baixos nunca mais conseguiram desempenhar internacionalmente um papel tão significativo. Durante aquele período, vigorava a União de Utrecht; concebida pelos patriarcas da República, ao redigir a Constituição, a Lei Fundamental[37] dos Países Baixos, eles deviam ter sido inspirados por Deus. Híbrida, a República das Sete Províncias Unidas dos Países Baixos pode ainda ser considerada uma confederação com características de federação.

---

34   Com a Paz de Münster, como assinalado anteriormente, a Espanha reconheceu *de jure* a independência dos Países Baixos.
35   J.C.H. Blom; E. Lamberts, op. cit., p. 118: "De bevolkinsbeweging van zuid naar noord, die al enige tijd gaande was, nam vanaaf 1585 flink in omvang toe. Arbeidskracht, talent en kapitaal gingen in Holland en Zeeland ontplooiing zoeken."
36   Ibidem: "De zestiende eeuw heeft het ontstaan te zien gegeven van een mondiale economie. Voordien had ook wel de handen rondom de Middellandse Zee een intercontinentaal karakter gedragen, maar pas in de zestiende eeuw werden Oost-Azië, West-Afrika en Amerika in het Europese netwerk opgenomen. Tegelijk intensiveerde zich het verkeer tussen de Europese havens onderling. De handelsgebieden rondom de Oostzee, de Middellandse Zee, de Noordzee en de Atlantische Oceaan raakten sterker op elkaar betrokken in de uitwisseling van hun producten."
37   *Grondwet*.

As Províncias Unidas surgiram num quadro jurídico complexo. Não apenas condicionadas por tratados celebrados entre amigos, como a União de Utrecht, mas também por tratados celebrados com inimigos, como a Paz da Vestfália, da qual fazia parte a Paz de Münster, encerrando a Guerra dos Trinta Anos (1618-1648), entre católicos e protestantes, e a Guerra dos Oitenta Anos (1568-1648).

ANEXO

União de Utrecht
(Tradução do autor)

Tratado de União e de Aliança Perpétua entre os países, províncias, cidades e membros, da Holanda, Zelândia, Utrecht etc., que, desde então, em função deste tratado, foram chamados de Províncias Unidas.

Feito em Utrecht, 23 de janeiro de 1579.

Como se sabe, depois da Pacificação feita em Gante, pela qual as províncias destes Países Baixos se obrigaram a ajudarem-se umas às outras, de corpos e bens, com o objetivo de expulsar para fora dos países mencionados os espanhóis e seus aderentes. Tendo os espanhóis mencionados, com dom João e outros de seus chefes e capitães, tentado, por todos os meios, como eles ainda continuam a fazer diariamente, submeter às mencionadas províncias, tanto em geral como em particular, à sua servidão e tirania: e tanto por armas como por suas práticas dividi-las e desmembrá-las, rompendo sua União, colocada em prática pela mencionada Pacificação, para a total ruína dos países mencionados. Como, de fato, vimos que, continuando em seus desígnios mencionados, há pouco tempo, eles teriam, por suas cartas, solicitado algumas cidades e setores das mencionadas províncias: tendo, sobretudo, prosseguido com sublevações no País de Gueldres. Por isto é que os do Ducado de Gueldres e Condado de Zutphen, os dos Condados da Holanda, Zelândia, Utrecht, Frísia, junto com cidade e campo, entre os rios Ems e Lauwers, acharam útil e necessário aliarem-se e unirem-se conjuntamente, de forma mais estreita e específica: não para abandonar a União colocada em prática pela Pacificação de Gante, mas para reforçar ainda mais seu conteúdo, e para preparar-se contra todos os inconvenientes que possam surgir das práticas, surpresas e esforços de seus inimigos, e para saber como, em tais circunstâncias, eles poderão conservar-se e garantir-se: também para evitar e suprimir uma ulterior divisão que possa ocorrer entre as mencionadas províncias, membros e cidades desta União, ou que, mais tarde, se poderia suscitar a respeito de seus privilégios e isenções, direitos, estatutos e antigos costumes, e de seus membros. Permanecendo, no mais, a mencionada União e Pacificação de Gante em sua força e vigor. Seguindo o que os deputados das mencionadas províncias, cada um no que lhe diz respeito, suficientemente autorizados, concluíram e resolveram os pontos e artigos que se seguem, sem, ademais, querer, por meio disto, de forma alguma, dividir nem alienar o Sacro Império.

1 – Em primeiro lugar, as mencionadas províncias são uma aliança, união, e confederação em seu conjunto, que, como por meio dos presentes atos, se aliaram, uniram e confederaram para sempre, permanecendo, assim, de todas as formas e maneiras, como se todas fossem uma só província, sem que elas possam, em tempo algum no futuro, desunir-se nem separar-se, nem por testamento, codicilo, doação, cessão, permuta, venda, tratado de paz ou de casamento, nem em nenhuma outra ocasião que haja ou possa haver. Permanecem, no entanto, sãos e inteiros, sem nenhuma diminuição nem alteração, os privilégios especiais e particulares, direitos, forais, isenções, estatutos, costumes, usos e todas as outras competências e primazias que cada uma das mencionadas províncias, cidades, membros e habitantes destes possam ter. No que eles desejam não somente não prejudicar, como também não apresentar impedimento algum: mas assistir-se-ão, uns aos outros, por todos os meios, ou seja, de corpos e bens, se for necessário, para defenderem-se, conservarem-se e manterem-se contra e para com todos que, nestes locais, queiram perturbá-los ou inquietá-los. Bem entendido que os diferendos que algumas das mencionadas províncias, membros e cidades desta União possam ter entre si, ou que, depois, se possam suscitar, a respeito de seus privilégios

e forais, isenções, direitos, estatutos e antigos costumes, usos ou outras competências, serão resolvidos por via da Justiça Ordinária, ou por árbitros e ajustes amigáveis, sem que os outros países ou províncias, membros ou cidades, a que tais diferendos não digam respeito (antes que as partes se submetam ao direito) possam de forma alguma intrometer-se, salvo mediante intercessão tendente a acordo.

II – As mencionadas províncias, em conformidade e para a confirmação da mencionada Aliança e União, serão consideradas e obrigadas a ajudarem-se e a socorrerem-se umas às outras por todos os meios, corpos e bens, com o derramamento de seu sangue e perigo de suas vidas, contra todos os esforços, invasões e atentados que se lhes queira fazer, sob qualquer nome, cor ou pretexto que seja do rei da Espanha, ou de qualquer outro: ou devido a que, em virtude do tratado da Pacificação de Gante, elas tenham tomado armas contra dom João, ou tenham recebido como governador o arquiduque Matias, ou devido a outras pendências e de tudo o que se seguiu, ou poderia ainda seguir: e fosse sob pretexto de querer restabelecer pelas armas a religião católica romana, à luz das novidades e alterações que, desde o ano de 1558, ocorreram em algumas das mencionadas províncias, membros e cidades: ou bem por causa desta presente União e Confederação, ou de outra causa semelhante: e isto no caso em que se quis utilizar os mencionados esforços, invasões e atentados, tanto especificamente contra uma das mencionadas províncias, como contra todas elas em geral.

III – As mencionadas províncias serão também consideradas e obrigadas, de maneira semelhante, a ajudarem-se e a defenderem-se contra todos os senhores, príncipes, e potentados, países, cidades e repúblicas estrangeiras, que, seja em geral ou especificamente, queiram danificá-las e prejudicá-las, ou fazer-lhes a guerra. Bem entendido que a assistência a ser concedida pela generalidade desta União contra isto se fará com conhecimento de causa.

IV – E, para assegurar de forma ainda melhor as mencionadas províncias, membros e cidades, contra toda força inimiga: as cidades fronteiriças, e as que se achar que têm necessidade, em qualquer província que seja, serão, por decisão e ordenança da generalidade desta União, fortificadas, à custa das cidades e da província onde elas estejam situadas e estabelecidas, sendo, para estes fins, ajudadas pela Generalidade na razão da metade. Mas se se considerar útil construir novas fortalezas, ou demolir algumas delas nestas províncias, as despesas serão feitas às custas da Generalidade.

v – Para prover aos custos que convirão fazer neste caso acima, para a despesa e defesa das mencionadas províncias, foi acordado que por todas as mencionadas Províncias Unidas, de comum acordo e num pé de igualdade, serão arrecadados, e de três meses em três meses conferidos ao que oferecer mais, ou coletados, certos impostos sobre todas as fontes de vinhos e cervejas, sobre a moagem dos grãos, sobre o sal, sobre os tecidos de ouro, prata e lã, sobre os animais que se matarão, sobre todos os cavalos e bois que se venderão ou se trocarão, sobre todos os bens sujeitos à venda ao atacado ou ao varejo e sobre todos os outros bens que, por decisão comum e consentimento, se considerarem convenientes, seguindo as ordenanças que a respeito disto sejam projetadas e preparadas, e que, para estes fins, se utilizarão igualmente os domínios do rei da Espanha, descontados os encargos que incidirem sobre eles.

vi – Os meios que poderão aumentar ou diminuir, subir ou baixar, conforme a exigência dos negócios, serão requisitados apenas para prover a defesa comum, o que a Generalidade terá de suportar sem, de maneira alguma, poder utilizá-los com nenhuma outra destinação.

vii – As cidades fronteiriças e todas as outras às quais isto for exigido, e que tenham necessidade disto, serão a todo tempo obrigadas a receber toda guarnição que as mencionadas Províncias Unidas considerarem conveniente, e que, por decisão do governador da província, na qual tais cidades se situarem, se tenha ordenado, sem que se possa recusar o recebimento da guarnição. As guarnições terão seu soldo pago pelas mencionadas Províncias Unidas: e os capitães e soldados, além do juramento geral, prestarão um juramento particular à cidade ou província, nas quais eles tenham sentado praça, o qual se baseará nos artigos de sua conduta. Também se manterá tal ordem e disciplina, entre todas as gentes de guerra, de forma que os burgueses e habitantes dos locais, cidades e países, tanto eclesiásticos como seculares, não sejam muito sobrecarregados nem exigidos além do razoável. As guarnições não serão tampouco isentas da cobrança de taxas e impostos, como os burgueses e camponeses dos locais nos quais elas estejam situadas, desde que a Generalidade da mencionada burguesia lhes pague o soldo, a título de serviço e alojamento, como se fez até o presente momento na Holanda.

VIII – E a fim de que, em todas as circunstâncias e em todos os momentos, se possa ser assistido pelas gentes do país, os habitantes de cada uma das mencionadas Províncias Unidas, nas cidades e campos, serão, no máximo, dentro de um mês da data destes presentes atos, passados à amostragem e descanso por escrito, desde os 18 até os 60 anos, a fim de que o número destes seja conhecido na primeira assembleia dos confederados, sendo isto ordenado para a maior segurança e defesa do país, como se achará conveniente.

IX – Nenhum acordo nem tratado, de trégua nem de paz, poderá ser feito, nem serem provocadas guerras, nenhum imposto ser cobrado, nenhuma contribuição ser coletada, concernente à generalidade desta União, sem a decisão e comum consentimento de todas as mencionadas províncias. E, em todas as coisas dizendo respeito à manutenção desta Confederação e do que dela depender, será disciplinado segundo o que for decidido e resolvido pela pluralidade dos votos das províncias abrangidas por esta União, os quais serão contabilizados da maneira como se fez até o presente na Generalidade dos Estados, e isto por provimento, até que seja ordenado de outra forma pela disposição comum dos confederados. Mas se nos mencionados tratados, de trégua ou de paz, guerra ou contribuições, as mencionadas províncias não souberem entrar conjuntamente em acordo, os diferendos mencionados serão resolvidos, e deles se recorrerão, por provimento, pelos governadores e lugares-tenentes atuais das mencionadas províncias, os quais farão com que as partes entrem em acordo, ou decidirão estes diferendos da forma como eles considerarem ser razoável. Se os mencionados senhores governadores e lugares-tenentes não chegarem conjuntamente a um acordo, eles poderão recorrer a auxiliares e assessores imparciais como melhor lhes pareça: e serão as partes submetidas a cumprir e manter o que terá sido decidido pelos governadores e lugares-tenentes da maneira como foi determinada acima.

x – Nenhuma das mencionadas províncias, cidades ou membros poderá celebrar qualquer confederação ou aliança com nenhum senhor ou país de sua vizinhança sem o consentimento destas Províncias Unidas e de seus confederados.

xi – Muito bem é acordado que se algum dos príncipes, senhores, cidades ou países vizinhos desejar juntar-se, por aliança e confederação, às Províncias Unidas, eles serão recebidos e admitidos nelas somente pela decisão e aprovação de todas.

xii – A respeito da moeda, a saber, da cotação e avaliação das divisas, todas as mencionadas províncias terão de conformar-se e estabelecer de acordo com as ordenanças que para isto serão preparadas pela primeira vez, as quais uma não poderá modificar nem alterar sem a outra.

xiii – Quanto ao ponto da religião, os da Holanda e da Zelândia nisto se comportarão como bem lhes pareça. E, a respeito das outras províncias desta União, elas poderão governar-se a este respeito de acordo com o édito do arquiduque Matias, governador-geral dos Países Baixos, emanado pela decisão do Conselho de Estado e dos Estados Gerais, concernente à liberdade de religião. Ou bem elas poderão, seja específica ou geralmente, da forma como elas considerarem mais conveniente, dar tal ordem ou estatuto, em prol do descanso de suas províncias, cidades e membros particulares, tanto eclesiásticos como seculares, para a conservação de cada um em seus bens, direitos e prerrogativas. Sem que isto possa ser feito por nenhuma outra província, nem causar nenhum tumulto ou impedimento, permanecendo, cada uma, livre em sua religião, sem que por causa disto ninguém possa ser perseguido, de acordo com a Pacificação de Gante.

xiv – Todas as pessoas conventuais e eclesiásticas, de acordo com a mencionada Pacificação, gozarão de seus bens, situados e localizados respectivamente em qualquer uma destas províncias. E se houver algum eclesiástico que, durante as guerras da Holanda e Zelândia contra os espanhóis, tenha estado sob o controle dos espanhóis mencionados e que, depois, se retirou de seus conventos ou colégios, vindo a refugiar-se na Holanda ou Zelândia, se lhe dará alimentação e sustento suficiente durante sua vida por meio de seus mencionados claustros ou conventos, como da mesma forma se fará aos da Holanda e Zelândia que se retiraram deles e se refugiaram em qualquer uma destas Províncias Unidas.

xv – Igualmente, será dada alimentação e sustento durante sua vida, segundo a comodidade da renda de seus claustros ou conventos, a todas as pessoas destes países unidos que desejarão partir deles, ou já partiram, seja em virtude de religião ou por outro motivo razoável; bem entendido que àqueles que, desde a data destes presentes atos, quiserem morar nos mencionados claustros e conventos e, depois, decidirem sair deles, não lhes será dada nenhuma alimentação, mas poderão retirar-se deles como bem lhes parecer, mantendo consigo o que eles lhes houverem trazido. E que todos os que atualmente pertencem aos conventos mencionados, ou que, mais tarde, neles queiram entrar, permanecerão livres em sua religião, profissão e hábitos, desde que, em todos os outros casos, eles sejam obedientes aos seus gerais.

xvi – E se ocorrer (que Deus não queira) que, entre as mencionadas províncias, ocorra algum mal-entendido, questão, ou divisão, a respeito dos quais elas não consigam chegar a um acordo, estes, antes que o fato atinja uma província específica, serão avocados e resolvidos pelas outras províncias, ou por aquelas que, dentre estas, elas queiram designar. Mas se ele atingir todas as províncias em geral, isto será resolvido pelos governadores e lugares-tenentes das províncias, como é mencionado no artigo ix anterior. Os quais serão obrigados a dizer o direito às partes ou conciliá-las dentro de um mês, ou no mais breve lapso de tempo que o caso requerer, depois de terem sido notificados e requeridos por uma ou outra das partes. E o que as outras províncias ou seus deputados, ou seus mencionados governadores ou lugares-tenentes, mencionarem e pronunciarem, será seguido e cumprido, sem que possa prevalecer nenhum dispositivo de direito, seja o recurso, agravo, revisão, nulidade ou outras pretensões que existam.

XVII – As mencionadas províncias, cidades e membros destas evitarão provocar qualquer pretexto que possa dar origem a guerra ou disputas, a qualquer de seus vizinhos, príncipes, senhores, países, cidades, ou repúblicas. Para impedir que isto ocorra, serão as mencionadas Províncias Unidas obrigadas a dizer o direito e fazer Justiça de uma forma que seja considerada boa e rápida, tanto aos forasteiros quanto aos estrangeiros, como a seus súditos e cidadãos. E se alguma dentre elas nisto for faltosa, as outras confederadas estender-lhe-ão a mão, por todos os meios razoáveis e convenientes, para que isto seja feito, de forma que todos os abusos que poderiam impedir ou retardar o curso da Justiça sejam corrigidos e modificados, de acordo com o direito, seguindo os privilégios e antigos costumes destas.

XVIII – Nenhuma das mencionadas províncias, cidades ou membros poderá cobrar nenhum imposto, tarifa de escolta nem outro encargo semelhante em prejuízo dos outros, sem o acordo comum de todos, nem sobrecarregar nenhum dos confederados antes de si mesmo ou de seus habitantes.

XIX – Para dar ordem a todas as coisas correntes e às dificuldades que se possam apresentar, as mencionadas confederadas serão obrigadas, de acordo com o mandado e o rescrito que lhes será apresentado, por aqueles que serão autorizados para tanto, a comparecer na mencionada cidade de Utrecht, no dia que será definido, para ouvir o que as cartas de rescrito contiverem, se a coisa não precisar ser secreta, para sobre isto deliberar, e, por decisão e acordo comuns, ou pela pluralidade dos votos, resolver e ordenar, mesmo que alguns não compareçam, em cujo caso os que comparecerem poderão durante este tempo proceder à resolução e determinação dos que eles considerarem conveniente e útil para o bem comum destas Províncias Unidas. E o que for resolvido assim, cumprir-se-á, mesmo por estes que não compareceram, salvo se a coisa for de grande importância, e que ela possa suportar o atraso. Em cujo caso se rescreverá aos que faltaram, estabelecendo-se um dia-limite, sob pena de seus votos perderem o efeito desta vez. E, então, o que for adotado permanecerá firme e válido, mesmo se algumas das mencionadas províncias tenham estado ausentes, exceto para estas que não terão tido meios para comparecer, sendo-lhes lícito enviar suas decisões por escrito, para, na reunião em que se escutarão todas as vozes, isto possa ter a consideração que lhes caiba.

xx – Para este fim, serão todos, e cada um dos confederados mencionados, obrigados a rescrever àqueles que terão a autoridade de reunir as mencionadas Províncias Unidas a respeito de todas as coisas que poderão ocorrer e suceder, ou a respeito do que lhes pareça contribuir para o bem ou o mal das mencionadas províncias e confederados, para que, em virtude disto, sejam convocados da forma prescrita acima.

xxi – Se, antes de se lhes apresentar alguma obscuridade ou ambiguidade, em virtude de que possa surgir alguma disputa ou questão, a interpretação destas caberá aos confederados mencionados, que, por decisão comum, poderão esclarecê-las, ordenando o que for razoável. Se, a respeito destas, eles não chegarem a um acordo, eles poderão recorrer aos governadores e lugares-tenentes das províncias, como foi mencionado.

xxii – Caso, paralelamente, se considerar necessário aumentar ou diminuir alguma coisa nos artigos desta União, Confederação e Aliança, em alguns de seus pontos, que isto se fará por decisão e acordo comuns de todos os confederados mencionados, e não de outra forma.

xxiii – Todos os pontos e artigos, e cada um deles especificamente, as mencionadas Províncias Unidas prometeram e prometem, por estes presentes atos, cumprir e manter, fazer cumprir e manter, sem infringi-los nem admitir, a este respeito, que eles sejam infringidos, direta ou indiretamente, de nenhuma maneira. E antes que se faça alguma coisa ou se atente ao contrário do que foi disposto por algum deles, desde agora e então, elas declaram-no nulo e de nenhum valor. Obrigam-se a isto suas pessoas e, respectivamente, todos os camponeses e habitantes das mencionadas províncias, cidades e membros, junto com seus bens: para isto, possam eles, em caso de infração, ser, em todos os lugares, diante de todos os senhores, juízes e jurisdições, onde eles possam ser apanhados, detidos, presos e impedidos, para o efeito e cumprimento dos presentes atos, e do que disto depende. Renunciando, para estes fins, a todas as exceções, graças, privilégios, reabilitação e geralmente a todos os benefícios do direito que no sentido contrário destes atos lhes poderiam ajudar e servir. E, especialmente, ao direito que diz não valer renúncia geral se a especial não lhe preceder.

XXIV – E, para maior corroboração, serão todos os atuais governadores e lugares-tenentes das mencionadas províncias, ou que se poderão tornar no futuro, conjuntamente com todos os magistrados e altos servidores das mencionadas províncias, cidades ou membros, obrigados a jurar e prestar o juramento de manter e fazer manter todos os pontos e artigos, e cada um deles especificamente, desta União e Confederação.

XXV – Da mesma forma, serão obrigadas igualmente a prestar o mesmo juramento todas as confrarias comuns e companhias burguesas, em cada uma das mencionadas cidades e lugares da mencionada União.

XXVI – As cartas serão feitas em boa e devida forma, sendo seladas pelos governadores, e os mencionados acima, membros e cidades das províncias, sendo especialmente exigidas, e rogadas pelos outros, e assinadas abaixo por seus secretários respectivos.

Os pontos e artigos acima foram despachados, concluídos e assinados pelos deputados da Província de Gueldres e do Condado de Zutphen, e principalmente por Monsenhor, o conde João de Nassau, governador dos países mencionados, por ele mesmo, com os outros deputados em nome dos nobres dos Principados mencionados acima, de Gueldres e Condado de Zutphen, junto com os deputados da Holanda, Zelândia, Utrecht e Groninga mencionados acima, reunidos em Utrecht e autorizados como mencionado acima. E os deputados mencionados acima, do País de Gueldres e Condado de Zutphen, para, pelos barões, grandes e pequenas cidades dos Principados e Condados mencionados acima, fazerem uma declaração, de sua parte, aos deputados dos Estados em Utrecht, a ocorrer em 9 de fevereiro próximo.

Assim feito e passado em Utrecht, 23 de janeiro de 1579, sob o selo manual de Monsenhor, o governador mencionado acima e, para maior segurança dos deputados mencionados acima, foi assinado João, conde de Nassau, Katzenelnbogen etc.

E, da parte dos nobres do Principado de Gueldres e Condado de Zutphen, Alexandre de Tellich, Gelis Pieck, Joachim van Liere, Alexandre Bentinck;

Da parte daqueles da Holanda, G. Poelgeest, P. Buys, Reynier Kant;

Da parte dos Estados da Zelândia, Guillaume Roelsius, Nicolas Blanck, Pierre le Riche, Gaspar de Vosbergen;

Da parte dos de Utrecht, Ansonius de Galama; do mandato de seu Capítulo, foi assinado Schore, Jacob Verhaer, vice-decano de São Pedro;

Por mandato do Capítulo, Adrian van Zuilen, Lambert van der Burch;

Por ordem do Capítulo, F. de wten Eng, Reynhart van Azwyne, Barthelemi van der Wael, Nicolas de Zuylen, A.D. de Leyde, Lubbert van Cleeff;

Da parte dos Estados de Groninga, Egbert Clandt, E. Jarges.

Cotejado com os originais da presente União, com os quais a presente cópia está de acordo, por mim, Lamzweerde.

Explicação do artigo XIII:

Como alguns parecem apresentar algumas dificuldades a respeito do artigo XIII da União, concluída em 23 do presente mês, entre os deputados dos Países de Gueldres, Zutphen, Holanda, Zelândia, Utrecht e Groninga, entre os rios Ems e Lauwers, como se seu pensamento e sua intenção houvesse sido o de não receber ninguém desta União, salvo os que estão compreendidos na Paz da Religião, feita pelo arquiduque da Áustria, com o Conselho de Estado por decisão dos Estados Gerais, ou ao menos que se admitiria apenas os das duas religiões, a saber da católica romana e da reformada. Se há, dentre os deputados mencionados acima, quem assistiu à mencionada União, concluindo-a, para evitar toda discordância e desconfiança, querendo declarar, pelos presentes atos, que seu pensamento e intenção não foram, e continuam não sendo, que algumas cidades ou províncias que queiram conservar apenas a religião católica romana, e na qual os habitantes da religião reformada estão em minoria, e que em virtude da mencionada Paz de Religião gozam do exercício da mencionada religião reformada, sejam excluídas da mencionada União e Aliança, mas que, não obstante, e pelo contrário, eles estarão prontos a receber na mencionada União tais cidades e províncias que quiserem manter a mencionada religião romana, desde que, além do mais, elas se obriguem a observar os outros pontos e artigos da União mencionada acima, comportando-se como bons compatriotas; seu pensamento sendo que uma cidade ou província não atente nada contra a outra a respeito da religião, e isto para manter uma maior paz e concórdia entre as mencionadas províncias, sendo seu objetivo principal o de afastar todo motivo de dissensão e discórdia.

Assim feito em Utrecht, 1º de fevereiro de 1579.

Ampliação do artigo xv:

De acordo com o artigo xv acima, é garantida a alimentação e sustento das pessoas eclesiásticas que estiveram em alguns conventos e colégios e que, por causa da religião ou de outro assunto razoável, deles saíram ou deles sairão depois disto, e que seria de temer que, nesta ocasião, lhes sobrevenha algum processo, como se teme que já tenha sobrevindo, em virtude de tais pessoas, pretendendo ter o direito de herdar bens abandonados ou a serem abandonados com a morte de seus pai e mãe, irmãos, irmãs, ou outros parentes, como também dizendo respeito aos bens a que eles teriam direito, por doação *inter vivos*, cessão, ou, por outro meio, cedidos ou alienados, e mesmo consignados *post mortem*. Os aliados mencionados acima, para impedir os processos e diferendos mencionados acima, que poderiam ter origem nisto, acharam por bem suspender os processos mencionados aos quais já se deu início, ou aos quais se poderia dar início no futuro, sustando-os até que os aliados mencionados acima, e outros que se lhes poderão juntar na mencionada União e Aliança, a este respeito tenham ordenado (mesmo pela autoridade do soberano, se for necessário).

Feito pelos deputados mencionados acima, 1º de fevereiro de 1579. E foi assinado, Lamzweerde.

Nota

Além do mais, em quatro de fevereiro seguinte, o ato da União foi assinado pelos deputados de Gante;

Em 5 de março de 1579, pelos deputados de Nijmegen;

Em 9 de março, pelos deputados de Arnhem;

Em 23 de março, pelos deputados de Leeuwarden, Sneek, Franeker e pelos nobres da Frísia;

Em 11 de abril, pelos deputados de Venlo;

Em 3 de maio, o ato foi assinado em Antuérpia por Guilherme de Nassau;

Em 1º de junho, os deputados das cidades reunidas em Leeuwarden assinaram o ato da União: deputados de Franeker, Leeuwarden, Sneek, Bolswert, Ylst, Sloten e de Workum;

Em 11 de junho, assinatura de George de Lalain, conde de Rinneberg, governador e capitão-geral da Frísia, Overijssel, Groninga das Ommeladen, Drente e Lingen;

Em 10 de julho, assinatura pelos deputados da cidade de Ieper;

Em 29 de julho, pelos deputados da cidade de Antuérpia;

Em 13 de setembro, pelos deputados de Breda;

Em 1º de fevereiro de 1580, pelos deputados de Bruges, bem como pelo deputado do País de Vryen.

Fonte: Unie van Utrecht. Aldus gedaen by de voorsz. Gedeputeerden opten 1 Februarii 1579.

A União de Utrecht: Um dos Modelos Para a Constituição Americana

Se as ideias circulam temporal e geograficamente, não há motivos para acreditar que a Constituição americana seja absolutamente original. Os patriarcas, os Pais Fundadores[1], dos Estados Unidos, George Washington, James Madison, Alexander Hamilton e Thomas Jefferson, versados em obras fundamentais de origem grega e romana, também conheciam uma realidade mais próxima, a do Iluminismo europeu. Os americanos consideravam propostas de independência, cientes de que as colônias da América do Norte, unidas, tinham mais futuro do que submetidas à Metrópole, a Inglaterra.

Para os americanos do século XVIII, se eles quisessem buscar um exemplo em que se mirar, eles não deviam olhar para o Hemisfério Ocidental. À época, não havia nenhuma colônia espanhola nem portuguesa insubmissa bem-sucedida que pudesse servir de exemplo. Por mais paradoxal que possa parecer, eles precisavam olhar para a própria Europa em busca de inspiração. No Velho Continente, havia uma república recente, independente *de jure* apenas desde 1648. Da mesma maneira que as colônias da América do Norte,

---

1 *Founding Fathers*.

esta república não constituía, antes da independência, uma unidade política. Composta por diferentes províncias, muitas vezes rivais política e religiosamente, a República teve uma origem difícil. Como as colônias americanas, estas províncias pertenciam a uma metrópole, ao Império habsbúrgico, controlado pela Espanha. Estas colônias europeias haviam se unido para formar a República das Sete Províncias Unidas dos Países Baixos. Um modelo de emancipação que os Pais Fundadores dos Estados Unidos não devem ter deixado de levar em consideração.

A União de Utrecht, Constituição confederada da República, consagrou princípios de liberdade; ela foi o caminho da resistência armada à liberdade institucionalizada. Na Inglaterra, não teria havido Revolução Gloriosa, a Revolução de 1688, pondo fim ao absolutismo, rumo à monarquia constitucional, sem a coroação de um príncipe holandês, Guilherme III (*Willem III*), casado com uma princesa inglesa, Maria II (Mary II). Não é absurda a hipótese de que a União de Utrecht tenha inspirado os Artigos da Confederação[2]. Thomas Jefferson estava ciente do desenvolvimento constitucional neerlandês. Como um homem sensato, ele deve ter desejado para os Estados Unidos o mesmo sucesso alcançado pelos Países Baixos. Para tornarem-se independentes, as colônias da América do Norte não tiveram escolha; elas precisaram entrar em guerra contra a Inglaterra. Com os Países Baixos, não foi diferente. Passaram quase um século em guerra contra a Espanha, na Guerra dos Oitenta Anos (1568-1648), a guerra de libertação nacional neerlandesa, mas afinal eles conseguiram o que queriam; tornar-se um país independente. Por mais distantes geograficamente que pudessem estar, os Estados Unidos e os Países Baixos seguiram percursos análogos; eles tiveram inimigos semelhantes e percorreram caminhos de legitimação institucional que não foram muito distintos. Os Países Baixos eram um modelo a seguir. O principal propósito da União de Utrecht foi criar uma estrutura defensiva

---

2   Os Artigos da Confederação (1777), anteriores à Constituição americana, conceberam os Estados Unidos da América como uma confederação de Estados soberanos.

liderada pela Holanda contra a Espanha³. Unidas, as províncias derrotaram o Império habsbúrgico⁴.

Para os norte-americanos, a União era um símbolo de unidade e liberdade. Almanaques neerlandeses circulavam nas colônias da América do Norte, onde havia muitos imigrantes provenientes dos Países Baixos. Um texto abreviado da União fora impresso pelo *Almanaque Americano*⁵ bem antes da independência dos Estados Unidos. A história da República das Sete Províncias Unidas dos Países Baixos não era desconhecida dos colonos americanos. William Temple, com seu livro *Observações Sobre as Províncias Unidas dos Países Baixos*⁶, ajudou a popularizar o conhecimento do que se passara com os Países Baixos. Publicado em 1687, ele era preciso a respeito da cena política neerlandesa⁷. Temple fora representante da Inglaterra nas Províncias Unidas.

William Temple foi um dos autores mais citados na época. Sua obra pode ter influenciado Benjamin Franklin ao preparar o Congresso de Albany de 1754; este foi o mais importante encontro ocorrido até então entre as colônias da América do Norte. Há paralelos entre o documento aprovado no Congresso de Albany, o Plano de União de Albany (*Albany Plan of Union*) e a União de Utrecht. Um presidente, indicado pelo rei da Inglaterra, substituiria o governador-geral nomeado pelo rei. O Grande Conselho, proposto para preencher o lugar ocupado pelos Estados Gerais⁸ das Províncias Unidas, seria composto por representantes das assembleias legislativas das colônias. O Congresso reconheceu a autoridade do rei da Ingla-

---

3   Jonathan Irvine Israel, *The Dutch Republic: Its Rise, Greatness, and Fall 1477-1806*, Oxford University Press, 1998, p. 199: "The purpose was purely and simply to create a northern defensive structure dominated by Holland and excluding the Antwerp States General."
4   J.C.H Blom; E. Lamberts, *Geschiedenis van de Nederlanden*, 3 ed., Baarn: HBuitgevers, 2008, p. 120: "De Unie van Utrecht had de gewesten verenigd, 'alsof zij maar een provincie waren'. Die eenheid was nodig, omdat de verbondenen samen oorlog voerden tegen Spanje. Daarom had ze één leider, Willem van Oranje, en één orgaan van overleg, de Staten-Generaal."
5   *De Americaanse Almanak*, publicação periódica de circulação durante o século XVIII entre os colonos americanos de origem neerlandesa.
6   *Observations upon the United Provinces of the Netherlands*.
7   Após serem atacados durante oitenta anos pela Espanha, os Países Baixos tiveram de amargar um longo conflito com a Inglaterra, as Guerras Anglo-Holandesas (1652-1784).
8   Os Estados Gerais correspondiam aos Parlamentos nacionais modernos.

terra. À semelhança dos neerlandeses, com a União de Utrecht, os americanos, com o Congresso de Albany, não eram ainda explicitamente separatistas. Os Países Baixos separaram-se da Espanha, repudiando o rei Filipe II, tornando-se *de facto* um país independente com a Ata de Abjuração (1581). Mais importante do que traçar analogias entre o Plano e a União, no entanto, é admitir o impacto psicológico da União de Utrecht. Da mesma forma como a União era uma constituição confederada, o Plano de União de Albany tinha em mente a formação de uma confederação. As Províncias Unidas não eram uma federação; a República era, sob o ponto de vista formal, uma confederação[9]. As províncias que faziam parte da União de Utrecht não renunciaram completamente à sua soberania[10]. A República das Sete Províncias Unidas dos Países Baixos não deveria funcionar como um estado federado.[11] Mas, desde 1579, a realidade divergiu do previsto na União de Utrecht; decisões unânimes foram pouco aplicadas[12]. Ao contrário da União de Utrecht, o Plano não foi bem-sucedido. Da parte dos ingleses, o Plano de União de Albany foi considerado radical. Muitos colonos, pelo contrário, consideraram-no excessivamente tímido; uma verdadeira capitulação diante da Inglaterra[13].

O exemplo das Províncias Unidas era claro. Manter uma guerra de libertação nacional contra a metrópole em defesa da liberdade. Ao final, a Espanha, definitivamente enfraquecida,

9   J.I. Israel, op. cit., p. 277: "The best way to describe the political entity created by the Revolt is as a cross between federal state and confederacy, with more of the confederacy in form and theory, and more of the federal state in substance and practice."
10 Ibidem, p. 276: "The Union of Utrecht had envisaged a league of several (not necessarily seven) sovereign 'provinces' which agreed to give up their sovereign right in a few limited areas, chiefly defense, taxation for defense, and foreign policy."
11 Ibidem: "It was intended that this league should function not as a federal state – for the provinces were supposed to take important decisions in the States General only unanimously – but as a confederacy of states."
12 Ibidem: "In fact, hardly any major decisions of the United Provinces in the seventeenth century were taken unanimously – the decision to back William III in invading England, in 1688, being a notable, and almost unique, exception – and it frequently happened that principal decisions were taken over the opposition of more than one province."
13 O Congresso da Lei do Selo (*Stamp Act Congress*), de 1765, foi convocado por razões análogas àquelas que deram origem à Guerra dos Oitenta Anos, a cobrança de impostos considerados extorsivos.

foi obrigada a reconhecer a independência dos Países Baixos; os Estados Unidos seguiram o mesmo trajeto. Havia, no entanto, uma diferença insuperável entre as Províncias Unidas e os Estados Unidos. O cargo de chefe de Estado neerlandês era ocupado de acordo com uma linha sucessória dinástica. A República das Sete Províncias Unidas dos Países Baixos, por mais estranho que possa parecer, era uma república coroada. Os Artigos da Confederação, no entanto, mantiveram um dos princípios fundamentais da República. Nos Estados Gerais, cada província tinha direito a um voto. No mesmo sentido, o artigo v dos Artigos da Confederação também previa: "Ao determinar questões quando se reunir o Congresso nos Estados Unidos, cada Estado terá um voto".[14]

Ao avaliar a influência do exemplo da União de Utrecht nos Estados Unidos, devemos considerá-la sobretudo uma fonte de inspiração. Não se pode descartar a possibilidade de os Pais Fundadores nunca terem lido seu texto; quiçá alguns deles sequer ouviram falar de sua existência. Mas dificilmente eles desconheciam a existência da República das Sete Províncias Unidas dos Países Baixos. Seu espírito de liberdade, cheio de contradições e percalços, com a formação de uma oligarquia protestante, calvinista, cada vez menos sensível ao destino de seu próprio povo, era amplamente conhecido. A República que tanto lutara para livrar-se de um império, sempre em nome da liberdade, terminara por construir seu próprio império, com colônias que iam do Hemisfério Ocidental ao Hemisfério Oriental. Mais uma vez, voluntária ou involuntariamente, os Estados Unidos seguiram o mesmo percurso.

Uma das mais importantes obras literárias dos Pais Fundadores dos Estados Unidos, *O Federalista*[15] (1787-1788), contém uma referência explícita às Províncias Unidas. No *Federalista* n. 20, Madison e Hamilton debatem, à luz do discutido por Sir William Temple, a experiência da República das Sete Províncias Unidas dos Países Baixos. Dirigindo-se ao povo do estado de Nova York, James Madison e Alexander Hamilton, a partir da experiência neerlandesa, sustentam que uma confederação era

---

14 Artigos da Confederação, artigo v: "In determining questions in the United States in Congress assembled, each State shall have one vote."
15 *Federalist Papers*.

insuficiente para os Estados Unidos; a União de Utrecht podia ser considerada *cum grano salis* um modelo para a Constituição americana. Os Estados Unidos dotaram-se de um Poder Executivo central forte. Ao contrário da República das Sete Províncias Unidas dos Países Baixos, eles decidiram ser uma federação.

A própria Ata de Abjuração, a declaração de independência das Províncias Unidas, verdadeiro indiciamento do rei Filipe II por todos os males praticados pelos espanhóis contra os Países Baixos, é muito semelhante à Declaração de Independência dos Estados Unidos. Não consta que um monarca tenha sido desmoralizado antes num documento público com tanta crueza. Mais uma vez, não se deve excluir a possibilidade de Thomas Jefferson ter-se inspirado na Ata de Abjuração ao redigir a Declaração de Independência.

A União de Utrecht, a Constituição da República das Sete Províncias Unidas dos Países Baixos, faz parte do passado. Os Países Baixos mudaram. Hoje, eles não são mais uma república coroada; constituem uma monarquia assumida. Precisando adaptar-se à mudança de circunstâncias políticas e econômicas, muitas das quais eles não podiam controlar, os Países Baixos tiveram de alterar suas instituições.

A Hegemonia Holandesa nos Países Baixos do Século XVII

Marítima, comercial e protestante, calvinista, a província da Holanda desempenhou um papel político e econômico fundamental nos Países Baixos do século XVII. Durante o Século de Ouro, a República das Sete Províncias Unidas dos Países Baixos (1581-1795) caracterizou-se por um excepcional desenvolvimento artístico, científico, comercial e político, inclusive com a invasão do Brasil em 1630.

Só se pode compreender plenamente as invasões neerlandesas à Bahia e Pernambuco à luz deste contexto.

A Holanda liderou a Guerra dos Oitenta Anos (1568-1648), a guerra de libertação nacional contra a Espanha; esta rebelião contra os espanhóis não deve ser considerada uma revolta popular espontânea. Os Países Baixos estavam divididos. Na Holanda e Zelândia, as duas províncias protestantes, estava o núcleo da rebelião. Em 4 de julho de 1575, elas concluíram uma aliança protestante, a União de Dordrecht[1]. Para os espanhóis, os holandeses eram um bando de heréticos que devia ser suprimido a ferro e fogo. A Espanha não foi derrotada por um

---

1 Jonathan Irvine Israel, *The Dutch Republic: Its Rise, Greatness, and Fall 1477-1806*, Oxford University Press, 1998, p. 197-198.

levante popular; foram os guerrilheiros chamados mendigos do mar[2], um grupo de anticatólicos ao extremo, junto com a vinda dos exilados protestantes oriundos sobretudo de Flandres, que formaram inicialmente o núcleo antiespanhol. Uma das mais longas guerras da história, o início da Guerra dos Oitenta Anos levou à estagnação do comércio, principal atividade econômica da Holanda; a vida dos mais pobres ficou ainda pior. Muitos holandeses, sem opção, ansiando por uma vida melhor, optaram pelo lado dos rebeldes. A Holanda era a província com a maior população, terras mais férteis e a economia mais pujante; ela utilizava em seu próprio benefício os recursos e o território das províncias mais atrasadas da República[3].

Os regentes (*regenten*) das Províncias Unidas, membros dos Estados Gerais, Estados das províncias, câmaras municipais e até de orfanatos, eram a classe dirigente *de facto* e *de jure* dos Países Baixos. Provenientes da classe dominante, de famílias de comerciantes e empresários (*regentenfamilies*), eles constituíam na prática uma classe hereditária. Mesmo depois de os mendigos do mar em 1572 terem conquistado a cidade de Brielle, derrotando os espanhóis, os regentes hesitaram. Eles tinham duas alternativas; podiam continuar leais a Filipe II, rei da Espanha, ou desertar para o lado dos rebeldes. A grande maioria decidiu continuar a apoiar o rei na tomada de medidas contra os piratas (mendigos do mar). Para que os regentes da Holanda decidissem mudar de opinião, rejeitando Filipe II, seria necessário que as perspectivas da Guerra dos Oitenta Anos mudassem drasticamente. Verdadeira oligarquia, os regentes, os homens mais sábios (*weisten*), mais proeminentes (*treffelijksten*) e mais ricos (*rijksten*) dos Países Baixos continuaram a assegurar, em benefício próprio, o exercício do poder, controlando suas principais instituições políticas após a independência.

Para oferecer seu apoio à guerra de libertação nacional contra a Espanha, eles precisavam de sólidas garantias no sentido

2 *Watergeuzen*.
3 J.I. Israel, op. cit., p. 277: "Thus, Holland forged the United Provinces on a basis of allegedly sovereign provincial rights which only Holland could fully utilize, preserving her own historic cohesion, and identity, while employing the lesser province's resources and territory to enhance her defences, strategic weight, and economic hinterland."

de que a causa rebelde tinha chances de triunfar. Surgiram rumores de que a França declararia guerra contra a Espanha. Sem pensar duas vezes, a maioria dos regentes da Holanda aderiu antes que fosse tarde demais; este apoio não saiu de graça. Os regentes fortaleceram seu poder, tornando-se os principais beneficiários da rebelião. Com o apoio de Guilherme I, príncipe de Orange, eles submeteram os mendigos do mar à jurisdição da província da Holanda. Guilherme I era um homem tolerante[4]. O clero calvinista não era do seu agrado[5]; ele nem sempre apoiou as pretensões deste[6].

A luta de vida e morte contra a Espanha teve consequências desastrosas para os católicos. Suspeitos de aliarem-se com o inimigo, eles foram brutalmente reprimidos. Da mesma forma como os espanhóis perseguiam os protestantes, os holandeses perseguiam os católicos. Nem toda a população da Holanda era protestante; sua oligarquia, os regentes, convertera-se ao protestantismo. Na primavera de 1573, os Estados da Holanda, o Parlamento holandês, proibiu "missas públicas" católicas; de uma hora para outra, o catolicismo foi banido. Como resultado da enorme pressão política, os católicos que quisessem assistir à missa precisavam reunir-se em segredo. Um pouco por toda a parte na Holanda, surgiram "igrejas" em sótãos, porões, lojas. Radicalmente contra o catolicismo do Concílio de Trento, os regentes da Holanda tiveram problemas para adaptarem-se ao calvinismo de Genebra.

Para a Holanda, como não poderia deixar de ser, o modelo era a Inglaterra. Se os ingleses tinham sua Igreja nacional protestante, os holandeses também podiam ter sua Igreja nacional protestante; o modelo ideal para os regentes holandeses era a Igreja

---

4 Ibidem, p. 203: "Nevertheless, though he now accepted the inevitability of the Union, and primacy of the Calvinists, William still strove to make Brabant the political centre of the Revolt and refused to accept the elimination of Catholicism as an officially tolerated Church in the new state."
5 Ibidem: "The intolerance and theocratic tendencies of the Calvinist clergy also offended his own personal sensibilities, and he was determined not to concede too much influence, in the new state, to a theology and clergy for which he entertained little personal sympathy."
6 Ibidem: "Later, during the Golden Age, even the most anti-Orangist, republican writers, such as Pieter de la Court, admired the way William the Silent, during the last years of his life, continued to oppose the pretensions of the Reformed clergy to the point of earning their enduring hostility."

da Inglaterra, a Igreja Anglicana. Nada de dogmas muito rígidos, previstos por Calvino; o mais importante era que esta Igreja nacional protestante se submetesse aos Estados da Holanda. Como os regentes faziam parte dos Estados da Província, obedecer aos Estados da Holanda significava obedecer aos regentes. Para a oligarquia holandesa, o mais importante era não perder o controle da situação, um desafio se considerarmos que a Holanda estava em guerra. Para que o protestantismo fosse nacionalizado, seria necessário buscar uma boa justificativa.

As contribuições calvinistas ao capitalismo e liberalismo foram muito acidentadas, nada lineares, ao contrário do pretendido por leituras superficiais de Max Weber.

Recorrendo a intelectuais como Hugo Grócio (1583-1645), eminente jurista do Século de Ouro, os regentes tentaram fazer pela razão o que eles não podiam fazer pela força. A coexistência de várias Igrejas dentro de um Estado podia ter consequências desastrosas; poderia contribuir para a própria dissolução da unidade dos Estados Gerais, algo que sem dúvida agradaria muito aos espanhóis. Diante de uma Holanda debilitada, Filipe II venceria. Para os regentes, o ideal era controlar o protestantismo. Por todos os Países Baixos, imperava a discórdia. Província contra província, cidade contra cidade, pai contra filho; por trás desta cizânia, o ódio religioso. Vencido o catolicismo, não havia nenhuma garantia de que o protestantismo não se fragmentaria; conflitos entre facções protestantes poderiam causar o mesmo estrago que conflitos entre protestantes e católicos. Para o bem da Holanda, a Igreja Anglicana era o modelo exemplar de igreja verticalizada, submetendo seus crentes à direta obediência clerical e monárquica, na realidade uma Igreja Católica nacional, não por acaso se autointitulando anglo-católica.

Os regentes, a oligarquia política da Holanda, tinham uma forte inclinação para o compromisso político. Conduzidos por fortes interesses comerciais, eles cedo aprenderam a transigir. A classe dominante da Holanda queria comprar e vender; ela não estava interessada em conflitos políticos movidos por dogmas religiosos. Durante a República das Sete Províncias Unidas dos Países Baixos, isto se tornou uma característica de todo o sistema político neerlandês. A República era uma república holandesa, de persuasão política; uma "União Holandesa", estável e previsível. Era justamente isto que a classe dominante desejava. Sem um mínimo de estabilidade política interna, não teria havido o Século de Ouro, com o auge da pintura de Rembrandt van Rijn, Johannes Vermeer e Frans Hals.

A Holanda, hegemônica nos Países Baixos do século XVII, no entanto, não conseguiu tudo o que queria. Por mais que a Holanda tenha tentado unificá-los, ela fracassou; a hegemonia holandesa tinha limites. Para os Países Baixos do sul, majoritariamente católicos, havia o risco de cair nas mãos de fanáticos protestantes como os de Gante, onde os católicos foram vítimas de um regime terrorista calvinista.[7] Para os calvinistas, a paz religiosa era um conceito muito complexo, difícil de ser colocado em prática. Só havia um Deus, e eles eram seu representante na Terra. A Holanda temia que os Países Baixos do sul entrassem em acordo com Filipe II; seus temores não eram infundados. Os Países Baixos do sul optaram pela Espanha.

Neste contexto de desintegração política dos Países Baixos, surge a União de Utrecht; para os católicos, uma união herética. Ato fundador da República das Sete Províncias Unidas dos Países Baixos, a União de Utrecht deixou a desejar. Poderia ter resolvido a guerra civil religiosa, mas não conseguiu; nem os holandeses nem os zelandeses desejavam isto.[8] A União de Utrecht foi redigida de acordo com os interesses da Holanda e da Zelândia; seu artigo XIII previa que as províncias podiam adotar os dispositivos previstos pela Pacificação de Gante[9], mas sua essência não era esta. Cada província tinha, na verdade, o direito de conduzir-se, em questões religiosas, de acordo com seus próprios interesses. "Quanto ao ponto da religião, os da Holanda e da Zelândia nisto se comportarão como bem lhes pareça" (artigo XIII). A Holanda e a Zelândia ficaram com as mãos livres para continuar a perseguição aos católicos, completando seu processo de calvinização. Aos monges e freiras que

---

7   Os calvinistas comportavam-se como donos da razão. A deles era a verdadeira fé cristã; a dos católicos não passava de idolatria papal.
8   Fora da Holanda e Zelândia, a Guerra dos Oitenta Anos assumiu o caráter de guerra civil religiosa aberta.
9   Com a Pacificação de Gante (1576), tentou-se promover a paz religiosa nos Países Baixos entre calvinistas e católicos.

houvessem abandonado suas ordens, deu-se-lhes carta branca (artigos XIV e XV). Para os acusados de serem papistas, a União de Utrecht era anticatólica; era a União da Holanda, União Protestante. Em suma, calvinista.

Para Guilherme I, a União de Utrecht tinha de estar de acordo com a Pacificação de Gante, o principal instrumento jurídico promotor da paz religiosa nos Países Baixos. Quando ficou claro que Países Baixos do sul se reconciliariam com Filipe II, Guilherme I, aceitando as condições da Holanda, aderiu à União. Depois da incorporação dos Países Baixos do sul pela Espanha, a União de Utrecht consolidou-se como a Lei Fundamental, a Constituição, dos Países Baixos do norte, da República das Sete Províncias Unidas dos Países Baixos.

Como uma confederação, os vínculos entre as províncias não eram rígidos; a Holanda utilizou isto a seu favor, para consagrar sua supremacia. Sem precisar mais concorrer com Flandres, a mais rica província dos Países Baixos do sul, a Holanda, principal membro da União de Utrecht, não tinha muito com o que se preocupar; ela era o centro de gravidade política da República. A capital política, Haia, era holandesa; a capital econômica, Amsterdã, era holandesa. Como os holandeses gostavam de pensar, se os Países Baixos do norte não haviam sido incorporados pela Espanha, se a União de Utrecht não se tornou letra morta, tudo isto era devido à Holanda. Mais homogênea do que Flandres, com numerosas cidades envolvidas com o comércio marítimo, a Holanda estava menos exposta à guerra civil. Cada vez mais interessada em lucrar, a classe dominante burguesa holandesa estava disposta a utilizar a religião em seu favor. Nos Países Baixos do sul, a sociedade não só estava fraturada religiosa como politicamente; de um lado, a nobreza valã católica dos castelos, de outro a burguesia flamenga calvinista das guildas. Em seu território ampliado, os Países Baixos do norte, a Holanda não admitia mais nenhuma agitação fanática. Em Flandres, Brabante e Holanda a indústria de exportação estava em pleno florescimento[10]; mas havia uma diferença funda-

---

10 J.C.H Blom; E. Lamberts, *Geschiedenis van de Nederlanden*, 3. ed., Baarn: HBuitgevers, 2008, p. 99: "In de kerngewesten Vlaanderen, Brabant en Holland vormde de exportnijverheid de basis van de economische groei."

mental entre estas províncias. Flandres e Brabante, ao contrário da Holanda, estavam no centro da guerra civil religiosa. No século XVI, Antuérpia, principal centro econômico de Flandres, crescera muito; sua decadência, para a qual tanto a Espanha como a Holanda contribuíram zelosamente, favoreceu Amsterdã consideravelmente[11].

Na República das Sete Províncias Unidas dos Países Baixos, a Holanda assumiu uma posição dominante, desempenhando um papel hegemônico único no século XVII.

A União da Holanda, de Utrecht, permaneceu em vigor por mais de duzentos anos; dos 26 artigos desta Lei Fundamental, poucos foram colocados em prática. Para não suscitar conflitos, as províncias não efetuaram as emendas necessárias; prefeririam ignorar um grande número de artigos. O serviço militar obrigatório previsto no artigo VIII não prosperou; rica, a Holanda preferia contratar mercenários vindos do exterior. Cada província tinha seu próprio sistema tributário, pagando uma percentagem fixa das despesas da Generalidade; desde 1616, a contribuição da Holanda chegou a cerca de 58%[12]. As diferenças entre as províncias em termos de riqueza eram enormes.

Muitos neerlandeses, sobretudo os protestantes fundamentalistas, acreditavam que a União de Utrecht era um documento sagrado. Redigido por sábios patriarcas, fundadores de uma república calvinista que se libertara da tirania espiritual e temporal de Roma e Madri com a bênção de Deus para alcançar uma prosperidade sem paralelo no mundo; com a passagem do tempo, o caráter sagrado e mítico da União de Utrecht foi se acentuando. Considerada numa perspectiva calvinista uma luta religiosa, sob o comando de Deus, a Guerra dos Oitenta Anos tinha como objetivo libertar todos

---

11 Ibidem: "De snelle groei van Antwerpen was het meest markante verschijnsel van de zestiende eeuw."
12 J.I. Israel, op. cit., p. 287: "It is often suggested that Holland contributed a disproportionate share of the burden as, from 1616 onwards, she paid 58 per cent (without counting the contributions of Drenthe and the Generality Lands) of the total. But when distribution of population is considered together with the fact that Holland possessed the bulk of the Republic's commerce, shipping, and industry and that her soil was more fertile than that of most lesser provinces, it is apparent that Holland was actually under-, rather than over- assessed and taxed."

os holandeses da Espanha; os neerlandeses eram encarados pelos calvinistas em sua totalidade como o povo escolhido. A República das Sete Províncias Unidas dos Países Baixos prosperava com a graça de Deus; os Países Baixos eram a segunda Israel. O mito da União de Utrecht tornou-se o principal fundamento ideológico dos Países Baixos do norte, ajudando-lhes a desenvolver gradualmente uma consciência republicana supraprovincial.

Da mesma forma como a Prússia foi hegemônica na unificação da Alemanha de Otto von Bismarck, no caso da República das Sete Províncias Unidas dos Países Baixos, a Holanda dominava; a República consistia da Holanda e suas províncias aliadas. É, portanto, compreensível que, após a fundação da República, a Holanda se tenha tornado, em praticamente qualquer idioma, a designação adotada para todas as Províncias Unidas. A União de Utrecht era a "União Holandesa". A União era de Utrecht, mas a sede dos Estados Gerais em 1588 deslocou-se para a Haia, na Holanda, e não para Utrecht. A rica província, a Holanda, tinha mais condições de cumprir seus compromissos financeiros com a Generalidade do que as outras províncias; ela podia até mesmo fazer adiantamentos às outras províncias, nas contribuições devidas à Generalidade. Uma excelente maneira de conquistar aliados políticos incondicionais.

Os regentes, a oligarquia burguesa dirigente da Holanda, encaravam a República como seu palco, e a Holanda como a província que devia mandar e ser obedecida. As províncias podiam queixar-se da hegemonia da Holanda, mas quando os regentes prontificavam-se a fazer sacrifícios financeiros, as queixas cessavam. Os Estados da Holanda consideravam a si mesmos soberanos; invertendo a lógica, para a Holanda, o estatúder, o chefe de Estado dos Países Baixos, era seu súdito. Ocupando uma posição semimonárquica, para os holandeses, Guilherme I era apenas mais um elemento de sua estratégia política. No século XVII, os regentes da Holanda utilizaram o poder de que dispunham para favorecer os interesses materiais de sua burguesia, em especial dos comerciantes. Na Holanda, havia uma sensação de satisfação e de autossuficiência. Se Flandres e Brabante haviam sucumbido aos espanhóis, isto era culpa de seus habitantes. A Holanda não devia ser responsabilizada por nada.[13]

Com a União de Utrecht, a Holanda dominou a República; suas decisões eram adotadas sem dificuldade. Para os mais críticos, não havia muita diferença entre as resoluções dos Estados da Holanda e as resoluções dos Estados Gerais. A República era uma extensão da Holanda.

Esta posição dominante da Holanda nos Países Baixos refletiu-se na estrutura e funcionamento da Companhia das Índias Ocidentais, com a Holanda-Países Baixos projetando seu poder em escala mundial. A política geral seguida pela Companhia era determinada pelo Conselho Federal de Administração, os *Heren XIX*, os Senhores XIX, o principal órgão dirigente da Companhia. A presidência deste Conselho Federal de Administração cabia alternadamente apenas à Câmara de Amsterdã por seis anos e à Câmara da Zelândia por dois anos.[14] A Holanda detinha uma posição praticamente hegemônica no Conselho, reflexo de seu poderio econômico no seio dos Países Baixos. "De forma tão frequente quanto for necessário, para ter-se uma assembleia geral das câmaras mencionadas acima, ela será composta por dezenove pessoas, das quais oito virão da Câmara de Amsterdã; quatro, da Zelândia; duas, do Mosa; duas, da Região Norte[15]; duas, da Frísia, com cidade e campo; desde que a pessoa de número dezenove, ou tantas quanto nós, a qualquer momento, considerarmos adequado, for nomeada por nós com o propósito de ajudar a dirigir os negócios da Companhia na Assembleia mencionada acima" (Carta-Patente da Companhia das Índias Ocidentais, artigo

---

13 J.C.H. Blom; E. Lamberts, op. cit., p. 126-127: "Bij Hollands politieke leiders valt in deze tijd een zekere zelfgenoegzaamheid te constateren. Ze schrijven het succes van de opstand aan zichzelf toe, en rekenen het verlies van Brabant en Vlaanderen de ingeborenen van die gewesten als schuld."
14 Henk den Heijer, *De geschiedenis van de WIC*, Walburg Pers: Zutphen, 2002, p. 31: "Het voorzitterschap van het college was voor zes jaar in handen van de kamer Amsterdam en voor twee jaar in handen van de kamer Zeeland."
15 A Região Norte, o *Noorderkwartier*, incluía sete cidades: Alkmaar, Enkuizen, Edam, Hoorn Medemblik, Monnikendam e Purmerende. Atualmente, é uma região histórica dos Países Baixos que corresponde à parte setentrional da Holanda; uma de suas principais cidades é Hoorn. A Região Norte corresponde aproximadamente à atual província da Holanda do Norte, além do IJmeer e do Wijkermeer.

xviii)¹⁶. A Holanda estava em condições de investir mais na Companhia das Índias Ocidentais do que as outras províncias dos Países Baixos.

De acordo justamente com a proposta holandesa, a Companhia das Índias Ocidentais foi dotada de uma estrutura descentralizada, federalizada; o número de diretores de cada câmara variava, refletindo o poderio econômico da respectiva região. Havia cinco câmaras regionais: Amsterdã, com vinte diretores; Zelândia, com doze; Mosa e Região Norte, com quatorze; e Frísia, com cidade e campo, também com quatorze diretores¹⁷,¹⁸. Mais tarde, a quantidade de diretores, de acordo com as circunstâncias econômicas e políticas, foi modificada várias vezes¹⁹.

A principal atribuição das câmaras de diretores, os órgãos dirigentes regionais da Companhia das Índias Ocidentais, era colocar em prática as decisões tomadas pelo Conselho Federal de Administração. A participação das câmaras no lucro da Companhia não era determinada apenas pelo montante de capital investido, mas também pela repartição tributária.²⁰ Sendo assim, a participação de Amsterdã na Companhia foi arbitrada

---

16 Uma quinta câmara, para ter um nono do capital, foi relutantemente concedida à Frísia, com cidade e campo (Groninga), depois de ter sido assinado um acordo no sentido de que ela se declarava satisfeita. Frísia, com cidade e campo (Groninga), absteve-se de, a partir deste precedente, em caso de extensão ou renovação da Carta-Patente da Companhia das Índias Orientais, fazer novas exigências.
17 Carta-Patente da Companhia das Índias Ocidentais, artigo xii: "A Câmara de Amsterdã consistirá de vinte diretores; a Câmara da Zelândia, de doze; a Câmara do Mosa e da Região Norte, cada, de quatorze; e a Câmara da Frísia, junto com cidade e campo, também de quatorze diretores."
18 H. den Heijer, op. cit., p. 31: "Geheel in overeenstemming met de wensen van de Staten van Holland werd het bestuur verdeeld over vijf kamers: Amsterdam met twintig, Zeeland met twaalf en Maze, Noorderkwartier en Stad en Land elk met veertien bewindhebbers." Para C.M Schulten, as cinco câmaras da Companhia das Índias Ocidentais foram divididas da seguinte forma: Amsterdã, Zelândia, Mosa (Roterdã, Delft e Dordrecht), Noorderkwartier/Região Norte (Alkmaar, Edam, Enkhuizen, Hoorn, Medemblik e Monnikendam) e Stad en Lande/Cidade e Campo (Frísia e Groninga) (cf. C.M. Schulten, *Nederlandse expansie in Latijns Amerika, Brazilië: 1624-1654*, Bussum: Fibula/Van Dishoeck N.V., 1968, p. 24-25).
19 H. den Heijer, op. cit., p. 31.
20 Ibidem: "Het aandeel van de kamers in de wic werd niet alleen door het ingebrachte kapitaal bepaald, maar tevens door het in de Republiek geldende belasting- of repartitiestelsel."

em quatro nonos; Zelândia, dois nonos; e as outras três câmaras menores com cada uma um nono[21,22]. Conjuntamente, estas participações formavam a chamada *"negensleutel"*, a chave dos nove, expressão máxima da relação de poder na Companhia das Índias Ocidentais. A comissão recebida pelos diretores foi atribuída em função da participação das respectivas câmaras na Companhia das Índias Ocidentais. "Os diretores terão como comissão um por cento dos aprestamentos e rendimentos, além das presas; e meio por cento do ouro e da prata. Estas comissões serão divididas da seguinte forma – para a Câmara de Amsterdã, quatro nonos; para a Câmara da Zelândia, dois nonos; para a do Mosa, um nono; para a da Região Norte, um nono; para a da Frísia, com cidade e campo, igualmente um nono" (Carta-Patente da Companhia das Índias Ocidentais, Artigo XXVIII). Amsterdã, centro econômico da Holanda, como não podia deixar de ser, recebia o principal quinhão.[23]

Não se deve esquecer tampouco que a Câmara do Mosa correspondia basicamente à cidade de Roterdã, uma cidade holandesa, e que a Região Norte equivalia justamente à Holanda do Norte. Para concorrer com a hegemonia holandesa no âmbito da Companhia das Índias Ocidentais chefiada por Amsterdã, restavam apenas a pequena Câmara da Zelândia e a periférica Câmara da Frísia.

---

21 Carta-Patente da Companhia das Índias Ocidentais, artigo XI: "E para que esta Companhia possa ser constituída por um bom governo, para o maior benefício e satisfação de todos os participantes, nós ordenamos que o governo mencionado será investido em cinco câmaras de diretores – uma em Amsterdã, que terá o coeficiente de quatro nonos; uma câmara na Zelândia, de dois nonos; uma câmara no Mosa, de um nono; uma câmara na Região Norte, de um nono; e a quinta câmara na Frísia, junto com cidade e campo, também de um nono – de acordo com as condições estabelecidas no registro de nossas resoluções e a ata redigida a este respeito."
22 H. den Heijer, op. cit., p. 31: "Zo verwierf Amsterdam vier negende, Zeeland twee negende en de drie kleine kamers elk een negende deel in de Compagnie."
23 Capital econômica da principal província dos Países Baixos, a Holanda, Amsterdã no século XVII era uma potência comercial mundial.

A Carta-Patente da Companhia das Índias Orientais, os Países Baixos à Conquista da Ásia

Um dos principais motivos para os comerciantes neerlandeses, na definição dos originários dos Países Baixos, não limitados à Holanda, terem procurado estabelecer conexões diretas com a Ásia foi o bloqueio imposto pela Espanha à navegação estrangeira, na luta pela dominação política e econômica dos oceanos. Em 1585, Filipe II, titular também da Coroa portuguesa desde 1580, pela morte do seu primo em segundo grau, sem filhos, dom Sebastião, rei de Portugal, na Batalha de Alcácer-Quibir em 1578, ordenou o confisco de todos os navios estrangeiros, em especial neerlandeses, atracados nos portos de Portugal e Espanha; esta medida foi um golpe direto à prosperidade dos Países Baixos, em guerra de libertação nacional contra os espanhóis.[1] Os comerciantes neerlandeses, principais fornecedores de especiarias asiáticas ao mercado consumidor europeu, costumavam obtê-las em Lisboa. Durante a Trégua dos Doze Anos (*Twaalfjarig Bestand*) entre os Países Baixos (*Nederlanden*), daí o

---

1 Ao final da Trégua dos Doze Anos, a Espanha impôs um novo embargo econômico contra navios e cargueiros neerlandeses a partir de 1621. Mais uma vez, os Países Baixos foram excluídos do comércio com a Península Ibérica. Como resposta, os Estados Gerais fundaram a Companhia das Índias Ocidentais (1621).

gentílico neerlandês, e Espanha, de 1609 a 1621, tampouco houve paz. A Companhia das Índias Orientais, principal instrumento dos Países Baixos para conquistar a Ásia, foi fundada em 1602. A celebração da Trégua dos Doze Anos não arrefeceu o ímpeto neerlandês, muito pelo contrário. Fora da Europa, sobretudo nas Índias Orientais, os conflitos intensificaram-se.

Durante sua existência mais que secular, com todos os altos e baixos, a Companhia das Índias Orientais, ao contrário da Companhia das Índias Ocidentais, que fracassou em seu intento de conquistar o Brasil, foi um sucesso. Por toda a Ásia, surgiram feitorias neerlandesas; da Arábia, passando pela Pérsia, Índia, com atenção especial para Bengala, até a Indonésia e o Sião. Da China ao Japão. Feitorias fortificadas foram fundadas em locais que eram de importância estratégica para a Companhia sob o ponto de vista de comércio e navegação; um pouco por toda a Ásia, tremulava a bandeira tricolor dos Países Baixos. Lugares com nomes antes estranhos passaram a fazer parte do vocabulário corrente da geografia colonial neerlandesa. Ceilão, costa do Malabar, Coromandel, Malaca, Ilhas Molucas; não era mais necessário viajar até Lisboa para buscar especiarias asiáticas. Elas agora estavam sob o controle dos Países Baixos. Em 1652, no Cabo da Boa Esperança, surgiu um posto de abastecimento transoceânico, do outro lado do Oceano Atlântico, quase defronte ao Brasil, dando origem à Cidade do Cabo. O ponto central desta rede de entrepostos comerciais e pontos de apoio militares, desde 1620, era a Batávia dos neerlandeses, depois Jacarta dos indonésios. Até 1730, a quantidade de navios que a Companhia enviou anualmente dos Países Baixos à Ásia cresceu constantemente; de oito, por volta de 1605, para cerca de 38 nos anos vinte do século XVIII[2]. A Companhia conseguiu controlar em meio século uma parte considerável da navegação dentro da própria Ásia[3].

2 H.M. Beliën; A.Th. van Deursen; G.J. van Setten, *Gestalten van de Gouden Eeuw: Een Hollands groepsportret*, Amsterdam: Bert Bakker, 2005, p. 102: "Het aantal schepen dat de Compagnie per jaar uit Nederland naar Azië stuurde, nam – afgezien van een inzinking in de jaren tachtig – tot 1730 voortdurend toe: van acht rond 1605 en gemiddeld ruim zestien in de jaren veertig, via 24 per jaar in de jaren zestig tot gemiddeld 38 in de jaren twintig van de achttiende eeuw."
3 Ibidem: "Bovendien wist ze in een halve eeuw tijds een behoorlijk aandeel te verwerven in de scheepvaart binnen Azië zelf."

Para que o principal instrumento de expansão colonial dos Países Baixos, a Companhia das Índias Orientais, nascesse, foi necessário um ato de Estado. Os Estados Gerais[4] aprovaram um ato legislativo, uma carta-patente, levando em consideração que "a prosperidade dos Países Baixos Unidos" dependia da "navegação, troca mercantil e comércio" (Carta-Patente da Companhia das Índias Orientais, Preâmbulo). De longa data, os Países Baixos haviam encetado relações comerciais não somente na Europa, mas também na "Ásia e África" (Preâmbulo). Principal objeto da cobiça neerlandesa, as Índias Orientais haviam se tornado o principal alvo da política exterior mercantil dos Países Baixos; a iniciativa da conquista da Ásia partira da Holanda, mais precisamente de Amsterdã. "Nas décadas passadas, vários comerciantes proeminentes dos países mencionados acima começaram a efetuar troca mercantil e a fazer comércio de forma louvável, por meio da navegação, com as Índias Orientais. Estes promotores da navegação, troca mercantil e comércio em terras estrangeiras fundaram, a grandes custos, com muitos esforços e grandes dificuldades, uma companhia na cidade de Amsterdã, uma empresa de navegação admirável, comercializando com as Índias Orientais" (Preâmbulo).

As outras regiões dos Países Baixos, no entanto, também queriam participar do lucrativo comércio com as Índias Orientais, no esforço contra a hegemonia interna da Holanda e Amsterdã. Elas, então, fundaram suas próprias companhias de comércio, passando a competir diretamente com a companhia holandesa, fundada em Amsterdã. "Pouco depois que uma companhia foi estabelecida, e que se considerou que isto era muito compensador, vários outros comerciantes, incluindo os da Zelândia e de ao longo do rio Mosa, bem como os da Região Norte e da Frísia Ocidental, fundaram companhias similares e, imediatamente, juntaram-se à navegação, troca mercantil e comércio, como foi mencionado acima" (Preâmbulo). Os Estados Gerais, governo central dos Países Baixos, sob o controle da

---

4 *Hoogmogende Heeren Staten Generael/Ho. Mo./Hoogmogende* – Excelentíssimos Senhores Estados Gerais/Exc./Excelentíssimo. Assim, intitulavam-se oficialmente os Estados Gerais. Os membros dos Estados Gerais, os deputados, podiam ser chamados individual e coletivamente de *Hoogmogende Heer(en)* – Excelentíssimo(s) Senhor(es), ou *Hunne Hoogmogende* – Suas Excelências.

Holanda e Amsterdã, não viram com bons olhos a existência de várias companhias de comércio neerlandesas competindo pelo comércio com as Índias Orientais. Devia haver apenas uma companhia neerlandesa com o monopólio para o comércio com as Índias Orientais, "permitindo-se-lhe crescer mediante a utilização de uma boa organização geral e política, apropriada para esta finalidade, com o entrelaçamento de nossas relações e administração mútuas" (Preâmbulo).

Os Estados Gerais interviram na iniciativa privada, tendo convocado os diretores das companhias holandesa, zelandesa, frísia para que o projeto de unificação fosse colocado em prática. A prioridade não era dos comerciantes nem das províncias isoladamente considerados, mas dos Países Baixos como um todo. "Os diretores das companhias mencionadas acima foram, para tanto, convidados a consultarem-se conosco no sentido de propor que estas companhias fossem unificadas, participando disto não apenas a serviço e tendo em vista o lucro para os Países Baixos Unidos, mas também a todos que começaram este comércio louvável" (Preâmbulo). O governo não podia ser mais claro; seu objetivo era fundar uma companhia monopolista, para o bem não de um grupo de pessoas, mas de todos. "Por meio da criação de uma entidade, organização e política, seguras e sólidas, elas serão ligadas umas às outras, sendo administradas e expandidas conjuntamente para o bem de todos os residentes dos Países Baixos Unidos que queiram participar disto" (Preâmbulo). Polidamente, os Estados Gerais comunicaram, na Carta-Patente, que os diretores das companhias holandesa, zelandesa, frísia haviam concordado com a criação da Companhia das Índias Orientais, como se eles tivessem alternativa. "Os representantes das companhias mencionadas acima compreenderam isto muito bem e, mais tarde, eles concordaram, depois de várias comunicações, deliberações, induções e relatórios, que elas fossem unificadas, e, como resultado, nós, depois de maduras considerações, a respeito disto, para estimular o bem-estar dos Países (Baixos) Unidos, bem como o proveito de todos os habitantes destes, temos aprovado e confirmado, aprovamos e confirmamos, por meio disto, com poder soberano e autoridade, e também resolutamente, os pontos, liberdades e vantagens aqui declarados" (Preâmbulo).

Seguros de seu sucesso, os Estados Gerais decidiram: "Esta Companhia Unida começará a funcionar no ano de 1602, continuando a funcionar por um período de vinte e um anos consecutivos, desde que haja uma prestação de contas geral a cada dez anos" (Artigo VII). Para os que participassem do empreendimento, os termos ajustados foram bastante rigorosos. Procurando afastar o risco de especulação, o investimento na Companhia[5] era de longo prazo. "Depois de dez anos, qualquer um poderá deixar a Companhia e levar seu capital consigo, desde que, em relação à equipagem atual e aos navios que partirão em tal ano, haja uma prestação de contas extraordinária" (Artigo VII). Homens de todos os cantos dos Países Baixos terminaram trabalhando na Companhia Unida, contribuindo com o suor de seu rosto para a conquista neerlandesa da Ásia. Não apenas Roterdã e Amsterdã forneceram mão de obra, mas também muitas outras cidades holandesas[6].

Era o início de um longo itinerário.

ANTIGAS COMPANHIAS

Pimenta e outras especiarias atiçaram o apetite dos comerciantes neerlandeses muito tempo antes de a Companhia das Índias Orientais ter sido fundada. Havia de longa data, muito antes de sua criação, uma contínua circulação de navios que iam e vinham de e para as Índias Orientais, em busca de grandes lucros, a partir de cidades portuárias holandesas e zelandesas[7]. Estas companhias, cujo objeto era o comércio com as Índias Orientais, ficaram conhecidas como antigas companhias[8], em oposição à Companhia das Índias Orientais, de 1602.

---

5   Quando de sua fundação, o nome da Companhia era *Vereenichde Oostindische Compaignie*, distinto da ortografia moderna – *Vereenigde Oost-Indische Compagnie* (VOC).
6   H.M. Beliën; A.Th. van Deursen; G.J. van Setten, op. cit., p. 121: "Niet alleen Rotterdam of Amsterdam, maar ook vele andere Hollandse steden waren lange tijd een belangrijk reservoir van arbeidskrachten voor de zeevaart."
7   Femme S. Gaastra, *De geschiedenis van de VOC*, 10 ed., Zutphen: Walburg Pers, 2007, p. 17: "In diverse plaatsen werden forse investeringen gedaan in expedities naar het verre Indië in de hoop op enorme winsten."
8   *Voorcompagnieën.*

Fundada em 1592 por dez ricos comerciantes de Amsterdã, a Companhia dos Países Distantes[9] foi uma destas primeiras companhias de navegação e comércio dos Países Baixos com as Índias Orientais. Em 1593, ela enviou Cornelis de Houtman (*circa* 1565-1599) a Lisboa para descobrir como chegar à Ásia. Depois de ele ter comunicado que coletara informações suficientes, a Companhia mandou-o em 1595 junto com Gerrit van Beuningen, numa frota com quatro navios, o Maurício (*Mauritius*), Holanda (*Hollandia*), Amsterdã (*Amsterdam*) e Pombo (*Duyfken*), rumo a Batam, Insulíndia. Esta viagem, conduzida por De Houtman, ficou conhecida até hoje como a Primeira Viagem, a Primeira Navegação (*Eerste Tocht/Eeste Schipvaart*) à Ásia. Embora ela não tenha sido muito rentável, o efeito psicológico foi enorme; os Países Baixos podiam chegar, sem a ajuda de ninguém, às Índias Orientais. Pouco depois, a Companhia enviou à Ásia uma nova frota sob o comando de Jacob Corneliszoon van Neck (1564-1638) e Wijbrand van Warwijck (1569-1615); esta última expedição foi um sucesso financeiro. Após o retorno, em 1597, de Cornelis de Houtman aos Países Baixos, surgiram cerca de quinze companhias de navegação, todas mirando o comércio com a Ásia.

Em seguida à fundação da Companhia dos Países Distantes, com a volta bem-sucedida de sua primeira expedição à Insulíndia, surgiram em 1598 na Zelândia a Companhia de Midelburgo[10] e a Companhia de Veere[11].[12] Na Holanda, a situação era idêntica. Em Amsterdã, fundou-se a Companhia do Brabante[13]; também em 1598, surgem em Roterdã a Companhia de Magalhães[14] e a Companhia de Roterdã[15]. Enquanto companhias de navegação eram fundadas, outras desapareciam, unindo-se a companhias preexistentes. A Companhia dos Países Distantes, da Holanda, uniu-se à Companhia Nova[16]. A livre concorrência era brutal, sobretudo entre as companhias de Amsterdã e da Zelândia,

---

9   *Compagnie van Verre.*
10 *Middelburgse Compagnie.*
11 *Veerse Compagnie.*
12 Midelburgo é a capital da província da Zelândia. Veere é uma cidade da Zelândia; o gentílico de Veere é "*Veerse*".
13 *Brabantse Compagnie.*
14 *Magellaanse Compagnie.*
15 *Rotterdamse Compagnie.*
16 *Nieuwe Compagnie.*

minando o comércio com a Ásia[17]. O problema é que os neerlandeses traziam produtos em demasia da Ásia à Europa. Como a oferta era muito grande, os preços reduziam-se; as margens de lucro para os comerciantes de Amsterdã e da Zelândia eram cada vez menores. Foram motivos econômicos e não militares que levaram os Estados Gerais a unificar as antigas companhias[18], criando a Companhia das Índias Orientais, mas não tardaria para que a viagem à Ásia se tornasse uma arma militar agressiva dos Países Baixos contra os portugueses e espanhóis[19].

Mesmo antes da intervenção governamental da parte dos Estados Gerais, criando a Companhia das Índias Orientais, os interessados, tanto na Zelândia como em Amsterdã, uniam forças. Membros da Companhia de Veere uniram-se aos da Companhia de Midelburgo, dando origem em 1600 à Companhia Unida Zelandesa[20]. Em Amsterdã, a Companhia dos Países Distantes, a Companhia Nova e a Companhia do Brabante formaram em 1601 a primeira companhia unificada holandesa para a Ásia, a Companhia Unida das Índias Orientais de Amsterdã[21]. Este processo de concentração não constituiu, no entanto, uma unanimidade nos Países Baixos. Em outras cidades holandesas, surgiam novas companhias, recrudescendo a competição. Em 1601, alarmados, os Estados da Holanda recorreram aos Estados Gerais, solicitando sua intervenção. Sem muito sucesso, até mesmo o estatúder da República das Sete Províncias Unidas dos Países Baixos, o príncipe de Orange, Maurício de Nassau[22], tentou convencer os zelandeses a unir esforços com os holandeses. Ao aprovar, em 20 de março de 1602, a Carta-Patente da

17 F.S. Gaastra, op. cit., p. 19: "De felle concurrentie, vooral tussen de Zeeuwen en Amsterdammers, ondemijnde de economische basis van de handel op Azië."
18 Ibidem: "Het waren vooral economische en niet de militaire motieven, die de overheid en de landsadvocaat van Holland, Johan van Oldenbarnevelt, ertoe brachten om de kooplieden tot samenwerken te bewegen."
19 Ibidem, p. 19-20: "Toen echter die'vereniging binnen bereik kwam, werd de vaart op Azië ook steeds meer tot een agressief en militair wapen tegen de Spanjaarden en Portugezen omgesmeed."
20 *Verenigde Zeeuwse Compagnie*.
21 *Vereenigde Compagnie op Oost-Indië tot Amsterdam*.
22 Maurício de Nassau (1567-1625), príncipe de Orange, estatúder (1585-1625) da República das Sete Províncias Unidas dos Países Baixos, filho e sucessor de Guilherme I, era primo em segundo grau de João Maurício de Nassau-Siegen (1604-1679), governador do Brasil Holandês. Guilherme I, o taciturno, era tio-avô de João Maurício.

Companhia das Índias Orientais, os Estados Gerais puseram um fim à exuberância irracional do mercado. A maior parte dos dispositivos da Carta-Patente foi literalmente retirada do mecanismo de organização das antigas companhias, juntamente com alguns dispositivos novos.

As antigas companhias costumavam ser empreendimentos de ocasião, destinadas apenas a uma expedição. Os diretores contribuíam com capital, os participantes, que se consideravam sócios, também; a participação era transferível. Todo o dinheiro era investido na expedição agendada; na volta, bens e navios eram vendidos. O capital, de acordo com a proporção do que fora investido, era distribuído aos participantes, acrescido de eventual lucro.

Para nenhum lugar do mundo, o custo e o lucro com a viagem eram tão altos como para as Índias Orientais. Os navios percorriam uma região que o inimigo – Portugal e Espanha – considerava como sua. O custo da viagem aumentava significativamente com a necessidade de comprar armamento pesado e providenciar acompanhamento militar para as frotas. Em função da duração da viagem, a tripulação tinha de contar com muitos homens, ao contrário de uma viagem comercial comum, por exemplo, ao Mar Báltico; os problemas não paravam por aí. A frota precisava de um porto seguro na Ásia para ancorar, longe do alcance dos portugueses. No porto, era necessário haver lugar para armazenar mercadorias. Tudo isto exigia muita organização e uma ampla infraestrutura muito além daquela que o mais rico comerciante dos Países Baixos podia arcar por conta própria.

CARTA-PATENTE

Com a aprovação da Carta-Patente da Companhia das Índias Orientais, comerciantes neerlandeses puderam juntar esforços para um empreendimento que requeria muito capital, a conquista da Ásia, então o continente mais rico do mundo. Boa parte dos recursos necessários foi fornecida por investidores, acionistas, que queriam lucrar, com o beneplácito dos Estados Gerais, com o comércio, exploração e colonização do continente asiático.

As companhias com carta-patente tiveram suas origens no período medieval. A mais antiga teria sido a Stora Kopparberg[23], dotada de uma carta-patente desde 1347 para a exploração de cobre em Falun, Suécia. Estas companhias permitiam aos Estados europeus adotar uma modalidade alternativa de conquista. Ao utilizar recursos privados, e não apenas recursos do Tesouro, os Estados europeus praticavam uma conquista indireta das colônias. As companhias com carta-patente terceirizavam o controle dos territórios coloniais, recorrendo a líderes locais com os quais elas celebravam tratados de aliança.

A Companhia das Índias Orientais foi legitimada com a intervenção direta dos Estados Gerais para sua criação. Sua Carta-Patente definiu os termos de acordo com os quais a Companhia podia funcionar, suas áreas de influência, suas prerrogativas e responsabilidades. A Companhia das Índias Orientais beneficiou-se do monopólio que lhe foi concedido pelos Estados Gerais no comércio com a Ásia. Ao exercer funções usualmente reservadas a um Estado soberano, como segurança e defesa, a Companhia das Índias Orientais chegou a dispor de contingentes militares próprios, superiores aos das forças armadas regulares de que dispunha um Estado europeu mediano da época. Autorizada pelos Estados Gerais, a Companhia tinha recursos para comprar o melhor equipamento militar disponível para seu exército. Um verdadeiro Estado dentro do Estado, em sinergia. A renovação da Carta-Patente dependia do apoio dos Estados da Holanda e da Zelândia.

CONSELHO FEDERAL DE ADMINISTRAÇÃO

O principal órgão administrativo da Companhia das Índias Ocidentais eram os *Heren* XVII, os Senhores XVII, a principal câmara de diretores, composta, por sua vez, de diretores das respectivas câmaras regionais, os dezessete diretores. A posição de Amsterdã era forte, não apenas numericamente. Embora Amsterdã se defrontasse com uma situação em que não tinha maioria de votos, dificilmente seu ponto de vista deixava de

---

23 Grande Montanha de Cobre.

ser acatado. O Conselho Federal de Administração reunia-se algumas vezes por ano para decidir a respeito de questões fundamentais para a Companhia. Os encontros tinham uma agenda fixa, com tópicos como o número de navios a ser construído e enviado à Ásia, a quantia de dinheiro a ser concedida à frota para comprar mercadorias no Oriente. Os Senhores XVII cuidavam de todos os aspectos da navegação e do comércio com a Ásia – de leilões à rota exata a ser seguida pelas frotas. O advogado[24], secretário da Câmara de Amsterdã, preparava cada encontro, o que resultava da posição dominante desta cidade holandesa.

Embora tivesse como objetivo "estimular o bem-estar dos Países (Baixos) Unidos, bem como o proveito de todos os habitantes destes" (Preâmbulo), ao unificar as companhias holandesa, zelandesa, frísia, com a criação da Companhia das Índias Orientais, os Estados Gerais não puderam, com todo o poder que tinham em suas mãos, reinventar a realidade. A iniciativa de criação de uma companhia de comércio com as Índias Orientais partira da Holanda, a região mais rica e poderosa dos Países Baixos, mais precisamente de Amsterdã. Independentemente da dissolução da companhia holandesa com a intervenção do governo central neerlandês, seria a Holanda, a partir de Amsterdã, que controlaria financeira e politicamente a Companhia das Índias Orientais. Na Carta-Patente, os Estados Gerais deixaram claro que a maior parte do capital para a criação da Companhia teria de provir de Amsterdã. "Na equipagem para o serviço e o lucro desta Companhia, a Câmara de Diretores na cidade de Amsterdã terá de adiantar e entregar a metade do investimento; a Câmara da Zelândia, um quarto; e as Câmaras do Mosa, da Holanda do Norte e da Frísia Ocidental, cada, um oitavo" (Artigo I). Para assegurar a unidade de funcionamento institucional da Companhia, os Estados Gerais criaram o acima mencionado Conselho Federal de Administração, os *Heren XVII*, os Senhores XVII. No Conselho Federal de Administração, órgão central de decisão, em que tudo de importante era definido, Amsterdã detinha praticamente a metade dos votos; nada podia ser decidido sem

24   *Advocaat.*

sua aprovação. "Sempre que for necessário, haverá uma assembleia geral ou conselho, consistindo das câmaras mencionadas acima, abrangendo dezessete pessoas. Nisto, a Câmara de Amsterdã aparecerá com oito; da Zelândia, com quatro; do Mosa, com dois; da Holanda do Norte, de maneira semelhante, com dois; desde que a décima sétima pessoa seja nomeada, alternadamente, pelos da Zelândia, do Mosa e da Holanda do Norte, sendo eleita pela maioria dos votos. Todos os negócios desta Companhia Unida serão efetuados por estas pessoas" (Artigo II)[25].

A autoridade do Conselho Federal de Administração era praticamente absoluta; não só ele decidia o que devia ser feito, como as câmaras regionais eram obrigadas a cumprir o deliberado. "Sempre que o Conselho mencionado acima se reunir, ele determinará quando os navios serão equipados, bem como quantos, aonde eles serão enviados e outras questões relacionadas ao comércio; as respectivas Câmaras de Amsterdã, da Zelândia, do Mosa e da Holanda do Norte colocarão em prática as resoluções do Conselho mencionado" (Artigo III). Para contrabalançar as queixas da Zelândia, principal concorrente da Holanda no comércio com as Índias Orientais, a sede do Conselho Federal de Administração em Amsterdã não era, ao menos de acordo com o previsto na Carta-Patente, permanente. "As assembleias e reuniões do Conselho mencionado acima ocorrerão em Amsterdã pelos primeiros seis anos, e, nos dois anos subsequentes, na Zelândia, e assim por diante" (Artigo IV). Se, no entanto, o Conselho Federal de Administração chegasse a um impasse, os Estados Gerais, como autoridade máxima e soberana dos Países Baixos, tinham competência para decidir a questão de forma unilateral e irrecorrível. "Se ocorrer que os membros do Conselho forem incapazes de chegar a um acordo sobre negócios de importância considerável, a respeito dos quais os diretores não possam entrar em acordo, ou concordar, ou no caso em que um lado tenha dificuldade

---

25 F.S. Gaastra, op. cit., p. 21: "In deze 'Vergadering der Heren Zeventien' hadden acht Amsterdamse bewindhebbers zitting, vier Zeeuwse en één uit elk der kleinere kamers, terwijl het zeventiende lid bij toerbeurt door Zeeland of één der kleinere kamers werd afgevaardig."

de impor sua decisão ao outro, então tais questões serão esclarecidas e decididas por nós. Quaisquer aprovações resultantes serão devidamente acompanhadas e obedecidas, e o que for decidido a este respeito será cumprido e colocado em prática" (Artigo VI).

CÂMARAS REGIONAIS

A sede das câmaras regionais da Companhia das Índias Orientais correspondia às cidades nas quais havia antigas companhias: Amsterdã, Midelburgo (Zelândia), Delft, Roterdã, Enkhuizen e Hoorn, numa tentativa de descentralização política. Como mencionado acima, no financiamento das atividades, como construção e equipagem de navios, a parte do leão coube a Amsterdã (Artigo I). O número total de diretores, o mesmo das antigas companhias, chegou em 1602 a 76, sendo regularmente de 60[26]. A Câmara de Amsterdã tinha em princípio 20 diretores, Zelândia, 12 e as outras câmaras 7 cada uma[27]. A participação de judeus na formação do capital da Companhia não deve ser subestimada. Em Amsterdã e Hamburgo, em contraste com Veneza e Florença, a burguesia local no começo do século XVII estava florescendo. Não havia resistência à rápida penetração judaica, porque os judeus que se estabeleciam lá – sobretudo marranos vindos diretamente de Portugal – traziam o capital de que Amsterdã e Hamburgo careciam[28]. A oligarquia controlava as cidades e as câmaras da Companhia das Índias Orientais, da mesma forma como ocorreria com a Companhia das Índias Ocidentais, escolhendo os diretores destas sociedades comerciais. Os regentes, classe dirigente das Províncias Unidas com assento nos Estados Gerais, Estados

---

26 Ibidem: "Het totale aantal bewindhebbers, dezelfde als van de voorcompagnieën, bedroeg in 1602 zesenzeventig en zou men tot zestig terugbrengen door in geval van overlijden geen nieuwe te benoemen."
27 Carta-Patente da Companhia das Índias Orientais, artigo XXV: "A Câmara de Amsterdã, com vinte pessoas; a da Zelândia, com doze pessoas; a de Delft, com sete; a de Roterdã, com sete; a de Enkhuizen, também sete; e a de Hoorn, igualmente sete."
28 Jonathan Irvine Israel, *European Jewry in the Age of Mercantilism, 1550-1750*, 3. ed., Oxford: The Littman Library of Jewish Civilization, 1998, p. 51.

das províncias e câmaras municipais das cidades neerlandesas, verdadeiro patriciado com características oligárquicas, estavam bem representados nos postos mais prestigiosos e lucrativos[29]. Cada câmara dispunha de seu próprio conselho de administração[30], composto por seis a vinte diretores.

As câmaras regionais (Artigos XVIII-XXIII), órgãos de ação, eram compostas efetivamente por membros das oligarquias locais que, direta ou indiretamente, haviam sido pioneiros na fundação de companhias de comércio com as Índias Orientais – a Câmara de Amsterdã (Artigo XVIII), a Câmara da Zelândia (Artigo XIX), a Câmara de Delft (Artigo XX), a Câmara de Roterdã (Artigo XXI), a Câmara de Hoorn (Artigo XXII) e a Câmara de Enkhuizen (Artigo XXIII). Os diretores, homens ricos e influentes, eram todos nomeados cuidadosamente sem deixar margem a dúvidas. O cargo de diretor era tão cobiçado que a Carta-Patente da Companhia das Índias Orientais estabeleceu um mecanismo complexo e pormenorizado para seu preenchimento em caso de vacância (Artigos XXIV-XXVI). Para que um diretor assumisse o cargo, um cargo público estabelecido por lei, ele precisava prestar juramento. "Os diretores prestarão solenemente um juramento de lealdade, por sua honra e sua fé, no sentido de que eles desempenharão adequada e honestamente a administração, mantendo contas boas e honestas, sendo que, ao coletar recursos para o aprestamento e ao distribuir lucros obtidos com cargas de retorno, eles não favorecerão os maiores participantes em detrimento dos menores" (Artigo XXVII). Este "juramento de lealdade" não era dirigido somente em última instância à Companhia das Índias Orientais, mas aos Estados Gerais.

Para os que quisessem se tornar diretores em caso de vacância, o critério era simples. Da mesma forma que foram membros das oligarquias locais que, direta ou indiretamente, haviam sido pioneiros na fundação de companhias de comércio com as Índias Orientais, apenas membros destas mesmas oligarquias

---

29 H.M. Beliën; A.Th. van Deursen; G.J. van. Setten, op. cit., p. 32: "Op een ander niveau controleerden de steden met een kamer van de Oost- of Westindische Compagnie de verkiezing van de plaatselijke bewindhebbers van die handelsmaatschappijen en het behoeft geen verbazing dat de regenten goed vertegenwoordigd waren op die prestigieuze en vaak lucratieve posten."
30 *Bestuurcollege.*

podiam desejar candidatar-se ao cargo vacante. Era preciso dispor de uma quantia de dinheiro nada desprezível para tornar-se diretor, sendo aconselhável ainda dispor de capital político para ser escolhido para o cargo dentre os outros competidores. "Aqueles que forem, subsequentemente, escolhidos para serem diretores investirão, por conta própria, cada um, na Companhia, ao menos, mil libras flamengas, embora os diretores de Hoorn e Enkhuizen possam limitar isto a não menos de quinhentas de tais libras" (Artigo XXVIII). Os diretores recebiam comissão e percentagem dos lucros, os quais eram distribuídos entre as câmaras regionais. "Os diretores receberão, além do mais, 1% de comissão pelos custos da viagem de partida e a mesma percentagem dos lucros obtidos com as cargas de retorno, que eles distribuirão da seguinte maneira: metade para a Câmara de Amsterdã; um quarto para a Câmara da Zelândia; e, para as Câmaras do Mosa e Holanda do Norte, um oitavo cada, sem levar em consideração se uma ou outra investiu mais ou menos recursos, ou vendeu uma quantidade maior ou menor de especiarias do que sua participação" (Artigo XXIX).

PARTICIPAÇÃO DOS ACIONISTAS

O capital reunido não era mais destinado a uma expedição específica, como ocorria com as antigas companhias. Ele, na Companhia das Índias Orientais, era imobilizado durante dez anos. Como a Carta-Patente tinha a duração de vinte e um anos, isto significava que após o primeiro ano, 1602, haveria duas prestações de conta decenais, para o final de 1612 e de 1622. O capital não era destinado à duração total do empreendimento. Para a distribuição de dividendos, era necessária a ocorrência de uma prestação de contas. Com o retorno da frota, e a venda das mercadorias, havendo em caixa 5% do capital original, dividendos podiam ser distribuídos aos participantes. Contrariando as expectativas dos investidores, no entanto, a primeira liquidação, de 1612, não se realizou.[31] Os acionistas

---

31 F.S. Gaastra, op. cit., p. 23: "Aan de 5% regeling werd niet de hand gehouden en de liquidatie van de eerste tienjarige rekening, die in 1612 had moeten plaatsvindem, bleef achterwege."

tinham menos influência do que os participantes das antigas companhias; eles não podiam mais punir os diretores, deixando de fornecer capital para a próxima expedição. Os acionistas podiam até mesmo ficar furiosos com a Companhia, mas os diretores costumavam ser protegidos pelos Estados Gerais.[32] A Companhia das Índias Orientais representou um desenvolvimento jurídico rumo a uma sociedade anônima, mas não se deve esquecer que a Companhia tinha outra projeção, inclusive militar no ataque aos portugueses. Por esta razão, os Estados Gerais podiam, a despeito de toda prova em contrário, ficar ao lado dos diretores contra os acionistas.

Desde o início, "em relação à primeira prestação de contas relacionada às Índias Orientais, ou além dos Estreitos de Magalhães" (Artigo VIII), foi estabelecido um mecanismo de capitalização do comércio com as Índias Orientais. "Os participantes da segunda prestação de contas serão responsáveis, e pagarão metade, ou menos, de acordo com o que for determinado de forma razoável pelo Conselho dos Dezessete, do investimento que for pago pelos participantes em relação à primeira prestação de contas relacionada às Índias Orientais, ou além dos Estreitos de Magalhães, onde esta Companhia houver comercializado, o que será para o lucro e vantagem dos participantes envolvidos na segunda prestação de contas" (Artigo VIII). "Quanto à próxima viagem agendada, se qualquer participante que não desejar ser parte desta união e quiser seu investimento de volta, ou quiser cancelar a quantia prometida, ser-lhe-á permitido fazer isto desde que sejam pagos juros de no mínimo 7,5% da quantia prometida" (Artigo IX).

Para investir na Companhia das Índias Orientais, temendo um controle ainda maior da oligarquia, como havia no Conselho Federal de Administração, os Estados Gerais estabeleceram um patamar máximo. "A todos os residentes destas Províncias Unidas será permitido participar desta Companhia, com tão pouca ou grande quantia de dinheiro que eles escolherem; se houver mais dinheiro oferecido do que for necessário para a viagem, aqueles que houverem investido mais de trinta mil

---

32 Ibidem: "Uiteraard haalden de bewindhebbers zich door deze politiek de woede van de aandeelhouders op de hals maar, gesteund als zij zich wisten door de Staten-Generaal, zetten zij hun politiek door."

florins na Companhia terão de diminuir seu capital *pro rata* para dar lugar aos outros" (Artigo x). Procurando tranquilizar os investidores, os Estados Gerais prometeram informá-los periodicamente "do que ocorrer por meio da afixação de editais públicos" (Artigo xi). "Até o mês seguinte, os residentes deste país serão informados do que ocorrer por meio da afixação de editais públicos, nos lugares em que eles costumam ser colocados, no sentido de que eles serão admitidos nesta Companhia, dentro de cinco meses, a partir do 1º de abril próximo, com um investimento que pode ser pago em três prestações, um mês depois de ser passada a fatura pelos diretores, ou seja, cerca de um terço para o aprestamento no ano de 1603, outro terço para a equipagem no ano de 1604 e o terço restante para os navios que partirem no ano de 1605. O mesmo anúncio será feito no mês de março antes do final dos primeiros onze anos desta Carta-Patente; ou seja, no ano de 1612" (Artigo xi). A distribuição de lucros não devia tardar. "Tão logo 5% de uma carga de retorno houverem sido convertidos em dinheiro, eles serão distribuídos aos participantes" (Artigo xvii).

Este capitalismo oligárquico, com participação estatal, procurava atrair mais participantes.

PRESTAÇÃO DE CONTAS

Para que os investidores fossem tranquilizados, não bastava informá-los periodicamente "do que ocorrer por meio da afixação de editais públicos" (Artigo xi); foi necessário estabelecer um sistema de prestação de contas (Artigos xii-xvi). "As prestações de contas relativas à equipagem e aprestamento dos navios e de tudo o que for relacionado a isto terão sido registradas três meses depois de os navios terem partido; um mês depois, uma cópia será enviada às respectivas câmaras, sendo que a mesma declaração da viagem de volta será enviada a cada câmara, sempre que isto for solicitado. As prestações de contas destas viagens serão concluídas tão logo for possível, sendo que a prestação geral de contas, depois do período de dez anos, tornar-se-á pública com a afixação de editais, anunciando-a a todos que queiram estar presentes durante a auditoria das contas" (Artigo XIV). A viagem para as Índias Orientais era longa e perigosa. Muitos incidentes podiam ocorrer no caminho; não só combates navais, mas fraudes de toda espécie.

Procurando atrair mais participantes, quem investisse "cinquenta mil florins ou mais" (Artigo XV) tinha direito a uma prestação de contas personalizada. "Às câmaras será exigido providenciar àquelas províncias ou cidades cujos habitantes houverem investido cinquenta mil florins ou mais, sempre que a carga de retorno chegar, uma declaração listando os bens recebidos, bem como em que estado a carga que houver chegado está. Também será repassado às províncias ou cidades, quando elas o exigirem, quanto foi o lucro obtido com a venda da mercadoria" (Artigo XV). Quando as Províncias investissem "cinquenta mil florins ou mais", elas tinham o direito de indicar um agente para uma prestação de contas personalizada. "Se qualquer província desejar indicar um agente para coletar recursos dos habitantes da respectiva província para investir a soma coletada em questão como parte da soma total, e para efetuar o pagamento do rendimento da viagem de volta, a câmara, à qual tal agente trouxer tais recursos, tem de admitir o agente em suas instalações. O agente terá, então, o direito de ser informado das despesas e dos rendimentos, incluindo que créditos e débitos são devidos para com a administração, desde que os recursos trazidos pelo agente mencionado acima equivalham à soma de cinquenta mil florins ou mais" (Artigo XVI). Perante os Estados Gerais, a Companhia das Índias Orientais era obrigada a uma prestação de contas específica. "Quando os navios voltarem da viagem, os almirantes ou comandantes da frota, navio ou navios serão obrigados a entregar-nos um relatório sobre sua viagem e a fornecer-nos uma prestação de contas por escrito disto de acordo com o formato exigido" (Artigo XLV).

A RESPONSABILIDADE LIMITADA DOS DIRETORES

Ao contrário do que vigorava antes de 1602, com as antigas companhias, os diretores deixaram de ser responsáveis pessoalmente pelas dívidas da companhia; os acionistas eram responsáveis pelo montante de seu investimento[33]. "Se qualquer um dos diretores de uma câmara ou outra considerar-se a si mesmo na posição de ser incapaz de cumprir sua responsabilidade em relação aos recursos que lhe foram confiados em sua qualidade de diretor, quaisquer prejuízos disto resultantes serão pagos com base nos recursos daquela câmara, e não descontados, a título de responsabilidade, das reservas gerais da Companhia. Desta forma, estes recursos na Companhia, que são de propriedade dos diretores, serão reservados especialmente para sua administração" (Artigo XXXII). A Companhia das Índias Orientais, com este dispositivo, aproximou-se, na espécie, do previsto pelas sociedades anônimas, em direção a um capitalismo mais aberto à participação de pequenos e médios acionistas.

CONTEÚDO DA CONCESSÃO

A Companhia detinha o monopólio do comércio com as Índias Orientais, com a Ásia, alcançada a partir do "leste do Cabo da Boa Esperança" ou pelos "Estreitos de Magalhães", "nos próximos vinte e um anos" (Artigo XXXIV). Os Estados Gerais foram explícitos ao definir o território sob o controle da Companhia das Índias Orientais. "Para assegurar que os objetivos desta Companhia sejam alcançados, para o maior benefício destas Províncias Unidas, para manter e expandir o comércio, em benefício da Companhia, nós, por meio disto, temos concedido e permitido, concedemos e permitimos a Companhia mencionada acima, de acordo com as seguintes condições. A nenhuma pessoa, independentemente de seu estado ou condição, exceto àquelas da Companhia mencionada acima, será permitido navegar destas Províncias Unidas para alcançar o leste do Cabo da Boa Esperança, ou, por meio dos Estreitos de Magalhães, nos próximos vinte e um anos, sob pena de confisco dos navios e cargas. O período começará no ano de 1602,

---

33 Ibidem, p. 21: "Een principieel verschil met de situatie vóór 1602 was dat de bewindhebbers niet in persoon aansprakelijk waren voor schulden uit naam van de Compagnie aangegaan. De aandeelhouders waren slechts aansprakelijk tot het bedrag van hun inleg en in dit opzicht kwamen bewindhebber en participant dus op één lijn te staan."

inclusive. Se houver sido previamente concedido a algumas companhias viajar, através dos Estreitos de Magalhães mencionados acima, isto continuará válido pela completa duração da concessão, desde que elas façam com que seus navios partam destes países dentro de no máximo quatro anos a partir da data de hoje, ou sofram a perda do efeito da concessão mencionada acima" (Artigo XXXIV). Literalmente, metade do mundo passava a ser objeto de controle da Companhia.

Os empreendimentos comerciais portugueses e espanhóis dos séculos XV ao XVII eram estatais. Somente no século XVIII o marquês de Pombal, em Portugal, tentou criar companhias de comércio estatais com minoritária participação privada; elas tiveram curta duração, mais fracassos do que êxitos. O sistema de comércio português na Ásia, envolvendo sobretudo pimenta, baseava-se, em 1580, em contratos[34]. Especificamente para este produto, havia um contrato asiático de acordo com o qual um grupo de comerciantes podia comprar pimenta na Índia e Malaca; ela era vendida à Coroa em Lisboa com base num preço fixo. Havia, por outro lado, um contrato europeu pelo qual um grupo de comerciantes podia comprar pimenta, de novo com base num preço fixo da Coroa em Lisboa, para vendê-la na Europa a varejistas. Muitos deles, como a casa de comércio Cunertorf & Snel, com sede em Lisboa, tinham representantes em Antuérpia[35], abastecendo os mercados mais importantes do norte da Europa. Em 1591, o contrato europeu, sem que a Coroa em Lisboa adotasse medida em contrário, passou a ser controlado por um oligopólio internacional. Ximenes, empresa portuguesa baseada em Antuérpia, Fugger e Welser, dois conglomerados financeiros do sul da Alemanha, bem como comerciantes espanhóis e italianos, com representantes próprios em Amsterdã e Midelburgo, passaram a controlar a

---

34 Ibidem, p. 13: "Het Portugese handelsstelsel in Aziatische goederen, waarvan peper verreweg het belangrijkste was, werd rond 1580 gekenmerkt door 'contracten.'"

35 Como resposta à conquista em 1585 de Antuérpia pelos espanhóis, à chamada Queda de Antuérpia (*Val van Antwerpen*), navios holandeses e zelandeses bloquearam o rio Escalda. Privada de sua principal via de acesso ao Mar do Norte, de suas rotas marítimas de comércio internacionais, Antuérpia mergulhou num longo período de decadência. Muitos de seus refugiados, alguns dos quais bastante abonados, refugiaram-se na Holanda e na Zelândia, contribuindo para o Século de Ouro neerlandês (1588-1702).

venda da pimenta trazida pelos portugueses da Ásia. Antes, portanto, da ofensiva da Companhia das Índias Orientais, os portugueses foram alijados do comércio de especiarias asiáticas. No final do século XVI, os portugueses não tinham tampouco como se proteger dos piratas ingleses no Atlântico Sul. A importação de pimenta diminuía, e o preço cobrado por este produto aumentava. Veneza, que ainda abastecia o mercado europeu com pimenta, diante do colapso de Constantinopla (1453), não pôde suprir este déficit.

Os comerciantes holandeses e zelandeses tiveram grandes prejuízos com este decréscimo na oferta de pimenta, o que os estimulou a envidar esforços para importá-la diretamente, sem a intermediação de terceiros. Com a chegada de refugiados calvinistas vindos de Antuérpia, fugindo da repressão espanhola, e a prosperidade vivenciada nos Países Baixos, não faltava capital. O conhecimento da rota para as Índias Orientais não era mais exclusividade dos portugueses. Os Países Baixos atravessavam um período de desenvolvimento na cartografia. O cartógrafo, geógrafo e pastor Petrus Plancius (1552-1622), originário dos Países Baixos do sul, ex-aluno de Gerardo Mercator (1512-1594), estimulou a divulgação de novas rotas comerciais, colocando seu conhecimento à disposição de armadores, comandantes e tripulação neerlandeses. De grande importância foram os relatos escritos por quem esteve na Ásia a serviço dos portugueses, como a obra de Jan Huygen van Linschoten (1563-1611). Em 1583, ele partiu de Lisboa rumo à Ásia na comitiva do arcebispo de Goa. Depois de trabalhar em Goa como agente dos Fugger, ele voltou em 1592 à Holanda. Seu *Itinerário e Descrição de Viagem* (*Itinerario en Rheys-gheschrift*), publicado em 1596, serviu para os Países Baixos como uma descrição pormenorizada da rota de navegação utilizada pelos portugueses para chegar às Índias Orientais; não somente um guia comercial, mas um verdadeiro tratado sobre os países e povos da Ásia.

Os neerlandeses chegaram a escolher um caminho diferente do português para ir às Índias Orientais, passando pelo norte da Eurásia. Ele seria mais curto e mais seguro, diminuindo a possibilidade de ocorrência de conflitos armados em função do monopólio português na Rota das Índias, via Cabo da Boa Esperança. Petrus Plancius cogitava uma viagem ao norte de

Nova Zembla. Jan Huygen van Linschoten pensava, por sua vez, que o meio mais prático para chegar à China era o Estreito Nassau, Estreito Yugorsky, situado na costa ártica da Sibéria, diante do Mar de Kara. Em 1594, Linschoten partiu com Willem Barentsz (1550-1597) para, através do Mar de Kara, parte do Oceano Ártico diante da Sibéria, chegar ao Império do Meio. A primeira parte da expedição não voltou aos Países Baixos com a reputação de ter sido muito bem-sucedida; Barentsz mal conseguira costear Nova Zembla. A segunda parte da expedição, com Cornelis Corneliszoon Nay no comando, chegou ao Mar de Kara[36]. O sucesso relativo desta expedição animou os espíritos. Comandados por Nay, sete navios partiram em 1595; os resultados não foram os esperados. Terminaram todos bloqueados pelo gelo, sem conseguir chegar sequer ao Mar de Kara. Mais tarde, em 1596, outra expedição decidiu seguir a rota do norte. Willem Barentsz e Jacob van Heemskerck amargaram o inverno de 1596 a 1597 em Nova Zembla, bloqueados por imensas massas de gelo. A rota sugerida por Petrus Plancius foi um fracasso[37]. Mais sorte tiveram os conhecidos navios Maurício, Holanda, Amsterdã e Pombo. Em 2 de abril de 1595, eles partiram do ancoradouro de Texel rumo ao sul; uma pequena frota de navios bem equipada e muito bem armada, pronta para qualquer eventualidade. Uma parte do armamento, para enfrentar a resistência portuguesa, foi colocada à disposição pelos Estados da Holanda e pelas cidades desta província[38]. Os Países Baixos estavam dispostos a combater a ferro e fogo pelas Índias

---

36 A expedição, financiada por Balthasar de Moucheron, partiu rumo à China com Willem Barentsz e Cornelis Corneliszoon Nay comandando navios diferentes. Embora Barentsz e Nay não tenham conseguido chegar ao Império do Meio através do Oceano Ártico, eles, com seu pioneirismo e ousadia, abriram caminho para uma nova atividade econômica durante o Século de Ouro nas regiões mais recônditas do mundo, a pesca à baleia e a caça a focas, leões-marinhos e morsas. À sua maneira, com seu exemplo de intrepidez, eles contribuíram para o apogeu dos Países Baixos durante o século XVII.

37 O navegador e explorador português David Melgueiro teria, entre 1660 e 1662, a serviço dos Países Baixos, viajado do Japão a Portugal pela rota sugerida por Petrus Plancius, a Rota do Norte, ou Passagem do Nordeste; a ocorrência desta expedição é controversa. Se as condições climatológicas houverem sido excepcionais, talvez ela tenha efetivamente ocorrido.

38 F.S. Gaastra, op. cit., p. 16: "Een deel van de meer dan honderd stukken geschut en van de kleinere wapens was ter beschikking gesteld door de Staten van Holland en door steden uit die provincie."

Orientais; os representantes dos armadores obtiveram licenças aprovadas pelo príncipe de Orange, Maurício de Nassau. Cornelis de Houtman e Gerrit van Beuningen eram os representantes da companhia criada para financiar esta empreitada que fora arquitetada cuidadosamente; De Houtman obtivera informações secretas durante sua estada em Portugal a respeito da Rota das Índias. Petrus Plancius, que não se deu por vencido, prestou assessoramento ao comandante. O comboio não partiu dos Países Baixos sem levar a descrição da Rota das Índias redigida por Jan Huygen van Linschoten. A viagem teve seus problemas – acidentes, motins etc. –, o resultado financeiro não foi dos mais brilhantes, mas o principal objetivo fora atingido. Os Países Baixos chegaram à Ásia.

Os Países Baixos estavam dispostos a proteger de toda forma possível a Companhia das Índias Orientais, transferindo-lhe, com a Carta-Patente, até mesmo direitos soberanos. Os Estados Gerais permitiram que a Companhia, em seu nome, passasse a construir fortalezas e fortes, indicar governadores, arregimentar soldados e celebrar tratados (Artigo XXXV); o governador-geral controlava os estabelecimentos da companhia. Como a prioridade era o comércio de especiarias, a primeira sede da Companhia foi nas Ilhas Molucas. Em busca de um porto mais próximo das rotas de comércio, a sede deslocou-se para Jacarta, rebatizada de Batávia, tomada à força pelo governador-geral Jan Pieterszoon Coen. A companhia não impunha seu ponto de vista a respeito de como o comércio de especiarias devia ser feito sem o recurso à força. Se os príncipes e comerciantes asiáticos eram obrigados a concluir acordos desvantajosos, os comerciantes europeus tinham de buscar especiarias na Bolsa de Amsterdã, e não nas Ilhas Molucas[39]. Jan Pieterszoon Coen não fazia diferença entre um comerciante inimigo – de Portugal e Espanha – e um comerciante amigo – da Inglaterra. O importante era manter o monopólio da Companhia, fosse quem fosse o rival em potencial.

39 J.C.H. Blom; E. Lamberts, *Geschiedenis van de Nederlanden*. 3. ed. Baarn: HBuitgevers, 2008, p. 136: "Men moest de Aziatische vorsten em kooplieden kunnen dwingen overeenkomsten aan te gaan en afspraken in te komen, en men moest ook de Europese concurrent duidelijk maken dat hij koloniale waren beter kon kopen op de beurs in Amsterdam dan ze zelf te gaan halen in de Molukken."

Nos territórios dentro do âmbito da concessão prevista pela Carta-Patente, os representantes da Companhia das Índias Orientais detinham atribuições de natureza estatal, como *longa manus* dos Estados Gerais; eles submetiam-se, política e administrativamente, aos Estados Gerais. "Do mesmo modo, a leste do Cabo da Boa Esperança e além dos Estreitos de Magalhães, representantes da Companhia mencionada acima serão autorizados a comprometer-se e a celebrar contratos com príncipes e governantes em nome dos Estados Gerais dos Países Baixos Unidos, ou de seu Excelentíssimo Governo, para construir algumas fortalezas e fortes. Eles podem indicar governadores, manter forças militares, estabelecer funcionários judiciais e servidores para outros serviços essenciais de maneira a manter os estabelecimentos em boa ordem, bem como assegurar, conjuntamente, o cumprimento da lei e da justiça, tudo em consonância de modo a promover o comércio. Em respeito à troca mercantil e ao comércio, aos governadores, aos servidores, aos funcionários judiciais e às forças militares mencionados acima, será exigido prestar um juramento de lealdade aos Estados Gerais, ou ao Excelentíssimo Governo mencionado acima e à Companhia. Estes, por sua vez, podem demitir os governadores e funcionários judiciais mencionados acima, se for considerado que eles agiram corrupta e desonestamente, desde que os governadores e servidores mencionados acima não sejam impedidos de dirigirem-se a nós para expressar suas preocupações e insatisfações, se eles tiverem alguma. Sempre que os navios voltarem, os da Companhia serão obrigados a informar aos Senhores dos Estados Gerais para que as comissões dos governadores e servidores que eles indicaram nos lugares mencionados acima possam ser aprovadas e confirmadas" (Artigo XXXV). A Companhia das Índias Orientais, um Estado dentro de um Estado, estava a serviço, em última instância, de quem aprovara e renovara sua Carta-Patente, o governo dos Países Baixos, os Estados Gerais.

DISPOSITIVOS ADICIONAIS

A Companhia das Índias Orientais não tinha objetivos apenas mercantis, mas também políticos com apoio militar. Ela foi concebida também como um mecanismo de expansão territorial e um instrumento de guerra contra os principais inimigos dos Países Baixos, os espanhóis e os portugueses. Os "navios e bens capturados" tinham de ser divididos com o Poder Público, "com o país" (Artigo XXXVII). "Se ocorrer que navios espanhóis ou portugueses, ou de outro inimigo, ataquem os navios desta Companhia, e se, durante este embate, alguns navios inimigos forem capturados, os navios e bens capturados serão rateados do modo que habitualmente se faz nestes países, ou seja, divididos com o país e o Almirante, sendo-lhe dada uma parte justa; se a Companhia houver sofrido qualquer prejuízo no conflito, isto será subtraído antecipadamente. Os membros dos respectivos Almirantados nos quais os navios houverem chegado também serão colocados a par da legitimidade do botim. No decorrer de qualquer disputa jurídica, os bens permanecerão sob a administração da Companhia, sujeitos a um inventário adequado, como mencionado previamente, e aqueles que se sentirem prejudicados pela decisão poderão apresentar-nos livremente um recurso" (Artigo XXXVII). Para estimular seu desenvolvimento, os principais bens transacionados pela Companhia não foram objeto de sobrecarga tributária. "Especiarias, seda e tecido de algodão chinês que esta Companhia trouxer das Índias Orientais não serão tributados mais do que eles o são agora, nem em sua entrada nem em sua saída, mas de acordo com o calendário tributário e a declaração geral no final do documento tratando de bens que não forem especificamente listados" (Artigo XXXVIII). Seus principais instrumentos de comércio, de defesa e de ataque, navios, canhão ou munição, não podiam ser apreendidos pelos Estados Gerais. "Exceto com o consentimento da Companhia, nenhum dos navios, canhão ou munição pertencente à Companhia será utilizado a serviço do país" (Artigo XXXIX).

Para que a Carta-Patente fosse concedida, os representantes da Companhia precisaram pagar aos Estados Gerais uma vultosa soma de dinheiro. "Em reconhecimento desta Carta-Patente e dos termos acima, os representantes da Companhia mencionada acima pagar-nos-ão a soma de vinte e cinco mil libras, até quarenta grossos flamengos cada. Nós investiremos este montante na equipagem dos primeiros dez anos e prestação de contas. Quaisquer lucros e riscos acrescidos a isto serão para o benefício ou a responsabilidade da Generalidade, o mesmo se aplicando a todos os outros participantes desta Companhia que se possam beneficiar e serem responsáveis" (Artigo XLIV). Embora os Estados Gerais estivessem agindo em prol do bem comum, nada foi feito de graça.

UMA MULTINACIONAL EM DECLÍNIO

A partir do final do século XVI, o comércio dos Países Baixos com a Ásia acentuou-se; os portugueses passaram a amargar o segundo lugar[40]. Outros países europeus perceberam a demonstração de fraqueza portuguesa. O principal entreposto português na costa ocidental da Malásia não foi poupado pelos Países Baixos. Em 1641, os neerlandeses expulsaram para sempre os portugueses de Malaca[41]. Os ingleses, tradicionais amigos de Portugal, não tardaram a agir; eles conheciam o caminho das Índias Orientais, mas não faziam este trajeto com muita frequência. Diante do sucesso dos Países Baixos, decidiram seguir o exemplo neerlandês. A resposta de Londres foi a fundação de uma companhia de navegação de acordo com o modelo das antigas companhias neerlandesas, a East India Company (EIC)[42], com o monopólio da viagem da Inglaterra à Ásia[43]. Se os portugueses não estavam em condições de defen-

---

40 F.S. Gaastra, op. cit., p. 17: "Tegenover de 65 schepen die tussen 1595 en 1602 uit Nerderland naar Azië vertrokken stonden – en dan van 1591 tot 1601 gerekend – slechts 46 Portugese Oostindiëvaarders die uit Lissabon naar deze verre bestemming uitzeilden."

41 Dirk J. Barreveld, *From New Amsterdam to New York: The Founding of New York by the Dutch in July 1625*, New York: Writers Club Press, 2001, p. 31: "The only remaining problem for the Dutch was the Portuguese settlement in Malacca, on Malaysia's West Coast."

42 Há autores anglófonos que acreditam que a East India Company foi a verdadeira antecessora das multinacionais (cf. Nick Robins, *The Corporation that Changed the World: How the East India Company Shaped the Modern Multinational*, New York: Pluto Presss, 2006).

43 Em 1600, pouco depois da derrota da Invencível Armada espanhola em 1588, a rainha inglesa Isabel I fundou sua Companhia das Índias Orientais. Mais tarde, em 1690, a East India Company chegou a Calcutá; esta cidade tornou-se capital dos territórios indianos controlados por esta Companhia das Índias Orientais em 1772. Os ingleses eram aliados dos portugueses, ao contrário dos holandeses. Com o casamento de Catarina de Bragança (1638-1705) com

derem-se na Ásia, estariam no Brasil? Pouco tempo depois do estabelecimento da Companhia das Índias Orientais, os Países Baixos fundaram a Companhia das Índias Ocidentais para a conquista do Brasil[44].

A Companhia das Índias Orientais tornou-se uma verdadeira multinacional, com dependências em mais de dez países asiáticos. Na metade do século XVIII, ela empregava 25 mil homens – três mil somente na Holanda, de carpinteiros a diretores. Ela construía seus próprios navios, que navegavam acompanhados por pesados navios de guerra para desestimular quaisquer intenções hostis. Várias de suas feitorias, do Iêmen e Iraque à Birmânia e Malásia, foram perdidas e reconquistadas. Muitas, na Índia, foram perdidas durante a Quarta Guerra Anglo-Holandesa (1780-1784). Um problema para a Companhia das Índias Orientais era que a Ásia não estava muito interessada em produtos europeus. Os navios tinham de levar ouro e prata às Índias Orientais. Para reduzir seus custos, a Companhia juntou-se a redes de comércio inter-regionais e locais; ela mantinha uma frota local de cerca de oitenta navios. Algodão da Índia era trocado por especiarias na Indonésia; pimenta era usada para comprar café. Os europeus tinham interesse em produtos asiáticos. Muito do que era importado pela Companhia das Índias Orientais era exportado para o resto da Europa, mas o resto atingia consumidores de todos os Países Baixos mediante alfaiates, mercearias, vendedores de chá. Todos, em última instância, eram dependentes das importações da Companhia.

A Companhia das Índias Orientais, a "maior empresa multinacional" dos séculos XVII e XVIII, teve um desempenho impressionante. Quando os Países Baixos não tinham mais do que dois milhões de habitantes, ela chegou a empregar mais de

---

Carlos II (1630-1685), os ingleses passaram a controlar Bombaim, entregue por Portugal aos ingleses como dote da rainha, em virtude de uma pressão política muito forte da parte da Inglaterra. Da mesma forma que Portugal, os Países Baixos não poderiam manter tudo que fora conquistado, com sua Companhia das Índias Orientais, na Ásia.

44 A conquista do Brasil pelos Países Baixos foi preparada e analisada com antecedência (cf. Jan Andries Moerbeeck, Motivos por que a Companhia das Índias Ocidentais deve tentar tirar ao Rei da Espanha a terra do Brasil, 1624. Lista de tudo que o Brasil pode produzir anualmente, 1625. *Os Holandeses no Brasil*, Rio de Janeiro: Instituto do Açúcar e do Álcool, 1942, p. 29-48).

trinta mil homens. Em dois séculos, teria enviado um milhão de pessoas da Europa para a Ásia, trocando mercadorias do Mar Vermelho ao Japão. Este histórico, no entanto, não teve um final feliz; a Companhia terminou falindo. A partir de 1782, o Estado assumiu sua dívida, gigantesca e impagável. Século XIX adentro, os Países Baixos tiveram de arcar com este passivo[45].

A Companhia das Índias Orientais, como as demais companhias de comércio de sua época, constituiu um instrumento fundamental para a expansão das relações comerciais e a projeção da economia europeias numa escala mundial nos séculos XVII e XVIII. A Companhia das Índias Orientais pode não ter desejado construir um império colonial, mas ela não era apenas um empreendimento comercial[46]. A Companhia funcionou por quase dois séculos, com uma série de cartas-patentes sendo adotadas, até sua nacionalização definitiva em 1798.

ANEXO

Carta-Patente da Companhia das Índias Orientais
(Tradução do autor)

Os Estados Gerais dos Países Baixos Unidos saúdam a todos aos quais estes presentes atos serão mostrados.

Fazemos saber: a prosperidade dos Países Baixos Unidos baseia--se principalmente na navegação, troca mercantil e comércio, os quais se têm expandido notavelmente com o passar do tempo, sendo que os Países Baixos têm estado envolvidos nisto desde um passado distante, não apenas com reinos e regiões vizinhas,

---

[45] F.S Gaastra, op. cit., p. 11: "Juist dit onderwerp, de geschiedenis van de VOC, leent zich voor het imponeren van de lezer: het gaat immers om de 'grootste multinationale onderneming' van de 17e en 18e eeuw, met een personeelsbestand van wel dertigduizend man in een tijd waarin Nerderland maar twee miljoen inwoners had, een onderneming die in twee eeuwen één miljoen mensen uit Europa naar Azië zond, een onderneming die handel dreef van de Rode Zee tot Japan, een onderneming overigens die de staat na 1782 met een gigantische schuldenlast opzadelde die tot ver in 19e eeuw een belasting vormde voor het Koninkrijk."

[46] J.C.H. Blom; E. Lamberts, op. cit., p. 136: "De compagnie was volstrekt niet uit op de vorming van een koloniaal imperium. Zij was een handelsonderneming en wilde dat blijven."

mas também com aqueles localizados mais longe do que estes, na Europa, Ásia e África. Nas décadas passadas, vários comerciantes proeminentes dos países mencionados acima começaram a efetuar troca mercantil e a fazer comércio de forma louvável, por meio da navegação, com as Índias Orientais. Estes promotores da navegação, troca mercantil e comércio em terras estrangeiras fundaram, a grandes custos, com muitos esforços e grandes dificuldades, uma companhia na cidade de Amsterdã, uma empresa de navegação admirável, comercializando com as Índias Orientais. Pouco depois que uma companhia foi estabelecida, e que se considerou que isto era muito compensador, vários outros comerciantes, incluindo da Zelândia e de ao longo do rio Mosa, bem como da Região Norte e da Frísia Ocidental, fundaram companhias similares e, imediatamente, juntaram-se à navegação, troca mercantil e comércio, como foi mencionado acima. Isto foi considerado por nós, os Estados Gerais, e, dando o devido valor, reconhecemos quanta importância, para os Países Baixos Unidos e para os bons residentes destes, havia em que esta navegação, troca mercantil e comércio fossem mantidos, permitindo-se-lhe crescer mediante a utilização de uma boa organização geral e política, apropriada para esta finalidade, com o entrelaçamento de nossas relações e administração mútuas. Os diretores das companhias mencionadas acima foram, para tanto, convidados a consultarem-se conosco no sentido de propor que estas companhias fossem unificadas, participando disto não apenas a serviço e tendo em vista o lucro para os Países Baixos Unidos, mas também a todos que começaram este comércio louvável. Por meio da criação de uma entidade, organização e política, seguras e sólidas, elas serão ligadas umas às outras, sendo administradas e expandidas conjuntamente para o bem de todos os residentes dos Países Baixos Unidos que queiram participar disto. Os representantes das companhias mencionadas acima compreenderam isto muito bem e, mais tarde, eles concordaram, depois de várias comunicações, deliberações, induções e relatórios, que elas fossem unificadas, e, como resultado, nós, depois de maduras considerações, a respeito disto, para estimular o bem-estar dos Países (Baixos) Unidos, bem como o proveito de todos os habitantes destes, temos aprovado e confirmado, aprovamos e confirmamos, por meio disto, com poder soberano e autoridade, e também resolutamente, os pontos, liberdades e vantagens aqui declarados. Primeiramente, que:

Artigo I

Na equipagem para o serviço e o lucro desta Companhia, a Câmara de Diretores na cidade de Amsterdã terá de adiantar e entregar a metade do investimento; a Câmara da Zelândia, um quarto; e as Câmaras do Mosa, da Holanda do Norte e da Frísia Ocidental, cada, um oitavo.

Artigo II

Sempre que for necessário, haverá uma assembleia geral ou conselho, consistindo das câmaras mencionadas acima, abrangendo dezessete pessoas. Nisto, a Câmara de Amsterdã aparecerá com oito; da Zelândia, com quatro; do Mosa, com dois; da Holanda do Norte, de maneira semelhante, com dois, desde que a décima sétima pessoa seja nomeada, alternadamente, pelos da Zelândia, do Mosa e da Holanda do Norte, sendo eleita pela maioria dos votos. Todos os negócios desta Companhia Unida serão efetuados por estas pessoas.

Artigo III

Sempre que o Conselho mencionado acima se reunir, ele determinará quando os navios serão equipados, bem como quantos, aonde eles serão enviados e outras questões relacionadas ao comércio; as respectivas Câmaras de Amsterdã, da Zelândia, do Mosa e da Holanda do Norte colocarão em prática as resoluções do Conselho mencionado.

Artigo IV

As assembleias e reuniões do Conselho mencionado acima ocorrerão em Amsterdã pelos primeiros seis anos, e, nos dois anos subsequentes, na Zelândia, e assim por diante.

Artigo V

Durante este período, se os diretores que servem a Companhia Unida precisarem deslocar-se de sua casa para reunirem-se como representantes do Conselho mencionado acima ou para outros negócios, bem como para cumprir outros deveres, eles terão uma diária para refeições de quatro florins por dia, além do custo de embarque e de transporte; isto em virtude do entendimento de que as pessoas que viajam de uma cidade a outra, em seu papel de diretores, para visitar as respectivas câmaras, serão excluídas de tal recompensa e não receberão nem diária nem reembolso pelos custos da viagem.

Artigo VI

Se ocorrer que os membros do Conselho forem incapazes de chegar a um acordo sobre negócios de importância considerável, a respeito dos quais os diretores não possam entrar em acordo, ou concordar, ou no caso em que um lado tenha dificuldade de impor sua decisão ao outro, então tais questões serão esclarecidas e decididas por nós. Quaisquer aprovações resultantes serão devidamente acompanhadas e obedecidas, e o que for decidido a este respeito será cumprido e colocado em prática.

Artigo VII

Esta Companhia Unida começará a funcionar no ano de 1602, continuando a funcionar por um período de vinte e um anos consecutivos, desde que haja uma prestação de contas geral a cada dez anos. Depois de dez anos, qualquer um poderá deixar a Companhia e levar seu capital consigo, desde que, em relação à equipagem atual e aos navios que partirão em tal ano, haja uma prestação de contas extraordinária.

Artigo VIII

Os participantes da segunda prestação de contas serão responsáveis, e pagarão metade, ou menos, de acordo com o que for determinado de forma razoável pelo Conselho dos Dezessete, do investimento que for pago pelos participantes em relação à primeira prestação de contas relacionada às Índias Orientais, ou além dos Estreitos de Magalhães, onde esta Companhia houver comercializado, o que será para o lucro e vantagem dos participantes envolvidos na segunda prestação de contas.

Artigo IX

Quanto à próxima viagem agendada, se qualquer participante que não desejar ser parte desta união e quiser seu investimento de volta, ou quiser cancelar a quantia prometida, ser-lhe-á permitido fazer isto desde que sejam pagos juros de no mínimo 7,5% da quantia prometida.

Artigo x

A todos os residentes destas Províncias Unidas será permitido participar desta Companhia, com tão pouca ou grande quantia de dinheiro que eles escolherem; se houver mais dinheiro oferecido do que for necessário para a viagem, aqueles que houverem investido mais de trinta mil florins na Companhia terão de diminuir seu capital *pro rata* para dar lugar aos outros.

Artigo xi

Até o mês seguinte, os residentes deste país serão informados do que ocorrer por meio da afixação de editais públicos, nos lugares em que eles costumam ser colocados, no sentido de que eles serão admitidos nesta Companhia, dentro de cinco meses, a partir de 1º de abril próximo, com um investimento que pode ser pago em três prestações, um mês depois de ser passada a fatura pelos diretores, ou seja, cerca de um terço para o aprestamento no ano de 1603, outro terço para a equipagem no ano de 1604 e o terço restante para os navios que partirem no ano de 1605. O mesmo anúncio será feito no mês de março antes do final dos primeiros onze anos desta Carta-Patente; ou seja, no ano de 1612.

Artigo xii

Os navios, ao retornarem de viagem, voltarão ao lugar de onde eles partiram. E aqueles navios e seus bens que houverem partido de uma região e, por causa do tempo ou do vento, forem forçados a atracar em outra, como aqueles que houverem partido de Amsterdã ou da Região Norte e atracado na Zelândia, ou do Mosa ou da Zelândia que houverem atracado na Holanda, serão retidos por e colocados sob a direção e administração da câmara da qual eles partiram. Uma condição para isto é que os diretores de cada câmara serão obrigados a estarem pessoalmente presentes no lugar no qual os navios e suas mercadorias tenham chegado. Não lhes será permitido indicar nenhum agente, mas caso eles mesmos não possam fazer a viagem, eles confiarão aos diretores da câmara em que os navios chegaram o cumprimento desta atividade.

Artigo xiii

Se uma ou outra câmara houver recebido especiarias ou outras mercadorias das Índias, e outras câmaras não tiverem nada à sua disposição, ou ainda não houverem recebido nada, a câmara em que isto houver sido armazenado abastecerá as outras câmaras de acordo com sua capacidade, enviando-lhes a mercadoria, e ainda mais se elas houverem se esgotado de novo, se isto assim lhe for requerido.

Artigo xiv

As prestações de contas relativas à equipagem e aprestamento dos navios e de tudo o que for relacionado a isto terão sido registradas três meses depois de os navios terem partido; um mês depois, uma cópia será enviada às respectivas câmaras, sendo que a mesma declaração da viagem de volta será enviada a cada câmara, sempre que isto for solicitado. As prestações de contas destas viagens serão concluídas tão logo for possível, sendo que a prestação geral de contas, depois do período de dez anos, tornar-se-á pública com a afixação de editais, anunciando-a a todos que queiram estar presentes durante a auditoria das contas.

Artigo xv

Às câmaras será exigido providenciar àquelas províncias ou cidades cujos habitantes houverem investido cinquenta mil florins ou mais, sempre que a carga de retorno chegar, uma declaração listando os bens recebidos, bem como em que estado a carga que houver chegado está. Também será repassado às províncias ou cidades, quando elas o exigirem, quanto foi o lucro obtido com a venda da mercadoria.

Artigo xvi

Se qualquer província desejar indicar um agente para coletar recursos dos habitantes da respectiva província para investir a soma coletada em questão como parte da soma total, e para efetuar o pagamento do rendimento da viagem de volta, a câmara, à qual tal agente trouxer tais recursos, tem de admitir o agente em suas instalações. O agente terá, então, o direito de ser informado das despesas e dos rendimentos, incluindo que créditos e débitos são devidos para com a administração, desde que os recursos trazidos pelo agente mencionado acima equivalham à soma de cinquenta mil florins ou mais.

Artigo XVII

Tão logo 5% de uma carga de retorno houverem sido convertidos em dinheiro, eles serão distribuídos aos participantes.

Artigo XVIII

As respectivas câmaras serão administradas pelos presentes diretores, a saber, a Câmara de Amsterdã por: *Gerard Bikker, Reinier Paauw, Pieter Dirksz Hasselaar, Jaques de Felaar, Jan Jansz Carel, Bernard Berewyns, Johan Poppe, Hans Hunger, Hendrik Buik, Louis de la Becque, Dirk van Os, François van Hove, Ellert Lucasz, Isaac le Meer, Siwert Pietersz Hem, Gerard Reynst, Marcus Vogelaar, Jan Harmensz, Geurt Dirksz, Huibregt Wagtmans, Leonard Ray, Albert Simonsz Jonkhein* e *Arent ten Grootenhuize*.

Artigo XIX

A Câmara da Zelândia por: *Adriaan Henriksz ten Haaf, Jacob Boreel, Jan Lambrechtsz Coele, Jacob Pietersz de Waard, Cornelis Meuninks, Adriaan Bommenee, Laurens Bacx, Everhart Bekker, Aarnout le Clercq, Aarnout Verhoeven, Gerard van Schoonhoven, Nicolaas Pietersz, Balthasar van Vlierden* e *Balthasar de Moucheron*.

Artigo XX

A Câmara de Delft por: *Jan Jansz Lodestein, Arent Jacobsz Lodestein, Dirk Bruinsz van der Dussen, Gerard Dirksz Meerman, Cornelis Adriaansz Bogaard, Michiel Jansz Sasbout, Willem Joosten Dedel, Dirk Gerritsz Meerman, Jan Raad, Jacob Sandersz Balbiaan, Henrik Otte* e *Jaspar Meerman*.

Artigo XXI

A Câmara de Roterdã por: *Fob Pietersz van der Meyden, Willem Jansz Frank, Gerrit Huigens, Pieter Leonardsz Busch, Johan van der Veecken, Willem Jansz van Loon, Jan Jacobsz Mus, Adriaan Spierink* e *Cornelis Matelief de Jonge*.

Artigo XXII

A Câmara de Hoorn por: *Claas Jacobsz Syms, Cornelis Cornelisz Veen, Willem Pietersz Crap* e *Pieter Jansz Liorne*.

Artigo XXIII

A Câmara de Enkhuizen por: *Lucas Gerritsz, Willem Cornelisz de Jonge, Jan Pietersz Schram, Henrik Gruyter, Jan Laurisz van*

Loofen, Dirk Dirksz Peller, Gysbregt van Berenstein, Barthout Jansz Steenhuizen, Jacob Jacobsz Hinloopen, François du Gardyn e *Willem Brasser.*

Artigo XXIV

Se qualquer um dos diretores mencionados acima falecer, ou, de qualquer modo, não puder cumprir seus deveres, seu lugar deve continuar vacante, ninguém mais sendo indicado para substituir o falecido, ou preencher o cargo vacante, até que o número de diretores das respectivas câmaras houver atingido os seguintes números.

Artigo XXV

A Câmara de Amsterdã, com vinte pessoas; a da Zelândia, com doze pessoas; a de Delft, com sete; a de Roterdã, com sete; a de Enkhuizen, também sete; e a de Hoorn, igualmente sete.

Artigo XXVI

Mas se alguém dentre os números prescritos falecer, ou seu cargo se tornar vacante por qualquer outra razão, então os diretores remanescentes da câmara, onde isto houver ocorrido, proporão, dentro do prazo de dois, ou de, no máximo, três meses, os nomes de três pessoas qualificadas e adequadas aos Senhores dos Estados das províncias em que o Conselho estiver localizado, ou àqueles perante os quais eles respondam. Eles elegerão uma pessoa dentre aquelas três para substituir o falecido, ou a pessoa cujo cargo se tornou vacante de qualquer modo, de acordo com o regulamento pertinente.

Artigo XXVII

Os diretores prestarão solenemente um juramento de lealdade, por sua honra e sua fé, no sentido de que eles desempenharão adequada e honestamente a administração, mantendo contas boas e honestas, sendo que, ao coletar recursos para o aprestamento e ao distribuir lucros obtidos com cargas de retorno, eles não favorecerão os maiores participantes em detrimento dos menores.

Artigo XXVIII

Aqueles que forem, subsequentemente, escolhidos para serem diretores investirão, por conta própria, cada um, na

Companhia, ao menos, mil libras flamengas, embora os diretores de Hoorn e Enkhuizen possam limitar isto a não menos de quinhentas de tais libras.

Artigo XXIX

Os diretores receberão, além do mais, 1% de comissão pelos custos da viagem de partida e a mesma percentagem dos lucros obtidos com as cargas de retorno, que eles distribuirão da seguinte maneira: metade para a Câmara de Amsterdã; um quarto para a Câmara da Zelândia; e, para as Câmaras do Mosa e Holanda do Norte, um oitavo cada, sem levar em consideração se uma ou outra investiu mais ou menos recursos, ou vendeu uma quantidade maior ou menor de especiarias do que sua participação.

Artigo XXX

Os diretores não tomarão emprestado recursos da Companhia, nem tampouco se beneficiarão de suas mercadorias. Eles não indicarão ninguém mais para, às custas da Companhia, levantar recursos para o aprestamento, comprando as mercadorias necessárias para isto.

Artigo XXXI

Todo contador, caixa, servidor ou mensageiro será pago com um salário pelos diretores das respectivas câmaras, e isto não ocorrerá às custas dos participantes.

Artigo XXXII

Se qualquer um dos diretores de uma câmara ou outra considerar-se a si mesmo na posição de ser incapaz de cumprir sua responsabilidade em relação aos recursos que lhe foram confiados em sua qualidade de diretor, quaisquer prejuízos disto resultantes serão pagos com base nos recursos daquela câmara, e não descontados, a título de responsabilidade, das reservas gerais da Companhia. Desta forma, estes recursos na Companhia, que são de propriedade dos diretores, serão reservados especialmente para sua administração.

Artigo XXXIII

Os diretores das respectivas câmaras serão responsáveis por seus caixas.

Artigo XXXIV

Para assegurar que os objetivos desta Companhia sejam alcançados, para o maior benefício destas Províncias Unidas, para manter e expandir o comércio, em benefício da Companhia, nós, por meio disto, temos concedido e permitido, concedemos e permitimos a Companhia mencionada acima, de acordo com as seguintes condições. A nenhuma pessoa, independentemente de seu estado ou condição, exceto àquelas da Companhia mencionada acima, será permitido navegar destas Províncias Unidas para alcançar o leste do Cabo da Boa Esperança, ou, por meio dos Estreitos de Magalhães, nos próximos vinte e um anos, sob pena de confisco dos navios e cargas. O período começará no ano de 1602, inclusive. Se houver sido previamente concedido a algumas companhias viajar, através dos Estreitos de Magalhães mencionados acima, isto continuará válido pela completa duração da concessão, desde que elas façam com que seus navios partam destes países dentro de no máximo quatro anos a partir da data de hoje, ou sofram a perda do efeito da concessão mencionada acima.

Artigo XXXV

Do mesmo modo, a leste do Cabo da Boa Esperança e além dos Estreitos de Magalhães, representantes da Companhia mencionada acima serão autorizados a comprometer-se e a celebrar contratos com príncipes e governantes em nome dos Estados Gerais dos Países Baixos Unidos, ou de seu Excelentíssimo Governo, para construir algumas fortalezas e fortes. Eles podem indicar governadores, manter forças militares, estabelecer funcionários judiciais e servidores para outros serviços essenciais de maneira a manter os estabelecimentos em boa ordem, bem como assegurar, conjuntamente, o cumprimento da lei e da justiça, tudo em consonância de modo a promover o comércio. Em respeito à troca mercantil e ao comércio, aos governadores, aos servidores, aos funcionários judiciais e às forças militares mencionados acima, será exigido prestar um juramento de lealdade aos Estados Gerais, ou ao Excelentíssimo Governo mencionado acima e à Companhia. Estes, por sua vez, podem demitir os governadores e funcionários judiciais mencionados acima, se for considerado que eles agiram corrupta e desonestamente, desde que os governadores e servidores mencionados acima não sejam impedidos de dirigirem-se a nós para expressar suas preocupações e insatisfações, se eles tiverem alguma. Sempre que os navios voltarem, os da Companhia serão obrigados a informar aos Senhores dos Estados Gerais para que as comissões dos governadores e servidores que eles indicaram nos lugares mencionados acima possam ser aprovadas e confirmadas.

Artigo XXXVI

Se alguém da Companhia mencionada acima for enganado ou maltratado em qualquer lugar, ou houver confiado que receberia o dinheiro prometido ou seria pago por uma mercadoria, e não recebeu tal reembolso ou pagamento, o prejuízo que ele houver sofrido será, de acordo com as circunstâncias da questão, compensado pelos meios mais adequados. Na chegada dos navios de volta ao país, ele relatará as circunstâncias da questão ao Conselho do Almirantado da região na qual ele houver desembarcado. Se quaisquer membros do Conselho mencionado se expressarem de acordo com termos que os membros desta Companhia discordarem, eles podem apresentar-nos um recurso. Sob a condição de que um inventário satisfatório seja fornecido, os bens serão recebidos pelos servidores da Companhia, a menos que alguém, além do analista financeiro da Companhia, reclamar no sentido de ser a parte contratante e reivindicar os bens para si mesmo. Se isto acontecer, os bens mencionados acima terão de ser administrados e mantidos seguros de acordo com a instrução do Almirantado.

Artigo XXXVII

Se ocorrer que navios espanhóis ou portugueses, ou de outro inimigo, atacarem os navios desta Companhia, e se, durante este embate, alguns navios inimigos forem capturados, os navios e bens capturados serão rateados do modo que habitualmente se faz nestes países, ou seja, divididos com o país e o Almirante, sendo-lhe dada uma parte justa; se a Companhia houver sofrido qualquer prejuízo no conflito, isto será subtraído antecipadamente. Os membros dos respectivos Almirantados nos quais os navios houverem chegado também serão colocados a par da legitimidade do botim. No decorrer de qualquer disputa jurídica, os bens permanecerão sob a administração da Companhia, sujeitos a um inventário adequado, como mencionado previamente, e aqueles que se sentirem prejudicados pela decisão poderão apresentar-nos livremente um recurso.

Artigo XXXVIII

Especiarias, seda e tecido de algodão chinês que esta Companhia trouxer das Índias Orientais não serão tributados mais do que eles o são agora, nem em sua entrada nem em sua saída, mas de acordo com o calendário tributário e a declaração geral no final do documento tratando de bens que não forem especificamente listados.

Artigo XXXIX

Exceto com o consentimento da Companhia, nenhum dos navios, canhão ou munição pertencente à Companhia será utilizado a serviço do país.

Artigo XL

Todas as especiarias que a Companhia vender, serão vendidas de acordo com um padrão comum de peso, o de Amsterdã.

Artigo XLI

Os membros das respectivas câmaras poderão manter o armazenamento de suas especiarias, seja a bordo dos navios ou num armazém, e estas não estarão sujeitas a quaisquer taxas, impostos ou tarifas de pesagem. Isto tem de ser sujeito à condição de que as especiarias não serão transportadas antes de um peso específico ser determinado, sendo pesadas quando elas forem vendidas, pagando-se tarifas de pesagem no momento em que elas forem vendidas ou removidas, como com quaisquer bens sujeitos a tarifas de pesagem.

Artigo XLII

De modo semelhante, nem os diretores nem seus bens estarão sujeitos a impostos ou sobrecarregados, de qualquer modo, para prestar contas de sua administração na Companhia mencionada acima, e nenhuma reivindicação será feita em relação aos rendimentos de quaisquer servidores, capitães de navios, navegadores, marinheiros, ou de outras pessoas a serviço da Companhia. Quem pretender algo contra eles, terá de levá-los à Justiça Comum.

Artigo XLIII

Os prebostes da Companhia podem prender marinheiros em terra que houverem se oferecido voluntariamente para aquele serviço, trazendo-os a bordo onde quer que eles estejam, qualquer que seja a cidade, lugar ou jurisdição, desde que o preboste mencionado acima discuta isto com antecedência com os servidores e burgomestres daquela cidade e lugar.

Artigo XLIV

Em reconhecimento desta Carta-Patente e dos termos acima, os representantes da Companhia mencionada acima pagar-nos-ão a soma de vinte e cinco mil libras, até quarenta grossos flamengos cada. Nós investiremos este montante na equipagem dos primeiros dez anos e prestação de contas. Quaisquer lucros e riscos acrescidos a isto serão para o benefício ou a responsabilidade da Generalidade, o mesmo se aplicando a todos os outros participantes desta Companhia que se possam beneficiar e serem responsáveis.

Artigo XLV

Quando os navios voltarem da viagem, os almirantes ou comandantes da frota, navio ou navios serão obrigados a entregar-nos um relatório sobre sua viagem e a fornecer-nos uma prestação de contas por escrito disto de acordo com o formato exigido.

Artigo XLVI

Todos os pontos, vantagens e liberdades, registrados acima, nós temos ordenado e, por meio disto, ordenamos que eles sejam mantidos, sendo seguido e cumprido por cada um e todos os súditos e residentes das Províncias Unidas sem exceção de qualquer espécie, seja direta ou indiretamente, dentro ou fora das Províncias Unidas, e por todos os meios possíveis. Aqueles que infringirem isto serão punidos como agentes subversores do melhor bem-estar dos países e como transgressores de nossas ordenanças, estando sujeitos a punição corporal, bem como a sanções pecuniárias. Nós, portanto, categoricamente, conclamamos e ordenamos que todos os governadores, funcionários judiciais, servidores, magistrados e os habitantes das Províncias Unidas mencionadas acima permitam que os diretores mencionados acima gozem tranquila e pacificamente do pleno efeito desta nossa Carta-Patente, desta concessão e deste privilégio, sendo que contradições e impedimentos em sentido contrário precisam cessar, já que nós entendemos que isto é o melhor para o país.

Dado com o nosso selo e assinatura de nosso Secretário, Haia, 20 de março de 1602.

Como decretado pelos Senhores dos Estados Gerais mencionados acima (foi assinado:)

Alb Joachimi.

Fonte: Octroy, by de Hoog Mogende Heeren Staten Generael der Vereenighde Nederlanden, verleent aen de Oost-Indische Compagnie in dato den twintighsten maert 1602. ('s Gravenhage 1602).

A Primeira Carta-Patente da Companhia das Índias Ocidentais, Capitalismo Neerlandês e Subsídios Estatais

A Companhia das Índias Ocidentais não foi concebida apenas como uma empresa sujeita às leis do mercado. Foi justamente a livre concorrência entre companhias de comércio neerlandesas envolvidas no comércio com o Hemisfério Ocidental, ameaçando levar à ruína os Países Baixos, que levou o Estado neerlandês a intervir. A Companhia das Índias Ocidentais nasceu com um objetivo claro; invadir as colônias portuguesas e espanholas, ocupá-las militarmente e explorá-las comercialmente[1]. Uma arma, do Estado e da iniciativa privada, política, militar e econômica, contra Portugal e Espanha. As colônias portuguesas e espanholas deviam ser substituídas por colônias neerlandesas.

Com o monopólio na exploração da navegação e do comércio nas Américas, da Terra Nova até o Estreito de Magalhães, e na África Ocidental, do Trópico de Câncer até o Cabo da Boa Esperança, dotada de autoridade judicial e militar, a Companhia das Índias Ocidentais tinha como missão erguer o *imperium* neerlandês à custa dos portugueses e dos espanhóis[2]. Durante

1 Jonathan Irvine Israel, *The Dutch Republic: Its Rise, Greatness, and Fall 1477-1806*, Oxford University Press: 1998, p. 325-326.
2 Henk den Heijer, *De geschiedenis van de WIC*, Zutphen: Walburg Pers, 2002, p. 25: "Vanzelsprekend zou darbij ook de Spaans-Portugese macht worden aangetast."

vinte e quatro anos, em princípio, a Companhia controlaria a exploração da navegação e do comércio com as Américas e a África Ocidental. A Companhia das Índias Ocidentais não nasceu *motu proprio* com a livre subscrição de seu capital social, como ocorre com as sociedades anônimas pela integralização de suas ações. Para que a Companhia surgisse,[3] foi necessário que os Estados Gerais, o Parlamento nacional dos Países Baixos, interviessem com a expedição de uma carta-patente.[4]

A Carta-Patente da Companhia das Índias Ocidentais, a Carta de Privilégios e Isenções da Companhia das Índias Ocidentais, foi concedida em 3 de junho de 1621 pelos Estados Gerais à Companhia. Se a "navegação, comércio e troca mercantil", "com todos os países e reinos", eram, "desde tempos imemoriais", a fonte maior de "prosperidade" e "bem-estar" dos Países Baixos (Carta-Patente da Companhia das Índias Ocidentais, Preâmbulo), não bastava a Companhia das Índias Orientais para assegurar o expansionismo neerlandês. O objetivo desta Companhia foi controlar o comércio com a Ásia, enquanto a Companhia das Índias Ocidentais tinha como meta controlar o comércio com as Américas e a África Ocidental. Mais uma vez, os Estados Gerais concluíram que o expansionismo neerlandês não poderia prosperar "sem a ajuda comum, assistência e meios de uma companhia geral" (Preâmbulo). A existência de várias companhias de comércio, tendo como objeto as Índias Ocidentais, a própria livre concorrência – tudo isto era um transtorno, e não uma vantagem, na tentativa de conquistar mercados e colônias portugueses e espanhóis; era preciso unir esforços contra o inimigo comum. A decisão dos Estados Gerais foi tomada. "[A] navegação, comércio e troca mercantil nas Índias Ocidentais, África e outros lugares, a seguir designados, não terão doravante continuidade de outra forma senão com a força unida e comum dos comerciantes e habitantes destes países" (Preâmbulo). Para promover este objetivo, os Estados Gerais concederam e colocaram em prática o projeto de fundação de uma

---

3   Ibidem, p. 30: "Op 3 juni 1621 stemden de Staten-Generaal in met het voorliggend concept-octrooi en was de oprichting van de WIC een feit."

4   Após a expiração dos vinte e quatro anos iniciais, os Estados Gerais precisavam manifestar-se a respeito da necessidade de prorrogação do prazo de existência da Companhia das Índias Ocidentais.

companhia monopolista, dotada de benefícios estatais. "[P]ara este fim, será estabelecida uma companhia geral, que, em função de nosso grande amor pelo bem-estar comum e para conservar o comércio e o bem-estar dos habitantes destes países, manteremos e conservaremos com nossa ajuda, favor e assistência, desde que o presente estado e condição destes países admitir, e, para este propósito, fornecemos uma carta-patente adequada, dotando-a dos privilégios e isenções" (Preâmbulo).

CONSELHO FEDERAL DE ADMINISTRAÇÃO

A política geral seguida pela Companhia era determinada pelo Conselho Federal de Administração, os *Heren* XIX, os Senhores XIX, o principal órgão dirigente da Companhia, semelhante aos Senhores XVII da Companhia das Índias Orientais; o direito de voto de cada câmara regional neste Conselho foi fixado em função do capital disponível em cada uma delas. O Conselho Federal de Administração reunia-se de duas a três vezes por ano. Durante estas sessões, decidiam-se questões vitais para a Companhia das Índias Ocidentais, como a adoção de diretrizes políticas, a preparação de expedições marítimas, a distribuição de dividendos. O Conselho também era responsável pela prestação de contas da Companhia aos acionistas, elaborada a partir dos registros contábeis fornecidos pelas cinco câmaras. A presidência do Conselho Federal de Administração cabia alternadamente à Câmara de Amsterdã por seis anos e à Câmara da Zelândia por dois anos[5]. Nas cinco câmaras regionais, os diretores eram responsáveis pela execução das diretrizes políticas e comerciais adotadas pelo Conselho.

Como ocorrera com a Companhia das Índias Orientais, a Holanda, com Amsterdã, detinha uma posição praticamente hegemônica no Conselho Federal de Administração, reflexo de seu poderio econômico nos Países Baixos; a Holanda estava em condições de investir mais na Companhia das Índias Ocidentais do que as outras províncias dos Países Baixos. "De forma tão frequente quanto for necessário, para ter-se uma assembleia

---

5   H. den Heijer, op. cit., p. 31: "Het voorzitterschap van het college was voor zes jaar in handen van de kamer Amsterdam en voor twee jaar in handen van de kamer Zeeland."

geral das câmaras mencionadas acima, ela será composta por dezenove pessoas, das quais oito virão da Câmara de Amsterdã; quatro, da Zelândia; duas, do Mosa; duas, da Região Norte; duas, da Frísia, com cidade e campo; desde que a pessoa de número dezenove, ou tantas quanto nós, a qualquer momento, considerarmos adequado, for nomeada por nós com o propósito de ajudar a dirigir os negócios da Companhia na Assembleia mencionada acima" (Artigo XVIII). O exercício do poder no Conselho, no entanto, submetia-se em última instância aos Estados Gerais. "[A] pessoa de número dezenove, ou tantas quanto nós, a qualquer momento, considerarmos adequado" podia ser nomeada discricionariamente pelos Estados Gerais (Artigo XVIII). Nomeada pelos Estados Gerais, ela tinha como missão, obviamente, defender os interesses deste órgão máximo e soberano dos Países Baixos, seu Parlamento nacional. O Conselho Federal de Administração tinha a competência de decidir "todos os assuntos relativos" à Companhia das Índias Ocidentais, "desde que, em assuntos de guerra", a "aprovação para suas resoluções" fosse solicitada aos Estados Gerais (Artigo XIX).

As câmaras regionais eram obrigadas a obedecer as decisões tomadas pelo Conselho Federal de Administração. Se uma câmara se rebelasse contra o que fora decidido pelo principal órgão dirigente da Companhia das Índias Ocidentais, os Estados Gerais podiam intervir. "A Assembleia Geral mencionada acima reunir-se-á para resolver, quando estiverem prestes a serem equipados, quantos navios serão enviados para cada região às custas da Companhia como um todo, e a nenhuma câmara individualmente será permitido adotar nenhuma medida que não esteja incluída na resolução comum mencionada, sendo que (todas) serão obrigadas a cumprir e executar o previsto nela. E se qualquer câmara descumprir a resolução comum, ou infringi-la, nós temos autorizado, e pelo presente ato autorizamos, a Assembleia mencionada a adotar imediatamente as medidas necessárias para que tal descumprimento ou infração seja indenizado, em relação ao que, sendo desejado, nós prestaremos auxílio" (Artigo XX). As câmaras regionais não eram autônomas; não só elas eram obrigadas a cumprir o disposto pelo Conselho Federal de Administração, como seu funcionamento era monitorado pelos Estados Gerais.

Em caso de divergência, da impossibilidade de o Conselho Federal de Administração chegar a um acordo, os Estados Gerais também podiam intervir, adotando, de acordo com seus interesses, uma decisão da qual não cabia recurso. "E se acontecer que, na Assembleia Geral mencionada acima, for apresentada qualquer questão significativa, a respeito da qual eles não possam concordar, ou no caso em que um lado tenha dificuldade de impor sua decisão ao outro, a mesma será decidida por nós; e o que for determinado a este respeito será cumprido e colocado em prática" (Artigo XXIII). A Carta-Patente da Companhia das Índias Ocidentais previa, assim, de forma explícita, o controle político de um empreendimento que, em princípio, devia ter características eminentemente privadas.

CÂMARAS REGIONAIS

Sempre de acordo com a proposta holandesa, a Companhia das Índias Ocidentais foi dotada de uma estrutura descentralizada, federalizada. O número de diretores de cada câmara variava, refletindo o poderio econômico da respectiva região. Mais tarde, a quantidade de diretores foi modificada várias vezes[6]. À semelhança da Companhia das Índias Orientais, o capital e as contas de cada uma destas câmaras eram administrados separadamente.

No Conselho Federal de Administração, os Senhores XIX, o mais importante órgão colegiado da Companhia, como mencionado anteriormente, Amsterdã tinha oito conselheiros; Zelândia, quatro; as três pequenas câmaras dois cada; e os Estados Gerais, um[7,8]. Os Estados Gerais não apenas nomeavam

---

6 Ibidem.
7 Carta-Patente da Companhia das Índias Ocidentais, artigo XVIII: "De forma tão frequente quanto for necessário, para ter-se uma assembleia geral das câmaras mencionadas acima, ela será composta por dezenove pessoas, das quais oito virão da Câmara de Amsterdã; quatro, da Zelândia; duas, do Mosa; duas, da Região Norte; duas, da Frísia, com cidade e campo; desde que a pessoa de número dezenove, ou tantas quanto nós, a qualquer momento, considerarmos adequado, for nomeada por nós com o propósito de ajudar a dirigir os negócios da Companhia na Assembleia mencionada acima."
8 H. den Heijer, op. cit., p. 31: "Het hoogste bestuurcollege van de WIC werd door de Heren Negentien gevormd, waarvoor Amsterdam acht, Zeeland vier, de drie kleine kamers elk twee en de Staten-Generaal een vertegenwoordiger leverden."

um dos Senhores XIX, como tinham o direito nas assembleias gerais de impor a decisão que melhor lhes conviesse[9]. Eles forneciam à Companhia das Índias Ocidentais navios de guerra e outros materiais bélicos (Artigo XL). Os Senhores XIX deixavam pouca margem de manobra para seus mandatários no Brasil. Por princípio, tudo precisava primeiro ser decidido em Amsterdã e Midelburgo, principais centros econômicos das mais ricas e influentes províncias dos Países Baixos, Holanda e Zelândia.

Cada câmara tinha seu próprio sistema de administração e contabilidade, sendo transmitidas regularmente às outras câmaras prestações de contas[10]. Dependendo do tamanho de cada câmara, havia comissões encabeçadas por diretores encarregadas de assuntos específicos, como a gestão dos estaleiros da Companhia, a compra de mercadorias a serem exportadas e a venda de produtos importados[11]. A principal atribuição das câmaras de diretores, os órgãos dirigentes regionais da Companhia das Índias Ocidentais, era colocar em prática as decisões tomadas pelo Conselho Federal de Administração.

Não se permitiu que Amsterdã assumisse o controle político inconteste da Companhia das Índias Ocidentais. A participação das câmaras no Conselho Federal de Administração não era determinada efetivamente apenas pelo montante de capital investido, mas, como mencionado anteriormente, pela repartição tributária. A participação de Amsterdã na Companhia foi arbitrada em quatro nonos; Zelândia dois nonos; e as outras três câmaras menores com cada uma um nono[12]. Estas partici-

---

9 C.M. Schulten, *Nederlandse expansie in Latijns Amerika. Brazilië: 1624-1654*, Bussum: Fibula/Van Dishoeck N.V., 1968, p. 26: "Ook de Staten-Generaal hadden nogal wat in de melk te brokkelen. Zij benoemden niet alleen één van de Heren Negentien, maar behielden zich tevens het recht voor om in de algemene vergadering een beslissing af te mogen dwingen."

10 H. den Heijer, op. cit., p. 31: "De kamers hielden hun eigen administratie en boekhouding bij, en zonden rekeningen van scheepsuitredingen en overzichten van veilingen van retourwaren binnen drie maanden naar de andere kamers."

11 Ibidem: "Al naar gelang de grootte van een kamer was een bewindhebber lid van een of meerdere commissies die met bepaalde taken waren belast. Zo waren er commissies voor het beheer van de compagniewerven, de equipage en victualiëring van schepen, de inkoop van handelsgoederen en de verkoop van retourwaren."

12 Ibidem: "Zo verwierf Amsterdam vier negende, Zeeland twee negende en de drie kleine kamers elk een negende deel in de Compagnie."

pações formavam a chamada *"negensleutel"*, a chave dos nove, a relação de poder que definia em que medida cada câmara era responsável pelo financiamento das expedições. Para cada cem mil florins investidos na Companhia, cidades e regiões sem câmara própria podiam dispor de um diretor na câmara onde o capital houvesse sido alocado[13]. Neste sentido, a Carta--Patente não deixa margem a dúvidas. "E para que esta Companhia possa ser constituída por um bom governo, para o maior benefício e satisfação de todos os participantes, nós ordenamos que o governo mencionado será investido em cinco câmaras de diretores – uma em Amsterdã, que terá o coeficiente de quatro nonos; uma câmara na Zelândia, de dois nonos; uma câmara no Mosa, de um nono; uma câmara na Região Norte, de um nono; e a quinta câmara na Frísia, junto com cidade e campo[14], também de um nono – de acordo com as condições estabelecidas no registro de nossas resoluções e a ata redigida a este respeito. E as províncias nas quais não haja câmaras serão providas com tantos diretores, divididos entre as respectivas câmaras, de acordo com a importância de cem mil florins que elas fornecerão à Companhia" (Artigo XI). Os Estados Gerais atribuíram às câmaras regionais um número em princípio fixo de membros. "A Câmara de Amsterdã consistirá de vinte diretores; a Câmara da Zelândia, de doze; a Câmara do Mosa e da Região Norte, cada, de quatorze; e a Câmara da Frísia, junto com cidade e campo, também de quatorze diretores. Se, depois, parecer que esta atividade não pode continuar sem um número maior de pessoas, mais poderão, então, ser acrescidos, com o conhecimento dos Dezenove e com nossa aprovação, mas não de outra maneira" (Artigo XII).

Os Estados das províncias, os Parlamentos das províncias, foram autorizados a adotar mecanismos próprios para selecionar diretores, devendo, no entanto, obedecer ao critério

---

13 Ibidem: "Bovendien mochten steden en gewesten die geen kamer in de Compagnie hadden weten te bemachtigen, voor elke in de WIC geïnvesteerde honderdduizend gulden toch een bewindhebber leveren aan de kamer waarin dat kapitaal was belegd."

14 Cidade e campo (*Stad en Lande/Stad en Ommelanden*), antigo nome da Província de Groninga, referindo-se à cidade de Groninga (cidade/*stad*) com seu território limítrofe/*ommelanden*, os distritos rurais de Fivelingo, Hunsingo e Westerkwartier.

censitário. Para tornar-se diretor, era necessário investir uma soma mínima na Companhia; o critério de seleção era econômico, privilegiando a ocupação dos cargos pela oligarquia. Os diretores das câmaras eram escolhidos pelo magistrado[15] dentre os principais acionistas. Para ser considerado acionista principal da Câmara de Amsterdã, era necessário possuir ao menos seis mil florins em ações da Companhia das Índias Ocidentais. Para as outras câmaras, bastavam quatro mil florins. "Os Estados das respectivas Províncias Unidas estão autorizados a adotar tais regulamentos, seja pelos deputados comuns de seus Excelentíssimos e Poderosos, ou pelos magistrados das cidades de sua província, a respeito do registro dos participantes e a eleição de diretores, como eles considerarem adequado, de acordo com a constituição de sua província; desde que nenhuma pessoa na Câmara de Amsterdã seja escolhida como diretor se ele, em seu próprio nome, não participar da Companhia com a soma de seis mil florins; na Câmara da Zelândia, com quatro mil florins; e nas Câmaras do Mosa, da Região Norte e da Frísia, com cidade e campo, com a mesma soma de quatro mil florins" (Artigo XIII). Não havia espaço, a quem não pertencesse às classes dominantes, para participar como diretor da Companhia.

A comissão recebida pelos diretores era atribuída em função da participação das respectivas câmaras na Companhia das Índias Ocidentais. "Os diretores terão como comissão um por cento dos aprestamentos e rendimentos, além das presas; e meio por cento do ouro e da prata. Estas comissões serão divididas da seguinte forma – para a Câmara de Amsterdã, quatro nonos; para a Câmara da Zelândia, dois nonos; para a do Mosa, um nono; para a da Região Norte, um nono; para a da Frísia, com cidade e campo, igualmente um nono" (Artigo XXVIII). Amsterdã, como não podia deixar de ser, recebia o principal quinhão.

---

15 Nos Países Baixos do século XVII, quem fosse eleito ou nomeado para exercer um cargo público podia ser chamado de magistrado (*magistraat*); o magistrado não precisava, necessariamente, ser um juiz. Ao mencionar-se que eles eram "escolhidos pelo magistrado", isto significa que os diretores das câmaras eram indicados pelo prefeito (*burgemeester*) da respectiva cidade.

PARTICIPAÇÃO DOS ACIONISTAS

Qualquer habitante dos Países Baixos podia investir na Companhia das Índias Ocidentais; o interesse, em comparação com a atenção despertada pela Companhia das Índias Orientais, não foi muito acentuado. O investimento não precisava ser integralizado imediatamente. "Todos os habitantes destes países, e também de outros países, serão notificados mediante a afixação de editais dentro de um mês depois desta data no sentido de que eles podem ser admitidos nesta Companhia durante cinco meses a partir de 1º de julho deste ano, 1621, e que eles podem totalizar o dinheiro que eles desejarem investir em três prestações; a saber, um terço na expiração dos cinco meses mencionados acima e os outros dois terços nos três anos sucessivos seguintes, a menos que a Assembleia Geral mencionada acima considerar necessário estender este prazo, do que os participantes serão advertidos mediante a afixação de editais" (Artigo XXIV). O grau de controle que os acionistas podiam exercer a respeito dos rumos tomados pela Companhia era muito reduzido.

PRESTAÇÃO DE CONTAS

Os Estados Gerais estabeleceram um sistema periódico de prestação de contas, baseado no que fora previsto anteriormente para a Companhia das Índias Orientais. "As contas da equipagem e aprestamento dos navios, com suas pertenças, serão entregues dentro de três meses após a partida dos navios, e, um mês depois disto, cópias ser-nos-ão enviadas e para as respectivas câmaras; e as câmaras enviar-nos-ão (tantas vezes quanto nós considerarmos adequado ou para tanto forem solicitadas pelas (outras) câmaras), e umas às outras, uma prestação de contas dos rendimentos e também das vendas" (Artigo XV). Não se descurou da realização de uma prestação de contas geral. "A cada seis anos, será efetuada uma prestação de contas geral a respeito de todos os aprestamentos e rendimentos, bem como de todos os lucros e prejuízos da Companhia, sobretudo uma relativa ao comércio e outra relacionada à guerra, cada uma separadamente; tais contas serão tornadas públicas, editais sendo previamente afixados, para o fim de que todos que estejam interessados possam participar da audiência relativa à prestação de contas mencionada; e se, na expiração do sétimo ano, as contas não forem prestadas da maneira mencionada, os diretores perderão suas comissões, que serão utilizadas para o benefício dos pobres, e eles serão, da mesma maneira, obrigados a prestar suas contas como mencionado anteriormente dentro do prazo de tempo e de acordo com a penalidade que será fixada por nós a respeito dos infratores. E, entrementes, um dividendo será distribuído em função dos lucros do negócio, em função da frequência com que se tenha considerado que se tenham lucrado dez por cento" (Artigo XVI).

A Companhia das Índias Ocidentais, uma máquina de guerra contra Portugal e Espanha para a conquista de suas colônias nas Américas e na África, era um empreendimento de alto risco que precisava ser capitalizado. Os Estados Gerais tinham o interesse de estabelecer mecanismos que dificultassem o máximo possível a oscilação do montante investido.

A própria dissolução da Companhia foi prevista. "A ninguém será permitido, durante a continuação desta Carta-Patente, retirar seu capital ou somas adiantadas desta Companhia; nem nenhum novo participante será admitido. Se, na expiração dos vinte e quatro anos, for considerado adequado continuar esta Companhia, ou erigir uma nova, uma prestação de contas final e uma estimativa serão efetuadas pelos Dezenove, com nosso conhecimento, de tudo o que pertencer à Companhia, bem como de todas as despesas necessárias feitas pela mesma, e, depois da prestação de contas e da estimativa mencionadas acima, qualquer um poderá retirar seu dinheiro, ou, na proporção disto, em todo ou em parte, continuar a participar da Companhia sucessora; e a Companhia sucessora assumirá, neste caso, o restante, encontrado de acordo com a prestação de contas e a estimativa, e pagará aos participantes que não considerarem apropriado continuar na Companhia sua participação de acordo com o que, neste momento, os Dezenove, com nosso conhecimento e aprovação, julgarem adequado" (Artigo XVII). Como ocorrera com a Companhia das Índias Orientais, quem investisse "cinquenta mil florins ou mais" tinha direito a uma prestação de contas personalizada. "E se qualquer uma das províncias considerar adequado indicar um agente para coletar recursos de seus habitantes, depositando todo o montante em qualquer câmara, com o objetivo de receber o pagamento dos dividendos, à respectiva câmara será exigido dar, a tal agente, acesso na mesma câmara para que ele possa obter informação a respeito do estado dos desembolsos, dos créditos e dos débitos. Desde que os recursos trazidos por tal agente sejam equivalentes a cinquenta mil florins ou mais" (Artigo XXVII). Perante os Estados Gerais, a Companhia das Índias Ocidentais também era obrigada a uma prestação de contas específica. "Sempre que qualquer navio voltar de uma viagem, os almirantes ou comandantes das frotas, navio ou navios são obrigados a vir a nós para relatar o resultado de sua viagem dentro de dez dias após sua chegada, e, se o caso exigir, eles redigirão e entregar-nos-ão um relatório por escrito" (Artigo XXXVII).

A RESPONSABILIDADE LIMITADA DOS DIRETORES

A exemplo do que ocorrera com a Companhia das Índias Orientais, os diretores deixaram de ser responsáveis pessoalmente pelas dívidas da companhia (Artigo XXXIII).

CONTEÚDO DA CONCESSÃO

Mais uma vez da mesma maneira que a Companhia das Índias Orientais, a Companhia das Índias Ocidentais, à luz da Carta-Patente que lhe foi concedida, tinha o direito, como *longa manus* dos Estados Gerais, de exercer prerrogativas que são completamente desconhecidas pelas sociedades anônimas atuais, sujeitos jurídicos de direito privado. A Companhia das Índias Ocidentais também estava autorizada, sob a supervisão dos Estados Gerais, a manter guarnições militares, dispor de navios de guerra, indicar governadores e celebrar alianças com povos nativos (Artigo II). Seu objetivo maior, exercer o monopólio da navegação e do comércio com as Américas e a

África Ocidental, só poderia ser alcançado com a invasão, a ocupação militar e a exploração comercial das colônias portuguesas e espanholas. A Companhia das Índias Ocidentais não tinha apenas objetivos comerciais; ela era uma máquina de guerra a serviço dos Países Baixos. Os Estados Gerais podiam encarregar-se, quando fosse necessário, do fornecimento de armas, munições, navios de guerra e tropas militares para que a Companhia das Índias Ocidentais cumprisse sua finalidade maior, substituir a hegemonia ibérica pela hegemonia neerlandesa nas Américas e na África Ocidental. Aos governadores a serviço da Companhia das Índias Ocidentais, era exigido que eles prestassem um juramento de dupla fidelidade, à Companhia e aos Estados Gerais; eles não prestavam contas apenas à Companhia das Índias Ocidentais, mas também ao governo central dos Países Baixos. Em época de guerra, os navios inimigos deviam ser saqueados. Os Estados Gerais tinham com a fundação da Companhia das Índias Ocidentais objetivos políticos e militares bem definidos.

Os Estados Gerais concederam, basicamente, à Companhia das Índias Ocidentais o monopólio no comércio com as Américas e a África Ocidental. "Pelo período de vinte e quatro anos, a nenhum nativo ou habitante destes países será permitido, exceto em nome desta Companhia Unida, a partir destes Países Baixos Unidos, nem mesmo a partir de nenhum lugar fora deles, navegar ou comercializar para ou com as costas e países da África, do Trópico de Câncer ao Cabo da Boa Esperança, nem para ou com os países da América, ou das Índias Ocidentais, começando desde o extremo sul da Terra Nova, pelos Estreitos de Magalhães, e de Le Maire, ou por outros estreitos e passagens situados naquela região, até o Estreito de Aniã[16], tanto no Mar do Norte como no Mar do Sul, nem para ou com quaisquer ilhas situadas de um lado ou de outro, ou entre ambos; nem também para ou com as terras austrais ou do sul, estendendo-se ou situando-se entre ambos os meridianos do Cabo da Boa Esperança, ao leste, e do extremo leste da Nova Guiné, ao oeste, inclusive" (Artigo 1); ela detinha competências de natureza estatal, podendo até

---

16 O Estreito de *Anjan* (Aniã), ao separar a América do Norte da Ásia, coincide com o Estreito de Bering.

mesmo celebrar tratados.[17] "A Companhia mencionada, em nosso nome e por nossa autoridade, dentro dos limites acima estabelecidos, terá poder para celebrar contratos, ligas e alianças com os príncipes e nativos dos países nesta compreendidos, como também para construir algumas fortalezas e fortes, para indicar, transferir, destituir e substituir governadores, tropas militares e funcionários judiciais e para outros serviços necessários, para a preservação dos lugares, a manutenção da boa ordem, polícia e justiça, em geral para o fomento do comércio, de acordo com as circunstâncias consideradas adequadas; além do mais, eles podem promover o estabelecimento de povoados em regiões desabitadas e férteis, e fazer tudo isto a serviço destes países e para o que requerer o lucro e expansão do comércio. Os (diretores) da Companhia comunicar-se-ão regularmente conosco e transmitir-nos-ão tais contratos e alianças que eles efetuarem com os príncipes e nações mencionados, bem como nos relatarão a situação das fortalezas, fortes e estabelecimentos de povoados começados por eles" (Artigo II).

A autoridade máxima da Companhia das Índias Ocidentais não era o Conselho Federal de Administração, mas os Estados Gerais; a Companhia podia escolher um governador-geral, mas ele tinha de receber seu beneplácito. Quem trabalhasse para ela, tinha de jurar fidelidade aos Estados Gerais. A rigor, a própria Companhia das Índias Ocidentais não deixava, juridicamente, de ser um instrumento dos Estados Gerais, do Poder Público. "A partir do momento em que eles houverem escolhido um governador-geral e preparado instruções para ele, este será aprovado, com mandato conferido por nós; e, além do mais, tal governador mencionado acima, bem como outros vice-governadores, comandantes e servidores, serão obrigados a prestar juramento de fidelidade para nós, e também para a Companhia" (Artigo III). Em caso de guerra, por exemplo, os Estados Gerais comprometiam-se a ajudar militarmente a companhia. "Sendo necessário para o estabelecimento, segurança e defesa deste comércio levar quaisquer tropas militares consigo, nós, de acordo com a condição do país e a situação dos negócios, forneceremos à Companhia mencionada acima tais tropas militares para o dever de

---

17   Estas competências de natureza estatal, em última instância, estavam sujeitas ao controle dos Estados Gerais.

acampamento e guarnição como for necessário, desde que eles sejam pagos e sustentados pela Companhia" (Artigo v). A lealdade destas tropas militares, em primeiro lugar, era para com os Estados Gerais. "Estas tropas, além do juramento já prestado a nós e à Sua Excelência, jurarão obedecer às ordens da Companhia mencionada acima e ajudar a promover seus interesses com o máximo de sua capacidade" (Artigo vi).

Para incentivar o funcionamento da Companhia das Índias Ocidentais, os Estados Gerais adotaram uma série de liberalidades. Para começar, trânsito livre sem pagamento de pedágio. "Nós, além do mais, temos concedido, privilegiado e aprovado esta Companhia, e, por meio disto, concedemos e aprovamos, para que ela possa transitar livremente com todos os seus navios e bens sem pagar qualquer pedágio a qualquer uma das Províncias Unidas, de forma que ela possa usar esta liberdade da mesma maneira que os habitantes livres das cidades destes países gozam de sua liberdade, mesmo se algumas pessoas que não forem livres participem desta Companhia" (Artigo ix). A isenção tarifária também foi prevista. "Todos os bens que esta Companhia, durante os oito anos seguintes, remeterá destes países para as regiões das Índias Ocidentais e da África, e a outros lugares compreendidos nos limites mencionados, e aqueles que ela trará de lá para estes países, serão doravante isentos de tarifas de escolta de saída e de entrada; desde que, após a expiração dos oito anos mencionados acima, se o estado e a condição destes países não admitir que se continue com a liberdade destes oito anos por outro prazo de anos, então tarifas de escolta de saída e taxas de licenciamento sobre os bens e mercadorias mencionados vindos dos lugares mencionados nesta Carta-Patente, e de novo exportados destes países, durante todo o prazo de validade desta Carta-Patente, serão cobradas por nós, mas não além do limite no qual elas têm sido cobradas; a menos que nós estejamos, de novo, envolvidos numa guerra, em cujo caso todos os bens e mercadorias mencionados acima não serão onerados por nós além do limite previsto na última lista em tempo de guerra" (Artigo x)[18]. A

---

18 As tarifas de escolta de saída e de entrada eram impostos de exportação e importação cobrados desde 1572 pela província da Holanda e depois de 1577 pelos Estados Gerais; permitiam aos navios mercantes a serviço da

Carta-Patente, ao enumerar incentivos, foi ainda mais além. "Todas as mercadorias desta Companhia que forem vendidas por peso serão vendidas por um padrão de peso, a saber, o de Amsterdã; todas estas mercadorias podem ser vendidas a bordo do navio, ou num armazém, sem pagar qualquer taxa, imposto ou tarifa de pesagem; desde que, uma vez tendo sido vendidas, elas sejam entregues na Casa de Pesagem; e que o imposto e tarifa de pesagem sejam pagos sempre que elas forem alienadas, do mesmo modo como com outros bens sujeitos à tarifa de pesagem" (Artigo xxxv). Com a isenção tributária prevista, os Estados Gerais, além da participação pecuniária, direta, subsidiaram indiretamente a Companhia.

DISPOSITIVOS ADICIONAIS

O direito de defesa da Companhia das Índias Ocidentais contra seus inimigos era vinculado a instruções provenientes dos Estados Gerais. "E, se for o caso (que nós, de maneira alguma, esperamos), que qualquer um tenha ousado lesar ou obstruir, de qualquer modo, a navegação, comércio, troca mercantil ou tráfego desta Companhia, contrariamente ao direito comum, ou contra o conteúdo dos tratados, ligas e acordos mencionados acima, eles terão o direito de defender-se deles, comportando-se de acordo com as instruções que nós lhes dermos a este respeito" (Artigo xxxviii).

Além da isenção tributária prevista (Artigos ix e x), com a qual os Estados Gerais subsidiaram indiretamente a Companhia, a Carta-Patente também previu a concessão de subsídios diretos, com a transferência de dinheiro público. "Nós temos prometido, e, além do mais, prometemos que nós manteremos e defenderemos esta Companhia contra qualquer pessoa em (seus direitos de) livre navegação e tráfego, e, com este

Companhia obter proteção da parte de belonaves. As taxas de licenciamento eram uma espécie de taxa paga para comercializar com um país inimigo mediante, por exemplo, o porto de um país neutro. Adotadas desde 1573 pela província da Zelândia, depois de 1577 passaram a ser cobradas pelos Estados Gerais. Ambos os tributos, as tarifas de escolta e as taxas de licenciamento, permaneceram válidos após a Paz de Münster de 1648, assumindo a natureza de impostos de exportação e importação comuns.

objetivo, nós a auxiliaremos com uma soma de um milhão de florins, a ser-lhe paga em cinco anos, sendo que os primeiros duzentos mil florins ser-lhe-ão pagos quando os participantes pagarem sua primeira prestação; bem entendido que nós, com a metade do um milhão de florins mencionado acima, receberemos e incorreremos em lucro e em risco do mesmo modo que todos os outros participantes desta Companhia" (Artigo XXXIX). Os Estados Gerais, parceiros nos ganhos e perdas do empreendimento, comprometeram-se ainda a aumentar esta transferência de dinheiro público em benefício da Companhia das Índias Ocidentais em caso de guerra. "Se ocorrer que estes países estejam muito aliviados de seus encargos, e que esta Companhia deva ser colocada sob os custos pesados de uma guerra, nós temos prometido, e, além do mais, prometemos, aumentar o subsídio mencionado acima de tal modo que a situação destes países permitir, e os negócios da Companhia exigirem" (Artigo XLI). A sobrevivência econômica da Companhia das Índias Ocidentais dependia do Estado. Os Estados Gerais, além do mais, comprometeram-se a entregar à Companhia das Índias Ocidentais, em caso de "guerra aberta", "dezesseis navios de guerra" e "quatro bons iates", "sob o comando de um almirante por nós indicado após a realização de consulta prévia junto à Assembleia Geral mencionada acima, obedecendo nossas ordens, juntamente com as resoluções da Companhia" (Artigo XL). A Companhia e o Poder Público, os "Países Baixos Unidos", à luz do previsto na Carta-Patente, eram parceiros na distribuição do que fosse obtido com a venda das "presas" tomadas dos "inimigos e piratas" (Artigo XLII).

AS BÊNÇÃOS DO ESTADO

A subscrição do capital da Companhia foi lenta e custosa. Os investidores suspeitavam que um empreendimento tão vinculado à guerra não podia ser muito lucrativo, no que não estavam errados; apenas em meados de 1623 a Companhia das Índias Ocidentais passou a dispor de capital suficiente para iniciar seus objetivos, que incluíam a conquista do Brasil. Em

1623, o capital subscrito atingiu 7.108.161 florins.[19] Dentro de cinco meses após terem manifestado seu interesse em comprar ações, os investidores eram obrigados a fornecer um terço do capital prometido; o restante devia ser disponibilizado dentro de três anos.[20] O capital social da Companhia entre 1623 e 1629 foi aumentado consideravelmente; ele chegou a atingir a importância de 17.090.000 florins, permanecendo inalterado desde então até sua falência definitiva em 1674.[21]

A Companhia das Índias Ocidentais, receptora de subsídios dos Estados Gerais, nasceu com as bênçãos do Estado, sobrevivendo graças ao seu patrocínio, objetivando promover práticas econômicas, políticas e militares destinadas a assegurar a expansão colonial dos Países Baixos. Seus objetivos eram claros; entrar em guerra se fosse necessário com Portugal e Espanha, atacar e capturar navios mercantes ibéricos e conquistar as colônias de Portugal e Espanha no Hemisfério Ocidental. A Companhia das Índias Ocidentais agia tendo em vista os interesses dos Estados Gerais, governo central, e dos acionistas, iniciativa privada. O Conselho Federal de Administração era sempre, em última instância, responsável perante os Estados Gerais dos Países Baixos. Dotada de características de direito privado, como as sociedades anônimas contemporâneas, ela exercia competências de direito público de grande importância. Quando a Companhia das Índias Ocidentais conquistou territórios na África Ocidental e nas Américas, como o Brasil, estes territórios nunca deixaram de pertencer em última instância ao Estado.[22]

---

19 H. den Heijer, op. cit., p. 33: "In dat jaar bedroeg het kapitaal waarvoor was ingeschreven 7.108.161."
20 Ibidem: "De aandeelhouders waren verplicht om binnen vijf maanden na inschrijving een derde van het toegezegde kapitaal te fourneren. Het resterende bedrag moest binnen drie jaar op tafel worden gelegd."
21 Ibidem: "Wegens chronisch geldgebrek zou het aandelenkapitaal van de WIC tussen 1623 en 1629 nog viermaal worden verhoogd tot een bedrag van 17.090.000 gulden. Daarna zou het aandelenkapitaal zich tot aan het faillessement in 1674 niet meer wijzigen."
22 H. den Heijer, *De geoctrooieerde compagnie: De VOC en de WIC als voorlopers van de naamloze vennotschap*, Deventer: Kluwer, 2005, p. 68: "Toen de VOC en de WIC in de loop van de zeventiende en achttiende eeuw daadwerkelijk gebieden overzee verwierven, werden zij steeds meer een verlengstuk van de staat."

Para sanar dívidas, em 1674 a primeira Companhia das Índias Ocidentais foi extinta. Em 20 de setembro de 1674, fundou-se a Segunda Companhia das Índias Ocidentais mediante a aprovação de nova Carta-Patente. Falida como sua antecessora, a Segunda Companhia das Índias Ocidentais foi extinta em 1º de janeiro de 1792; os Estados Gerais assumiram suas dívidas. A mesma entidade política que a criou e subsidiou terminou tendo de arcar com seu passivo.

ANEXO

Carta-Patente da Companhia das Índias Ocidentais
(Tradução do autor)

Os Estados Gerais dos Países Baixos Unidos, a todos os que verão estes presentes atos, ou deles ouvirão falar, saudações.

Fazemos saber que: percebendo que a prosperidade destes países e o bem-estar de seus habitantes estão baseados, principalmente, na navegação e no comércio, que, desde tempos imemoriais, têm prosperado nos países mencionados, com grandes bênçãos, com todos os países e reinos; e desejando que os habitantes mencionados não somente continuem na navegação, comércio e troca mercantil mencionados, mas, também, que este comércio seja expandido tanto quanto possível, especialmente consoante o previsto em tratados, alianças, ligas e acordos relativos ao comércio e navegação, feitos anteriormente com outros príncipes, repúblicas e nações, que nós pretendemos que sejam devidamente respeitados e observados em todas as suas partes; e achando, por experiência, que, sem a ajuda comum, assistência e meios de uma companhia geral, nenhum negócio rentável pode ter continuidade, ser protegido e mantido nas partes aqui designadas devido ao grande risco de piratas, extorsões e problemas semelhantes, que incidem em viagens tão longas; nós, portanto, sendo que muitas outras e diferentes razões significativas e considerações nos levaram a isto, após maduras deliberações do Conselho, e devido a causas muito prementes, resolvemos que a navegação, comércio e troca mercantil nas Índias Ocidentais, África e outros lugares, a seguir designados, não terão doravante continuidade de outra forma senão com a força unida e comum dos comerciantes e habitantes destes países; e que, para este fim, será estabelecida uma companhia geral, que, em função de nosso grande amor pelo bem-estar comum e para conservar o comércio e o bem-estar dos habitantes destes países, manteremos e conservaremos com nossa ajuda, favor e assistência, desde que o presente estado e condição destes países admitir, e, para este propósito, fornecemos uma carta-patente adequada, dotando-a dos privilégios e isenções a seguir enumerados, a saber:

Artigo 1

Pelo período de vinte e quatro anos, a nenhum nativo ou habitante destes países será permitido, exceto em nome desta Companhia Unida, a partir destes Países Baixos Unidos, nem mesmo a partir de nenhum lugar fora deles, navegar ou comercializar para ou com as costas e países da África, do Trópico de Câncer ao Cabo da Boa Esperança, nem para ou com os países da América, ou das Índias Ocidentais, começando desde o extremo sul da Terra Nova, pelos Estreitos de Magalhães, e de Le Maire, ou por outros estreitos e passagens situados naquela região, até o Estreito de Aniã, tanto no Mar do Norte como no Mar do Sul, nem para ou com quaisquer ilhas situadas de um lado ou de outro, ou entre ambos; nem também para ou com as terras austrais ou do sul, estendendo-se ou situando-se entre ambos os meridianos do Cabo da Boa Esperança, ao leste, e do extremo leste da Nova Guiné, ao oeste, inclusive. E quem quer que se aventure, sem o consentimento desta Companhia, a navegar ou trafegar em quaisquer lugares dentro dos limites mencionados concedidos à Companhia, perderá os navios e bens que estejam sendo comercializados nas costas e terras mencionadas, os quais, em nome da Companhia mencionada, poderão ser, imediatamente e em qualquer lugar, detidos, apreendidos e tidos como propriedade confiscada para o bem da mesma. E se tais navios ou bens houverem sido vendidos ou levados para outros países ou portos, os respectivos armadores e participantes poderão ser cobrados pelo valor destes navios e bens; exceto apenas se eles, antes da data desta Carta Patente, houverem navegado destes ou outros países para qualquer uma das costas mencionadas, sendo-lhes, então, permitido continuar seu negócio até que eles tenham vendido seus bens e voltado para estes países, ou, de outra forma, até a expiração de sua Carta-Patente, se eles houverem obtido algo antes desta data, e não mais. De maneira que, depois de 1º de julho, de 1621, o dia e momento do começo desta Carta-Patente, a ninguém será permitido enviar quaisquer navios ou bens para os lugares compreendidos nesta Carta-Patente, mesmo se esta Companhia não estiver completamente organizada antes desta data; mas dispositivos adequados serão adotados contra os que, sabida e fraudulentamente, procurarem frustrar nossas intenções em prol do bem-estar comum; bem entendido que o comércio de sal em Ponte del Ré[23] pode continuar de acordo com as condições e instruções já adotadas, ou a serem dadas por nós a este respeito, sem ser de forma alguma restrito por esta Carta-Patente.

Artigo II

A Companhia mencionada, em nosso nome e por nossa autoridade, dentro dos limites acima estabelecidos, terá poder para celebrar contratos, ligas e alianças com os príncipes e nativos dos países nesta compreendidos, como também para construir algumas fortalezas e fortes, para indicar, transferir, destituir e substituir governadores, tropas militares e funcionários judiciais e para outros serviços necessários, para a preservação dos lugares, a manutenção da boa ordem, polícia e justiça, em geral para o fomento do comércio, de acordo com as circunstâncias consideradas adequadas; além do mais, eles podem promover o estabelecimento de povoados em regiões desabitadas e férteis, e fazer tudo isto a serviço destes países e para o que requerer o lucro e expansão do comércio. Os (diretores) da Companhia comunicar-se-ão regularmente conosco e transmitir-nos-ão tais contratos e alianças que eles efetuarem com os príncipes e nações mencionados, bem como nos relatarão a situação das fortalezas, fortes e estabelecimentos de povoados começados por eles.

---

23   A península de Araya/Punta de Araya, Venezuela, é famosa até hoje por suas salinas. Para protegê-la das incursões holandesas, os espanhóis construíram de 1622 a 1625 o Castelo de Araya (*Real Fortaleza de Santiago de Arroyo de Araya*). O sal era fundamental para a conservação dos alimentos.

Artigo III

A partir do momento em que eles houverem escolhido um governador-geral e preparado instruções para ele, este será aprovado, com mandato conferido por nós; e, além do mais, tal governador mencionado acima, bem como outros vice-governadores, comandantes e servidores, serão obrigados a prestar juramento de fidelidade para nós, e também para a Companhia.

Artigo IV

Se a Companhia mencionada acima, em quaisquer dos lugares mencionados, for enganada sob o pretexto de amizade, ou maltratada, ou sofrer prejuízo ao confiar seus recursos ou mercadorias, sem receber restituição ou pagamento por eles, ela poderá, pelo prejuízo sofrido, utilizar os melhores métodos a seu alcance, de acordo com as circunstâncias, para obter restituição.

Artigo V

Sendo necessário para o estabelecimento, segurança e defesa deste comércio levar quaisquer tropas militares consigo, nós, de acordo com a condição do país e a situação dos negócios, forneceremos à Companhia mencionada acima tais tropas militares para o dever de acampamento e guarnição como for necessário, desde que eles sejam pagos e sustentados pela Companhia.

Artigo VI

Estas tropas, além do juramento já prestado a nós e à Sua Excelência, jurarão obedecer às ordens da Companhia mencionada acima e ajudar a promover seus interesses com o máximo de sua capacidade.

Artigo VII

Os prebostes da Companhia no país terão o poder de deter quaisquer soldados e outros militares que se tenham alistado a serviço da Companhia mencionada acima e de confiná-los a bordo de navios em qualquer cidade, lugar ou jurisdição destes países em que eles tenham sido encontrados; desde que os prebostes primeiro informem aos servidores e magistrados das cidades e lugares onde isto ocorra.

Artigo VIII

Nós não tomaremos quaisquer navios, artilharia ou munição pertencentes à Companhia, para uso destes países, exceto com o consentimento da Companhia mencionada.

Artigo IX

Nós, além do mais, temos concedido, privilegiado e aprovado esta Companhia, e, por meio disto, concedemos e aprovamos, para que ela possa transitar livremente com todos os seus navios e bens sem pagar qualquer pedágio a qualquer uma das Províncias Unidas, de forma que ela possa usar esta liberdade da mesma maneira que os habitantes livres das cidades destes países gozam de sua liberdade, mesmo se algumas pessoas que não forem livres participem desta Companhia.

Artigo X

Todos os bens que esta Companhia, durante os oito anos seguintes, remeterá destes países para as regiões das Índias Ocidentais e da África, e a outros lugares compreendidos nos limites mencionados, e aqueles que ela trará de lá para estes países, serão doravante isentos de tarifas de escolta de saída e de entrada; desde que, após a expiração dos oito anos mencionados acima, se o estado e a condição destes países não admitir que se continue com a liberdade destes oito anos por outro prazo de anos, então tarifas de escolta de saída e taxas de licenciamento sobre os bens e mercadorias mencionados vindos dos lugares mencionados nesta Carta-Patente, e de novo exportados destes países, durante todo o prazo de validade desta Carta-Patente, serão cobradas por nós, mas não além do limite no qual elas têm sido cobradas; a menos que nós estejamos, de novo, envolvidos numa guerra, em cujo caso todos os bens e mercadorias mencionados acima não serão onerados por nós além do limite previsto na última lista em tempo de guerra.

Artigo XI

E para que esta Companhia possa ser constituída por um bom governo, para o maior benefício e satisfação de todos os participantes, nós ordenamos que o governo mencionado será investido em cinco câmaras de diretores – uma em Amsterdã, que terá o coeficiente de quatro nonos; uma câmara na Zelândia, de dois nonos; uma câmara no Mosa, de um nono; uma câmara na Região Norte, de um nono; e a quinta câmara na Frísia, junto com cidade e campo, também de um nono – de acordo com as condições estabelecidas no registro de nossas resoluções e a ata redigida a este respeito. E as províncias nas quais não haja câmaras serão providas com tantos diretores, divididos entre as respectivas câmaras, de acordo com a importância de cem mil florins que elas fornecerão à Companhia.

Artigo XII

A Câmara de Amsterdã consistirá de vinte diretores; a Câmara da Zelândia, de doze; a Câmara do Mosa e da Região Norte, cada, de quatorze; e a Câmara da Frísia, junto com cidade e campo, também de quatorze diretores. Se, depois, parecer que esta atividade não pode continuar sem um número maior de pessoas, mais poderão, então, ser acrescidos, com o conhecimento dos Dezenove e com nossa aprovação, mas não de outra maneira.

Artigo XIII

Os Estados das respectivas Províncias Unidas estão autorizados a adotar tais regulamentos, seja pelos deputados comuns de seus Excelentíssimos e Poderosos, ou pelos magistrados das cidades de sua província, a respeito do registro dos participantes e a eleição de diretores, como eles considerarem adequado, de acordo com a constituição de sua província; desde que nenhuma pessoa na Câmara de Amsterdã seja escolhida como diretor se ele, em seu próprio nome, não participar da Companhia com a soma de seis mil florins; na Câmara da Zelândia, com quatro mil florins; e nas Câmaras do Mosa, da Região Norte e da Frísia, com cidade e campo, com a mesma soma de quatro mil florins.

Artigo XIV

Os primeiros diretores servirão pelo mandato de seis anos e, na expiração do mandato mencionado, primeiramente, será substituída uma terça parte do número de diretores, selecionados por sorteio; e, dois anos depois disto, a terça parte, de forma semelhante; e, de novo, depois de dois anos, a última terça parte; e, assim, sucessivamente, o mais idoso em atividade aposentar-se-á; e em lugar (de cada) diretor aposentado ou do que falecer a qualquer momento, ou, por outra razão, o cargo de diretor ficar vacante, três outros serão indicados pelos diretores, tanto para o cargo de diretor aposentado como vacante, dentre aqueles participantes principais que, pessoalmente e por sua própria conta, queiram juntar-se a eles, e, com base neste número, as respectivas províncias, deputados ou magistrados, elegerão novos diretores e, sucessivamente, preencher-se-ão as vagas; e eles serão considerados participantes principais que, por sua própria conta, participarão com o mesmo montante dos respectivos diretores.

Artigo xv

As contas da equipagem e aprestamento dos navios, com suas pertenças, serão entregues dentro de três meses após a partida dos navios, e, um mês depois disto, cópias ser-nos-ão enviadas e para as respectivas câmaras; e as câmaras enviar-nos-ão (tantas vezes quanto nós considerarmos adequado ou para tanto forem solicitadas pelas [outras] câmaras), e umas às outras, uma prestação de contas dos rendimentos e também das vendas.

Artigo xvi

A cada seis anos, será efetuada uma prestação de contas geral a respeito de todos os aprestamentos e rendimentos, bem como de todos os lucros e prejuízos da Companhia, sobretudo uma relativa ao comércio e outra relacionada à guerra, cada uma separadamente; tais contas serão tornadas públicas, editais sendo previamente afixados, para o fim de que todos que estejam interessados possam participar da audiência relativa à prestação de contas mencionada; e se, na expiração do sétimo ano, as contas não forem prestadas da maneira mencionada, os diretores perderão suas comissões, que serão utilizadas para o benefício dos pobres, e eles serão, da mesma maneira, obrigados a prestar suas contas como mencionado anteriormente dentro do prazo de tempo e de acordo com a penalidade que será fixada por nós a respeito dos infratores. E, entrementes, um dividendo será distribuído em função dos lucros do negócio, em função da frequência com que se tenha considerado que se tenham lucrado dez por cento.

Artigo XVII

A ninguém será permitido, durante a continuação desta Carta-Patente, retirar seu capital ou somas adiantadas desta Companhia; nem nenhum novo participante será admitido. Se, na expiração dos vinte e quatro anos, for considerado adequado continuar esta Companhia, ou erigir uma nova, uma prestação de contas final e uma estimativa serão efetuadas pelos Dezenove, com nosso conhecimento, de tudo o que pertencer à Companhia, bem como de todas as despesas necessárias feitas pela mesma, e, depois da prestação de contas e da estimativa mencionadas acima, qualquer um poderá retirar seu dinheiro, ou, na proporção disto, em todo ou em parte, continuar a participar da Companhia sucessora; e a Companhia sucessora assumirá, neste caso, o restante, encontrado de acordo com a prestação de contas e a estimativa, e pagará aos participantes que não considerarem apropriado continuar na Companhia sua participação de acordo com o que, neste momento, os Dezenove, com nosso conhecimento e aprovação, julgarem adequado.

Artigo XVIII

De forma tão frequente quanto for necessário, para ter-se uma assembleia geral das câmaras mencionadas acima, ela será composta por dezenove pessoas, das quais oito virão da Câmara de Amsterdã; quatro, da Zelândia; duas, do Mosa; duas, da Região Norte; duas, da Frísia, com cidade e campo; desde que a pessoa de número dezenove, ou tantas quanto nós, a qualquer momento, considerarmos adequado, for nomeada por nós com o propósito de ajudar a dirigir os negócios da Companhia na Assembleia mencionada acima.

Artigo XIX

Na Assembleia Geral das câmaras mencionadas, todos os assuntos relativos a esta Companhia serão considerados e decididos; desde que, em assuntos de guerra, nossa aprovação para suas resoluções for solicitada.

Artigo XX

A Assembleia Geral mencionada acima reunir-se-á para resolver, quando estiverem prestes a serem equipados, quantos navios serão enviados para cada região às custas da Companhia como um todo, e a nenhuma câmara individualmente será permitido adotar nenhuma medida que não esteja incluída na resolução comum mencionada, sendo que (todas) serão obrigadas a cumprir e executar o previsto nela. E se qualquer câmara descumprir a resolução comum, ou infringi-la, nós temos autorizado, e pelo presente ato autorizamos, a Assembleia mencionada a adotar imediatamente as medidas necessárias para que tal descumprimento ou infração seja indenizado, em relação ao que, sendo desejado, nós prestaremos auxílio.

Artigo XXI

A Assembleia Geral mencionada acima ocorrerá nos primeiros seis anos na cidade de Amsterdã e, nos dois anos seguintes a isto, na Zelândia; e, assim, alternadamente, nos dois lugares mencionados acima.

Artigo XXII

Os diretores que, encarregados dos negócios da Companhia, saírem de sua casa para comparecer à Assembleia mencionada, ou, de outra forma, terão, para suas despesas e diárias, quatro florins por dia, além do custo de embarque e de transporte; bem entendido que aqueles que forem de uma cidade para outra para visitar as câmaras como diretores e administradores não receberão nenhuma despesa de viagem ou diária às custas da Companhia.

Artigo XXIII

E se acontecer que, na Assembleia Geral mencionada acima, for apresentada qualquer questão significativa, a respeito da qual eles não possam concordar, ou no caso em que um lado tenha dificuldade de impor sua decisão ao outro, a mesma será decidida por nós; e o que for determinado a este respeito será cumprido e colocado em prática.

Artigo XXIV

Todos os habitantes destes países, e também de outros países, serão notificados mediante a afixação de editais dentro de um mês depois desta data no sentido de que eles podem ser admitidos nesta Companhia durante cinco meses a partir de 1º de julho deste ano, 1621, e que eles podem totalizar o dinheiro que eles desejarem investir em três prestações; a saber, um terço na expiração dos cinco meses mencionados acima e os outros dois terços nos três anos sucessivos seguintes, a menos que a Assembleia Geral mencionada acima considerar necessário estender este prazo, do que os participantes serão advertidos mediante a afixação de editais.

Artigo XXV

Os navios, ao retornarem de uma viagem, voltarão ao lugar do qual eles partiram; se, por causa do tempo ou do vento, os navios que partiram de uma região chegarem a outra – como os de Amsterdã, ou da Região Norte, na Zelândia ou no Mosa; ou da Zelândia, na Holanda; ou os da Frísia, com cidade e campo, em outra região, cada câmara manterá, no entanto, a administração e direção dos respectivos navios e mercadorias que ela enviou, sendo-lhe permitido enviar e transportar as mercadorias às regiões de onde os navios partiram, seja nos mesmos ou em outros navios; exige-se dos diretores de tal câmara estar presente pessoalmente no lugar onde os navios e bens tenham chegado, sem poder indicar nenhum agente substituto; mas, no caso em que eles não puderem viajar, eles, então, delegarão esta atividade aos diretores da câmara em cuja região os navios chegarem.

Artigo XXVI

Se qualquer uma das câmaras obtiver quaisquer mercadorias ou rendimentos das regiões incluídas dentro dos limites mencionados acima, dos quais outra não estiver provida, ser-lhe-á exigido enviar tais bens à câmara que não for provida, mediante sua solicitação, de acordo com a situação do caso; e quando ela houver vendido tudo, enviar-lhes-á mais. De maneira semelhante, se os diretores das respectivas câmaras precisarem de quaisquer pessoas para equipagem ou outros propósitos, das cidades onde houver câmaras ou diretores, eles solicitarão e recorrerão aos diretores desta Companhia, sem utilizar quaisquer agentes.

Artigo XXVII

E se qualquer uma das províncias considerar adequado indicar um agente para coletar recursos de seus habitantes, depositando todo o montante em qualquer câmara, com o objetivo de receber o pagamento dos dividendos, à respectiva câmara será exigido dar, a tal agente, acesso na mesma câmara para que ele possa obter informação a respeito do estado dos desembolsos, dos créditos e dos débitos. Desde que os recursos trazidos por tal agente sejam equivalentes a cinquenta mil florins ou mais.

Artigo XXVIII

Os diretores terão como comissão um por cento dos aprestamentos e rendimentos, além das presas; e meio por cento do ouro e da prata. Estas comissões serão divididas da seguinte forma – para a Câmara de Amsterdã, quatro nonos; para a Câmara da Zelândia, dois nonos; para a do Mosa, um nono; para a da Região Norte, um nono; para a da Frísia, com cidade e campo, igualmente um nono.

Artigo XXIX

Bem entendido que eles não receberão comissão pela artilharia e valor dos navios mais de uma vez. Eles não receberão, além do mais, comissão pelos navios, artilharia e outras coisas em função das quais nós fortaleceremos a Companhia; nem dos recursos que eles coletarão para a Companhia, nem se beneficiarão das mercadorias. Da mesma forma, eles não cobrarão da Companhia quaisquer despesas de viagem ou provisões em benefício daqueles aos quais eles delegarão o aprestamento e a compra dos bens necessários para isto.

Artigo XXX

Os contadores e caixas terão seus salários pagos pelos diretores a partir de suas comissões.

Artigo XXXI

Os diretores não entregarão nem venderão à Companhia quaisquer navios, mercadorias ou bens pertencentes a eles mesmos, em todo ou em parte. Nem comprarão ou farão com que sejam comprados da mesma Companhia, direta ou indiretamente, quaisquer mercadorias ou bens, nem terão qualquer parcela ou parte nisto, sob pena de perda, por um ano, de sua comissão, por terem-se comportado de forma contrária a isto, para benefício dos pobres, e da perda do cargo de diretor.

Artigo XXXII

Os diretores serão obrigados a notificar, mediante a afixação de editais, tão logo eles houverem recebido recentemente bens e mercadorias, com o objetivo de que todos tenham conhecimento oportuno disto, antes que eles procedam a uma venda final.

Artigo XXXIII

Se ocorrer que, em qualquer câmara, um dos diretores chegar a uma situação em que ele não puder corresponder ao que lhe foi confiado sob sua administração e, em consequência disto, se possa incorrer em algum prejuízo, os diretores (da câmara), com os recursos de que eles dispõem na Companhia, arcarão com o prejuízo, sendo também responsáveis especificamente por sua administração, o mesmo ocorrendo também com todos os participantes que, em virtude de bens comprados, ou, de outro modo, se tornarem devedores da Companhia; e, para todos os propósitos, será calculado como se os recursos que eles investiram houvessem, desde o começo, sido compensados e anulados pelo que eles devem à Companhia.

Artigo XXXIV

Os diretores das respectivas câmaras serão responsáveis por seus respectivos caixas e contadores.

Artigo XXXV

Todas as mercadorias desta Companhia que forem vendidas por peso serão vendidas por um padrão de peso, a saber, o de Amsterdã; todas estas mercadorias podem ser vendidas a bordo do navio, ou num armazém, sem pagar qualquer taxa, imposto ou tarifa de pesagem; desde que, uma vez tendo sido vendidas, elas sejam entregues na Casa de Pesagem; e que o imposto e tarifa de pesagem sejam pagos sempre que elas forem alienadas, do mesmo modo como com outros bens sujeitos à tarifa de pesagem.

Artigo XXXVI

As pessoas ou bens dos diretores não serão detidos, apreendidos ou impedidos para obter deles uma prestação de contas da administração da Companhia, nem para o pagamento das remunerações ou salários daqueles que estiverem a serviço da Companhia; mas aqueles que desejarem fazer tais exigências contra eles, precisam levar a questão à Justiça Comum.

Artigo XXXVII

Sempre que qualquer navio voltar de uma viagem, os almirantes ou comandantes das frotas, navio ou navios são obrigados a vir a nós para relatar o resultado de sua viagem dentro de dez dias após sua chegada, e, se o caso exigir, eles redigirão e entregar-nos-ão um relatório por escrito.

Artigo XXXVIII

E, se for o caso (que nós, de maneira alguma, esperamos), que qualquer um tenha ousado lesar ou obstruir, de qualquer modo, a navegação, comércio, troca mercantil ou tráfego desta Companhia, contrariamente ao direito comum, ou contra o conteúdo dos tratados, ligas e acordos mencionados acima, eles terão o direito de defender-se deles, comportando-se de acordo com as instruções que nós lhes dermos a este respeito.

Artigo XXXIX

Nós temos prometido, e, além do mais, prometemos que nós manteremos e defenderemos esta Companhia contra qualquer pessoa em (seus direitos de) livre navegação e tráfego, e, com este objetivo, nós a auxiliaremos com uma soma de um milhão de florins, a ser-lhe paga em cinco anos, sendo que os primeiros duzentos mil florins ser-lhe-ão pagos quando os participantes pagarem sua primeira prestação; bem entendido que nós, com a metade do um milhão de florins mencionado acima, receberemos e incorreremos em lucro e em risco do mesmo modo que todos os outros participantes desta Companhia.

Artigo XL

Se, em virtude de uma contínua e violenta obstrução da navegação e comércio, mencionada acima, os negócios, dentro dos limites desta Companhia, forem levados a um estado de guerra aberta, nós entregar-lhe-emos, se a situação do país admitir isto, em seu auxílio, dezesseis navios de guerra, o menor com cento e cinquenta lastros de carga, com quatro bons iates que naveguem bem, o menor com quarenta lastros de carga, que serão apropriadamente equipados e supridos, em todos os aspectos, tanto com latão como com canhões, e com uma quantidade apropriada de munição, juntamente com uma dupla sequência de cordame corrido e fixo, velas, cabos, âncoras e outras coisas que lhe digam respeito, que são apropriadas para serem supridas e utilizadas em todas as grandes expedições, com a condição de que eles sejam tripulados, providos e sustentados às custas da Companhia, e que a Companhia seja obrigada a acrescentar a isto dezesseis navios de guerra semelhantes e quatro iates, equipados e supridos como disposto acima, para serem usados de maneira similar para a defesa do comércio e em todas as façanhas de guerra; desde que todos os navios de guerra e navios mercantes (que de maneira semelhante serão providos e tripulados como exigido) estejam sob o comando de um almirante por nós indicado após a realização de consulta prévia junto à Assembleia Geral mencionada acima, obedecendo nossas ordens, juntamente com as resoluções da Companhia; se for necessário, do mesmo modo que em tempos de guerra, desde que, no entanto, os navios mercantes não arrisquem desnecessariamente sua carga.

Artigo XLI

Se ocorrer que estes países estejam muito aliviados de seus encargos, e que esta Companhia deva ser colocada sob os custos pesados de uma guerra, nós temos prometido, e, além do mais, prometemos, aumentar o subsídio mencionado acima de tal modo que a situação destes países permitir, e os negócios da Companhia exigirem.

Artigo XLII

Nós, além do mais, ordenamos que, em caso de guerra, todas as presas que forem tomadas dos inimigos e piratas, dentro dos limites mencionados acima, pela Companhia, ou por aqueles que houverem sido enviados ao seu auxílio, bem como os bens que forem obtidos em virtude de nossos editais, depois de deduzirem-se todas as despesas e o prejuízo que a Companhia possa ter sofrido ao tomar cada presa, junto com a parte devida de Sua Excelência, o Almirante em Chefe, de acordo com nossa resolução, do 1º de abril de 1602, e a décima parte para os servidores, marinheiros e soldados que houverem tomado a presa, permanecerão à disposição dos diretores da Companhia mencionada acima, desde que a prestação de contas delas seja mantida separada e à parte da prestação de contas de troca mercantil e comércio e que o rendimento líquido das presas mencionadas seja utilizado para equipar os navios, pagando-se as tropas militares, fortificações, guarnições e questões semelhantes, de guerra e de defesa, por mar e terra; mas não haverá distribuição (de dividendos) a menos que o rendimento líquido mencionado for de tal modo considerável que eles possam ser distribuídos sem enfraquecer a defesa mencionada, e depois de se pagarem as despesas da guerra, o que será feito separadamente e à parte da distribuição por conta de comércio. E sendo feita esta distribuição, uma décima parte será para o uso dos Países Baixos Unidos, e o restante para os participantes desta Companhia, em exata proporção ao seu capital investido.

Artigo XLIII

Desde que, no entanto, todas as presas e bens, tomados em virtude de nossos editais, sejam levados e submetidos à apreciação do Conselho do Almirantado da região à qual eles foram trazidos, para que ele deles tome conhecimento, para determinar a legalidade ou ilegalidade das presas mencionadas; o processo de administração dos bens trazidos pela Companhia permanece, no entanto, pendente, com um inventário adequado; e reserva-se o direito de recurso da parte de quem se sinta prejudicado pela sentença do Almirantado, de acordo com a instrução dada pelo Almirantado a este respeito. Bem entendido que os leiloeiros e outros servidores do Almirantado não têm nenhum direito nem pretendam se beneficiar das presas tomadas por esta Companhia, não as utilizando.

Artigo XLIV

Os diretores desta Companhia prometerão solenemente e jurarão que atuarão bem e fielmente em sua administração, prestando boas e justas contas de suas transações. Eles promoverão, em tudo, o maior lucro da Companhia e, tanto quanto for possível, evitarão que ela incorra em prejuízos. Eles não darão aos principais participantes nenhuma vantagem maior nos pagamentos ou distribuição de dividendos do que aos menores. Ao cobrar e receber débitos pendentes, eles não favorecerão a um mais do que ao outro. Eles, por sua própria conta, participarão, e, durante o exercício de sua administração, continuarão a participar com a soma de dinheiro que lhes corresponde por esta Carta-Patente. E, além do mais, eles observarão e manterão, no que lhes diz respeito, ao máximo de seu poder, e farão com que seja observado e mantido tudo e todos os pontos e artigos nela contidos.

Artigo XLV

Todos os privilégios, liberdades e isenções, juntamente com o auxílio mencionado acima, em todos os seus pontos e artigos mencionados acima, nós temos, com pleno conhecimento de causa, aprovado, concedido, prometido e concordado para a Companhia mencionada acima; aprovamos, concedemos, concordamos, e, além do mais, prometemos que ela gozará deles tranquila e pacificamente, ordenando também que o mesmo seja observado e mantido por todos os membros do governo, servidores e súditos destes Países Baixos Unidos, sendo que eles não farão nada contrário a isto, direta ou indiretamente, seja dentro ou fora dos Países Baixos, sob pena de serem punidos por isto, tanto em seu corpo quanto em seus bens, como obstáculos ao bem-estar destes países e na condição de infratores de nossa ordenança. Nós, além do mais, prometemos que manteremos e apoiaremos a Companhia à luz do conteúdo desta Carta-Patente, em todos os tratados de paz, alianças e acordos com os príncipes vizinhos, reinos e países, sem fazer nada, nem admitindo que nada possa ser feito ou negociado que possa enfraquecê-la. Nós ordenamos e mandamos, expressamente, a todos os governadores, funcionários judiciais, servidores, magistrados e habitantes dos Países Baixos Unidos mencionados acima que eles permitam que a Companhia mencionada acima e diretores gozem, tranquila e pacificamente, do pleno efeito desta Carta-Patente, concessão e privilégios, cessando toda oposição e obstrução em sentido contrário. E para que ninguém possa alegar ignorância disto, nós ordenamos que o conteúdo desta Carta-Patente seja publicado com a afixação de editais, ou anunciado, onde for necessário, porque nós acreditamos que isto atenda aos interesses destes países.

Dado com o nosso grande selo, ornato e assinatura de nosso secretário, na Haia, no terceiro dia do mês de junho, do ano de mil seiscentos e vinte e um.

Autenticado por J. Magnus, Secr.

Abaixo, estava escrito Ordenança dos Excelentíssimos Senhores dos Estados Gerais.

Assinado por C. Aerssen.

Tendo um selo pendente, de cera vermelha, e um cordão de seda branca.

Fonte: Octroy, by de Hooge Mogende Heeren Staten Generael, verleent aen de West-Indische Compagnie in date den derden Juni 1621 ('s Gravenhage, 1621).

Judeus Participantes do Projeto Holandês Para o Brasil

Desde o Império romano, havia judeus na Península Ibérica. Com a queda do Império, os judeus foram perseguidos na Hispânia visigótica cristã. O Reino visigodo, que controlava a maior parte da Península, foi destruído a partir de 711 com a invasão moura da Península Ibérica; a Hispânia visigótica foi substituída pelo Al-Andalus muçulmano. Para os judeus, a invasão moura não foi considerada um desastre. Pelo contrário, foi encarada, ao menos parcialmente, como uma libertação; judeus e cristãos eram Povos do Livro (*Ahl al-Kitāb*). Antes do profeta Muhammad, Deus revelara-lhes escrituras sagradas (Torá e Evangelhos). Judeus e cristãos eram *dhimmī*, espécie de cidadãos de segunda classe. Desde que pagassem impostos adicionais e aceitassem uma posição social inferior, sua presença era tolerada. Como receptores precoces da palavra de Deus, judeus e cristãos podiam residir no Al-Andalus; não precisavam converter-se. Como membros da religião monoteísta por excelência, os judeus tiveram direitos e deveres diferenciados. Livres da perseguição da Hispânia visigótica, eles viveram a chamada Era Dourada da cultura judaica na Península Ibérica.

A convivência dos judeus com os mouros no Al-Andalus não foi tão pacífica como se poderia esperar. Apesar de serem um dos Povos do Livro, nem sempre contaram com a proteção esperada. Como na Hispânia visigótica, no Al-Andalus muçulmano os judeus também foram perseguidos. No Massacre de Granada (1066), milhares de judeus, transformados em culpados imaginários por multidões descontentes, tornaram-se vítimas. Foi a primeira, mas não a última, perseguição contra judeus no Al-Andalus. O Massacre de Granada foi o primeiro pogrom da história europeia.

Nem todos os cristãos da Península Ibérica viviam no Al-Andalus. Dos escombros da Hispânia visigótica, surgiu o Reino das Astúrias (718). Fundado por nobres visigóticos nas áreas montanhosas do norte da Península Ibérica, liderados por Pelágio (685-737), o Reino das Astúrias foi a primeira entidade política cristã surgida após o colapso da Hispânia visigótica com a invasão moura da Península Ibérica. Em 722, cerca de dez anos depois do início da invasão, Pelágio derrotou o Califado Omíada na Batalha de Covadonga. Com a Reconquista (722-1492), os cristãos recuperaram o controle da Península Ibérica.

A Reconquista, a gradual recuperação da Península Ibérica pelos cristãos, contou com a colaboração judaica, muito importante por seu conhecimento da língua e costumes árabes. Para os cristãos, a derrota do Reino Visigodo, perante o Califado Omíada, nunca foi esquecida. A partir do século XIV, a maior parte da Península Ibérica estava sob controle cristão. Para os judeus, esta não foi necessariamente uma boa notícia. Como ocorrera na Hispânia Visigótica, havia opressão e violência, embora não houvesse ocorrido um episódio comparável ao Massacre de Granada. Surgiram, assim, os primeiros *conversos*, cristãos-novos, criptojudeus, marranos.

Da mesma forma que no Al-Andalus muçulmano ser um dos Povos do Livro não protegeu os judeus do Massacre de Granada, ser um *converso* na Espanha do século XV não era uma garantia contra a perseguição; tornar-se cristão não era uma opção, mas uma necessidade. Ter sucesso social e comercial podia atrair a inveja alheia. Para o clero e os burocratas, fortalecidos com a conquista de Granada (1492), último bastião mouro, pondo fim a 780 anos de presença muçulmana na Península Ibérica, não havia dúvida. Dentro de casa, muitos judeus continuavam a praticar sua fé.

A EXPULSÃO DOS JUDEUS DA ESPANHA

A hostilidade contra os judeus atingiu seu ponto máximo com os Reis Católicos, Isabel I de Castela (1451-1504) e Fernando II de Aragão (1452-1516). Casados em 1469, eles formaram uma união pessoal das Coroas de Castela e de Aragão, dando origem à Espanha. Pela primeira vez desde a Hispânia visigótica, surgiu uma entidade política cristã unificada que ocupava a maior parte da Península Ibérica. Isabel I e Fernando II, defensores da Cristandade, levaram a sério os relatórios, do clero e dos burocratas, de que *conversos* praticavam secretamente o judaísmo. Em 1480, os Reis Católicos estabeleceram o Tribunal do Santo Ofício da Inquisição (*Tribunal del Santo Oficio de la Inquisición*), a Inquisição espanhola (*Inquisición española*). Não mais sob controle papal, a Inquisição, alçada a ideologia de Estado, tinha como objetivo promover a ortodoxia católica[1].

Mais de uma década depois do começo da Inquisição espanhola (1480), Isabel I e Fernando II conquistaram Granada (1492); não havia mais na Península Ibérica nenhum território sob controle mouro. Estado tributário de Castela desde 1238, pagando com ouro seu tributo aos castelhanos, a incorporação do Emirado de Granada a Castela fora preparada com o Tratado de Granada (1491). Assinado pelos Reis Católicos e pelo sultão de Granada, Muhammad XII[2] (1459-1533), ele protegia judeus e muçulmanos da conversão obrigatória e da expulsão. Após completar a Reconquista da Península Ibérica, suprimindo o Emirado de Granada, último vestígio do Al-Andalus, onde vivia uma grande comunidade judaica e muçulmana, Isabel I e Fernando II decidiram desconsiderar o Tratado de Granada.

Com o Decreto de Alhambra, ou Édito de Granada, de 31 de março de 1492, assinado pelos Reis Católicos, tiveram início

1   A Espanha não foi o primeiro país europeu a expulsar os judeus de seu território. Eduardo I adotou o Édito de Expulsão (*Edict of Expulsion*) em 1290, removendo os judeus da Inglaterra; o Édito de Expulsão permaneceu em vigor por mais de 350 anos. Com o fim da Guerra Civil inglesa (1642-1651), Oliver Cromwell (1599-1658), *Lord Protector* (1653-1658), pretendendo estimular a economia inglesa ao atrair os judeus ricos de Amsterdã, aprovou, a partir de 1655, o reestabelecimento (*resettlement*) dos judeus na Inglaterra.
2   Abu Abdallah Muhammad XII era conhecido entre os cristãos como Boabdil, corruptela de Abu Abdallah. Último sultão de Granada, ele foi expulso da Península Ibérica. Faleceu em Fez, Marrocos.

a perseguição e a expulsão sistemáticas dos judeus da Península Ibérica, como política de Estado. Isabel I e Fernando II adotaram o Decreto de Alhambra menos de três meses depois da conquista de Granada; ele pretendia a conversão obrigatória ao catolicismo. Redigido a partir de instruções apresentadas por Tomás de Torquemada (1420-1498), Inquisidor Geral na Espanha, o Decreto de Alhambra não deixava margem a dúvidas. Os judeus tinham de abandonar imediatamente todos os territórios sob o controle dos Reis Católicos, com exceção dos que se convertessem ao catolicismo. Para os judeus que descumprissem o previsto no Decreto de Alhambra, previa-se a condenação à morte e o confisco de bens. Os judeus que decidiram permanecer fiéis à sua fé e abandonar a Península Ibérica não puderam levar consigo todos os seus pertences; ouro, prata e moedas não podiam sair da Espanha[3].

Não há estatísticas fiáveis a respeito do número de judeus que foram obrigados a abandonar a Espanha ou a converter-se. As estimativas variam (130.000 a 800.000). Mais da metade teria seguido para Portugal, ficando a salvo da Inquisição por alguns anos. A comunidade judaica de Portugal teria, então, atingido 10% da população total. Alguns judeus (50.000 a 70.000) preferiram converter-se. Sua conversão não os protegeu da Inquisição, sempre em busca dos marranos, deles desconfiando. Muitos tiveram de abandonar a Península Ibérica. Tendo caído em desuso, a Inquisição espanhola encerrou-se oficialmente em 1834.

Além de Portugal, os principais destinos dos judeus espanhóis, sefarditas, após a expulsão da Espanha, foram a África do Norte, com o Magrebe; o Império otomano, com os Bálcãs; os Países Baixos; o Brasil; e o Caribe Holandês.

A EXPULSÃO DOS JUDEUS DE PORTUGAL

Como na Espanha, os judeus em Portugal durante a Reconquista viviam relativamente tranquilos; como diplomatas e

---

[3] O judeu que não se convertesse e não partisse dentro da data-limite prevista pelo Decreto de Alhambra era condenado à morte e confisco de bens. Ao não judeu que escondesse judeus, o Decreto previa o confisco de todos os seus bens e privilégios hereditários (Decreto de Alhambra, 31 de março de 1492).

comerciantes, muitos desempenharam um papel ativo em Portugal. Em Lisboa e Évora, havia importantes comunidades judaicas. Estadista, filósofo, teólogo e financista, Isaac Abravanel (1437-1508), pertencente a uma das mais importantes famílias judaicas da Península Ibérica, tornou-se tesoureiro de dom Afonso V (1432-1481), rei de Portugal. Com o fim do último vestígio do Al-Andalus, o Emirado de Granada, completando a Reconquista da Península Ibérica pelos cristãos, tudo mudou. Eliminados os mouros, chegara a vez dos judeus. Em vão, Isaac Abravanel envidou esforços para que o Decreto de Alhambra fosse revogado; os Reis Católicos, Isabel I de Castela e Fernando II de Aragão, não cederam. Pelo contrário, seu objetivo era expulsar os judeus também do país vizinho. Transformado em refúgio dos judeus espanhóis, os Reis Católicos olhavam para Portugal com desconfiança.

Para os portugueses, iniciava-se a expansão ultramarina. Durante o reinado de dom Manuel I (1469-1521), Vasco da Gama chegou à Índia (1498) e Pedro Álvares Cabral ao Brasil (1500). Para dom Manuel I, a expansão ultramarina não era suficiente. Uma potência em expansão, Portugal devia comandar o processo de unificação da Península Ibérica com a Espanha. Ele casou-se com a herdeira dos Reis Católicos, Isabel de Aragão e Castela (1470-1498), Princesa das Astúrias. Diante do anúncio do casamento de dom Manuel I com Isabel, os judeus em Portugal tiveram justos motivos de inquietação. Tendo expulsado em 1492 os judeus da Espanha, os Reis Católicos não aceitariam que sua filha se casasse com um rei que tolerava os judeus. Embora precisasse do conhecimento e do capital dos judeus para a expansão ultramarina, dom Manuel I não conseguiu dissuadir Isabel I e Fernando II. Em 5 de dezembro de 1496, ele adotou o Decreto de Expulsão dos Incrédulos Mouros e Judeus de Portugal, o Édito de Expulsão dos Hereges, em obediência ao previsto em seu contrato de casamento com Isabel de Aragão e Castela. Para quem decidisse ficar, a única opção foi tornar-se um *converso*; os que se recusaram a submeter-se ao batismo, ainda que apenas *pro forma*, tiveram de abandonar Portugal. Crianças judaicas foram sequestradas para serem criadas por cristãos. Os que permaneceram em Portugal, resistindo à conversão, podiam ser arrastados à pia bastismal.

Adveio até um massacre, perpetrado pelo povo lisboeta, incitado por um clero fanático, com o beneplático das autoridades de segurança pública, um pogrom como os da Europa do Leste.

O futuro não foi radiante. No Massacre de Lisboa (1506), uma multidão de fanáticos perseguiu, torturou, matou e queimou na fogueira milhares de pessoas acusadas de serem judias. A peste grassava em Lisboa, fazendo dezenas de vítimas ao dia. A matança, que durou três dias, durante a Semana Santa, teve início no Convento de São Domingos de Lisboa, incitada por frades dominicanos. Assustado com a dimensão da tragédia, o Pogrom de Lisboa, dom Manuel I decidiu punir os responsáveis. Os frades dominicanos que incitaram o povo contra os judeus foram executados. Não há como precisar com exatidão o número de vítimas entre os cristãos-novos; homens, mulheres e crianças de todas as idades não foram poupados. O número total oscila de dois mil a cinco mil judeus.

Doravante, os judeus não teriam mais paz em Portugal. Mesmo para os que se converteram ao catolicismo, as expectativas eram sombrias. Além do espectro sempre presente da expulsão forçada dos *conversos*, para locais tão remotos como São Tomé e Príncipe, havia a Inquisição portuguesa (Conselho Geral da Santa Inquisição). Instalada em 1536, a pedido de dom João III (1502-1557), sucessor de dom Manuel I, ela tinha competência em todo o Império português; seu alvo eram os *conversos* suspeitos de praticar secretamente o judaísmo. Ou, de forma mais dúbia, os *conversos* que não aderiam à ortodoxia católica. Para pessoas invejosas do sucesso alheio, capazes de denunciar quem elas considerassem suspeito, uma ótima oportunidade para aproveitarem-se.

Os primeiros autos-da-fé começaram em 1540. Semelhante à Inquisição espanhola, a Inquisição portuguesa instalou um clima de medo e desconfiança em toda a sociedade. Rituais públicos de humilhação, os autos-da-fé, que podiam terminar com a queima na fogueira do acusado, não se limitaram a Portugal. Como a Inquisição portuguesa tinha competência em todo o Império, ocorreram autos-da-fé do Brasil a Goa. Oficialmente, para fins jurídicos, a Inquisição portuguesa encerrou-se apenas em 1821 numa sessão das Cortes Gerais, Extraordinárias e Constituintes da Nação Portuguesa, o Soberano Congresso.

Um dos resultados da Revolução Liberal do Porto (1820), o Soberano Congresso elaborou e aprovou a primeira Constituição portuguesa (1822)[4].

Ser cristão-novo significava ficar sempre sob a vigilância da Inquisição portuguesa. Praticando sua fé judaica em segredo, um número significativo converteu-se ao catolicismo como mera formalidade. Os judeus de Belmonte, cidade da região central de Portugal, dentre outros, continuaram a praticar sua fé no âmbito de uma comunidade isolada e secreta. Casando-se entre si, mantiveram poucos contatos com o mundo exterior; preferiram isolar-se, conservando-se judeus até hoje.

À semelhança dos judeus espanhóis, os judeus portugueses que não se converteram ao catolicismo também foram expulsos; seus principais destinos foram variados. Como os espanhóis, eles também buscaram refúgio na África do Norte, no Magrebe; no Império otomano, nos Bálcãs; nos Países Baixos; no Brasil e no Caribe Holandês. Istambul, Salônica, Amsterdã, Recife, Curaçao receberam um grande influxo de judeus portugueses. Foram estes judeus que construíram a Esnoga/Sinagoga Kahal Zur Israel/Rocha de Israel, no Recife (1636), a primeira do Hemisfério Ocidental; a Esnoga/Snoa/Sinagoga Mikvé Israel-Emanuel/A Esperança de Israel-Emanuel, em Curaçao (1674); e a Esnoga/Sinagoga Portugueza/Portuguesa, em Amstedã (1675). Bento de Espinoza (1632-1677), fundador da análise bíblica moderna, um dos principais renovadores da filosofia contemporânea, pertencia a uma família de judeus portugueses, bem como David Ricardo (1772-1823), um dos iniciadores da economia política moderna.

A PROTEÇÃO RECEBIDA PELOS JUDEUS NOS PAÍSES BAIXOS

Portugal, como país independente, deixou de existir durante a União Ibérica (1580-1640). A derrota na Batalha de Alcácer-Quibir (1578) resultou na morte do rei de Portugal, dom Sebastião.

---

[4] Sem a Revolução Liberal do Porto, que ameaçou sua legitimidade dinástica, dom João VI (1767-1826) não teria acelerado seu retorno do Brasil a Portugal.

Sem herdeiros diretos, finda a dinastia de Avis, teve início a Guerra da Sucessão Portuguesa (1580-1583). Vitorioso, Filipe II (1527-1598), rei da Espanha, primo de dom Sebastião, unificou a Península Ibérica; ao contrário do que desejara dom Manuel I, Portugal não liderou este processo de unificação. Durante a União Ibérica, Filipe II não conseguiu solucionar o principal problema de seu vasto império. À frente do primeiro império global da história, com territórios em todos os continentes conhecidos – África, América, Ásia, Europa –, Filipe II enfrentou sem sucesso os Países Baixos, parte integrante do Império espanhol. Chefiados pela Holanda, os Países Baixos, na Guerra dos Oitenta Anos (1568-1648), lutaram, com sucesso, contra a União Ibérica, contra Espanha e Portugal, para tornarem-se independentes. Expulsos da Espanha e Portugal, os judeus espanhóis e portugueses encontraram nos Países Baixos um aliado.

Dois séculos antes da Revolução Francesa, que iniciou o processo de emancipação em grande escala dos judeus europeus, a Holanda concedia aos judeus uma proteção jurídica próxima à dos cristãos. Católicos, luteranos, menonitas e judeus, mesmo sendo discriminados pelos calvinistas, beneficiavam-se de uma atmosfera de relativa tolerância. Havia três razões fundamentais para que os judeus recebessem este tratamento diferenciado nos Países Baixos, em comparação com o que vigorava na Espanha e Portugal. Na Espanha e Portugal, muitos deles faziam parte da elite cultural, econômica e política local; muitos judeus portugueses tornaram-se acionistas e assessores da Companhia das Índias Orientais e da Companhia das Índias Ocidentais. Os Países Baixos não eram controlados por católicos, mas por calvinistas; da mesma maneira que os judeus, os calvinistas eram perseguidos na Espanha e Portugal. Se os espanhóis e portugueses eram inimigos dos judeus, não havia *a priori* por que não considerá-los amigos dos Países Baixos contra a União Ibérica[5].

Para os Países Baixos, tratava-se de reencontrar antigos parceiros comerciais, com os quais eles haviam estabelecido relações de confiança há muito tempo. Da parte dos judeus, não havia como deixar de admirar a Guerra dos Oitenta Anos. Um

5   Isaac S. Emmanuel; Suzanne A. Emmanuel, *History of the Jews of the Netherlands Antilles*, Cincinnati: American Jewish Archives, 1970, v.1, p. 99.

pequeno território, com uma área aproximadamente igual à do futuro Estado de Israel, povoado por dissidentes cristãos, os calvinistas, perseguidos como os judeus pelos católicos, tinha a coragem de lutar contra o maior império do mundo, o Império espanhol. Desde o início, os Países Baixos, em seu processo de libertação nacional, opuseram-se à Inquisição espanhola.

Para a surpresa da Europa, os Países Baixos, durante a Guerra dos Oitenta Anos, chegaram a solicitar ajuda até mesmo do arqui-inimigo à época do Ocidente, o Império Otomano. Em seu ápice, este Império praticamente cercou a Europa; da África do Norte aos Bálcãs, da Península Arábica à Crimeia, os otomanos dominavam. Em 1529, o Império quase conquistou Viena. A Liga Santa, a coalizão de países católicos mediterrânicos contra os otomanos, comandada por dom João da Áustria (1547-1578), irmão de Filipe II, derrotou, na Batalha de Lepanto (1571), o Império, pondo fim à expansão otomana no Mediterrâneo[6]. Indiferentes à opinião dos países católicos e luteranos, os Países Baixos, para garantirem sua independência da Espanha, buscaram a intercessão de dom José Nassi, duque de Naxos, um dignitário otomano. Com a ajuda de Nassi, os Países Baixos esperavam que o Império declarasse guerra aos espanhóis. Atacada em vários flancos, a Espanha, de acordo com o cálculo político e militar dos Países Baixos, teria de retirar-se do principal campo de batalha, Flandres[7]. Se o Império otomano teve Solimão (1494-1566), o Magnífico, os Países Baixos tiveram Guilherme I (1533-1584), príncipe de Orange, o Taciturno. Capazes de cogitar uma aliança com o Império otomano contra a Espanha, os Países Baixos não mediram esforços durante a Guerra dos Oitenta Anos; calvinistas e muçulmanos juntos contra a católica Espanha. Uma combinação improvável, mas que fez parte do projeto estratégico dos Países Baixos.

---

6   Na Batalha de Lepanto, Miguel de Cervantes (1547-1616), autor de *Dom Quixote*, o primeiro romance moderno, um clássico da literatura ocidental, levou um tiro. Incapacitada sua mão esquerda, ele passou a ser chamado de o maneta de Lepanto (*el manco de Lepanto*).

7   I.S. Emmanuel; S.A. Emmanuel, op. cit., p. 99: "To achieve their independence from Spain, the Dutch solicited the aid of Don Joseph Nassi, Duke of Naxos, a powerful figure in the Ottoman Court of that day. Through Nassi's intervention, Duke William of Orange counted on the Turks to declare war on Spain and thus force Spain to recall her troops from Flanders."

Para os judeus, residentes sobretudo na Holanda, não havia mais porque se preocupar com a Inquisição. Nos Países Baixos, não era necessário converter-se ao calvinismo; a religião judaica não foi banida. Eles tinham o direito de preservar sua fé. Atraídos pela relativa tolerância holandesa, a partir de 1581, centenas de judeus espanhóis e portugueses buscaram um porto seguro em Amsterdã. Chegaram a fundar três sinagogas no principal centro comercial e econômico da Holanda, dentre elas a famosa Sinagoga Portuguesa. Eles trouxeram consigo suas famílias, sua rede de parceiros comerciais, seu conhecimento e seu capital.

Com o final da Trégua dos Doze Anos (1609-1621), à luz do embargo econômico imposto pela Espanha contra os Países Baixos a partir de 1621, vedando-lhes o acesso à Península Ibérica, os judeus espanhóis e portugueses, sefarditas, atravessaram um período de dificuldades em Amsterdã[8]. Muitos abandonaram a Holanda para viver na Alemanha, sobretudo em Hamburgo; esta tendência, no entanto, não durou muito tempo. Fazendo o percurso inverso, tão logo a situação nos Países Baixos melhorou, eles retornaram, para Amsterdã e Roterdã. Seguindo os passos dos judeus sefarditas, muitos judeus asquenazes também passaram a deixar a Alemanha e Polônia, rumo à Holanda.

Ser judeu em Amsterdã no século XVII, no tempo de Bento de Espinoza, significava ser cidadão da cidade mais importante do mundo[9]. Para os holandeses, português tornou-se sinônimo de judeu, de *converso*, de cristão-novo, de criptojudeu, de marrano. Por esta razão, os judeus sefarditas de Amsterdã eram chamados de portugueses (*portugezen*), independentemente de sua origem. Como não poderia deixar de ser, sua principal sinagoga chamava-se Sinagoga Portuguesa. Os judeus sefarditas de Amsterdã no século XVII tornaram-se a comunidade judaica mais poderosa de toda a Europa.

---

8   Com a Trégua dos Doze Anos, houve uma cessação temporária das hostilidades entre os Países Baixos e a Espanha durante a Guerra dos Oitenta Anos.
9   Henry Méchoulan, *Être juif à Amsterdam au temps de Spinoza*, Paris: Albin Michel, 1991, p. 11: "Être juif à Amsterdam au temps de Spinoza, habiter la plus libre et la plus puissante ville du monde au XVIIe siècle, c'est d'abord vivre un défi, une reconquête et une victoire."

Atraídos pelo comércio entre os Países Baixos e a União Ibérica, antes do embargo imposto pelos espanhóis, muitos judeus portugueses haviam se estabelecido em Amsterdã. A importação de produtos brasileiros via Portugal era uma das principais atividades comerciais da cidade. A partir da importação de açúcar, surgiu uma nova indústria na Holanda. Em cerca de dez anos, mais de vinte refinarias estabeleceram-se em Amsterdã[10]. No final do século XVI, muitos interessados em instalar refinarias de açúcar na Holanda, provenientes de Antuérpia, deslocaram-se para Hamburgo[11]; a Holanda, então, não protagonizava o comércio internacional de açúcar[12]. Com o embargo econômico imposto pela Espanha, alguns judeus de Amsterdã partiram não somente para Hamburgo, mas também para Bremen, Glückstadt, Calais e Londres[13]. A partir de um território neutro, em relação à Espanha, eles podiam comercializar mais facilmente com a Península Ibérica[14]. Atacar o Brasil açucareiro significava conquistar a fonte de matéria-prima para as refinarias holandesas, unindo a produção agrícola e industrial.

10 Jonathan Irvine Israel, *The Dutch Republic and the Hispanic World 1606-1661*, Oxford University Press, 1986, p. 47: "The importing of Brazilian products indirectly via Portugal at this time became one of the city's major trades and also generated a valuable new industry: more than twenty sugar refineries arose in Amsterdam in the space of ten or twelve years."
11 Hamburgo, maior centro marítimo e comercial da Alemanha, fazia parte da Liga Hanseática (séculos XIII-XVII). A Hansa, ou Liga Teutônica, uma confederação de guildas congregando comerciantes basicamente de origem alemã, era inimiga de Amsterdã; sua área de atuação ia do Mar do Norte ao Mar Báltico. Durante a Guerra Holandês-Hanseática (1438-1441), Amsterdã, liderando os Países Baixos, derrotou a Liga Hanseática. Com o Tratado de Copenhague (1441), Amsterdã ganhou acesso ilimitado aos cereais do Mar Báltico e à pesca de arenque. Iniciava-se, assim, a escalada marítima e comercial dos Países Baixos rumo à hegemonia. Após as Guerras Anglo-Holandesas (1652-1784), a Inglaterra tornou-se a senhora dos mares.
12 J.I. Israel, *The Dutch Republic: Its Rise, Greatness, and Fall 1477-1806*, Oxford University Press, 1998, p. 309: "The Antwerp sugar-refiners who arrived in Holland, in the late 1580s, for example, moved on to Hamburg, because Holland, as yet, had no share in the international sugar trade."
13 Hamburgo, Bremen e Lübeck eram as cidades alemãs mais poderosas que faziam parte da Liga Hanseática.
14 J.I. Israel, *The Dutch Republic and the Hispanic World 1606-1661*, p. 135: "Many merchants, including a number of Amsterdam Jews, migrated to Hamburg, Bremen, Glückstadt, Calais, and London, from where they could more easily continue their business with the Peninsula and this to some extent was bound to involve loss of trade for the Republic."

Para os judeus que permaneceram nos Países Baixos, se quisessem continuar a comprar e vender para a União Ibérica, o último recurso era o mercado negro. Contando com o apoio de cristãos-novos na Península Ibérica, os judeus sefarditas de Amsterdã tentaram levar uma vida normal. Contribuindo para sua expansão marítima no século XVII, eles lutaram ao lado dos Países Baixos no Brasil contra a União Ibérica[15]; Samuel Cohen acompanhou Hendrick Corneliszoon Lonck[16] na conquista de Pernambuco[17]. Em Olinda, sua principal cidade e capital, antes da invasão, havia cristãos-novos e até uma família holandesa[18].

Da mesma maneira que os judeus viveram, com os mouros no Al-Andalus, a chamada Idade de Ouro da cultura judaica na Península Ibérica, os judeus, livres da perseguição na União Ibérica, da Espanha e Portugal, viveram, nos Países Baixos, outra Era Dourada, com o final da Guerra dos Oitenta Anos. Em nenhuma outra parte da Europa, os judeus, na segunda metade do século XVII, prosperaram tanto[19]. A partir de 1657, os Estados Gerais da Holanda reconheceram os judeus como seus concidadãos; passaram a defendê-los como tais quando eles eram capturados no mar pela Espanha[20].

---

15 I.S. Emmanuel; S.A. Emmanuel, op. cit., p. 39: "In gratitude they also served in the ranks of the Dutch army which took possession of Brazil and other Lands, including Curaçao."

16 O almirante Hendrick Corneliszoon Lonck (1568-1634), junto com o corsário Piet Hein (1577-1629), capturou em 8 de setembro de 1628, a serviço da Companhia das Índias Ocidentais, a Frota da Prata (*Zilverfloot/Flota de Indias*), comboio naval espanhol carregado de metais preciosos que ia do México à Espanha. Em 1630, como capitão-general da frota invasora da Companhia das Índias Ocidentais, Hendrick Lonck conquistou Pernambuco, derrotando Matias de Albuquerque (1580-1647), o governador português. "Herói de Dois Continentes", Matias de Albuquerque desempenhou um papel fundamental contra a invasão do Brasil pelos Países Baixos.

17 I.S. Emmanuel; S.A. Emmanuel, op. cit., p. 37: "Samuel Cohen had accompanied General Hendrick Cornelisz Lonck in the conquest of Pernambuco."

18 Mesmo antes da conquista de Olinda pelos Países Baixos, havia na capital de Pernambuco uma comunidade judaica de cristãos-novos (cf. Primeira Visitação do Santo Ofício às Partes do Brasil; Denunciações e Confissões de Pernambuco 1593-1595. Recife: FUNDARPE. Diretoria de Assuntos Culturais, 1984).

19 J.I. Israel, *European Jewry in the Age of Mercantilism 1550-1750*, 3 ed. Oxford: The Littman Library of Jewish Civilization, 1998, p. 127.

20 I.S. Emmanuel; S.A. Emmanuel, op. cit., p. 99, nota de rodapé n. 1: "In their meetings of July 17, 1657, and Sept. 24, 1658, the States General of Holland recognized the Jews as Dutch citizens and defended them as such when the Jews were captured at sea by the Spaniards."

Para promover o comércio com a Península Ibérica e suas colônias, a Holanda entendeu que devia proteger os judeus sefarditas de Amsterdã[21]. No que dizia respeito ao comércio com a Espanha, sua participação podia chegar a cerca de 20%; a maior parte do comércio com Cádiz, Ilhas Canárias, Málaga, Santander estava em mãos judaicas. Ao menos três judeus de Amsterdã – Manuel Toralta, Diego Enríquez e Juan de Castro – participaram ativamente do comércio com a Espanha. Na Península Ibérica, eles dispunham de parceiros confiáveis, cristãos-novos portugueses residentes em Málaga, Madri e Sevilha. Ao contrário dos judeus residentes nos Países Baixos, que contavam com a proteção do governo, os cristãos-novos residentes na Espanha, no entanto, estavam sempre à mercê da Inquisição[22].

Para a Espanha, o fato de os Estados Gerais da Holanda reconhecerem os judeus como seus cidadãos não podia ser admitido; os Países Baixos como um todo, na ótica espanhola, continuavam sendo um conjunto de províncias rebeldes. Eles, no entanto, não cederam, introduzindo a questão judaica nas relações hispano-neerlandesas. Em julho de 1649, os judeus residentes em Amsterdã levaram os Estados da Holanda a solicitar a permissão formal de Madri, para que eles pudessem comercializar mediante intermediários com a Espanha[23]; não houve resposta. No ano seguinte, os Estados Gerais solicitaram liberdade de circulação para os judeus nos territórios europeus sob controle espanhol. Para demonstrar boa vontade para com os Países Baixos, uma potência em ascensão, os espanhóis, desde 1648, passaram a adotar medidas para impedir que a Inquisição confiscasse ou interferisse com os bens dos judeus dos Países Baixos custodiados por cristãos-novos na Espanha.

Em 1656, a Inquisição perseguiu dois comerciantes cristãos-novos em Sevilha. Após a intervenção do cônsul e dos Estados Gerais, a Coroa espanhola obrigou a Inquisição a devolver

---

21 J.I. Israel, *The Dutch Republic and the Hispanic World 1606-1661*, p. 423: "Another important respect in which the States General asserted itself in defense of Holland's blossoming trade with the hispanic world was in its endeavours to protect the participation of Amsterdam's Sephardi Jews."
22 Ibidem, p. 423-424.
23 Representando a principal província, os Estados da Holanda influenciavam decisivamente a política exterior dos Países Baixos.

os bens pertencentes aos judeus residentes na Holanda; apesar das garantias da Espanha de que os bens dos judeus holandeses seriam protegidos da mesma forma que os dos outros cidadãos holandeses, os conflitos não cessaram. Os judeus podiam especializar-se em transações comerciais proibidas pela Espanha, como a transferência de prata de Cádiz e das Ilhas Canárias para Amsterdã. Colocada contra a parede, a Espanha não sabia muito bem como agir diante da determinação com a qual a Holanda agia em favor dos judeus sempre que seus interesses eram prejudicados. Os Estados Gerais podiam agir com veemência em favor da comunidade judaica dos Países Baixos no exterior.[24]

UMA COMPANHIA JUDAICA PARA O BRASIL

É preciso analisar com cuidado a opinião popular bastante disseminada de que os judeus foram os principais responsáveis pela invasão da Nova Lusitânia[25]. "Com relação à tão repetida alegação de que foram os cristãos-novos no Brasil, e de Pernambuco em particular, os que solicitaram e favoreceram a invasão dessa capitania pelos holandeses, é ponto ainda a estudar."[26] Havia, no Brasil, estrangeiros não judeus interessados em ajudar no que fosse preciso os Países Baixos. "Deixaram de referir, porém, que elementos estrangeiros residentes no Brasil ou aqui conservados como prisioneiros revelaram notícias valiosas sobre o país."[27]

Pouco depois da invasão do Brasil pelos Países Baixos, em 1630, em "Madri, aos quinze dias do mês de março de 1633,

---

24 J.I. Israel, *The Dutch Republic and the Hispanic World 1606-1661*, p. 425.
25 Duarte Coelho Pereira, fundador e primeiro donatário da Capitania de Pernambuco, ao escrever ao rei de Portugal dom João III, chamava Pernambuco de Nova Lusitânia (cf. José Antônio Gonsalves de Mello; Cleonir Xavier de Albuquerque, Cartas de Duarte Coelho a El Rei: reprodução fac-similar, leitura paleográfica e versão moderna anotada, 2 ed., Recife: FUNDAJ, Massangana, 1997, p. 45: "Quamto he Senhor a esta Nova Lusitania posto que com muito trabalho e com asaz de fadiga tamta quanta ho Senhor Deos sabe a cousa estaa bem premcipiada a Deos louvores mas ha muitos encomvinientes e estorvos para a cousa em crescimento e aumento como eu Senhor desejo para serviço de Deos e de Sua Alteza."
26 José Antônio Gonsalves de Mello, *Tempo dos Flamengos*, 4. ed., Rio de Janeiro: Topbooks, 2001, p. 240.
27 Ibidem, p. 241.

compareceu perante o arcebispo de Charcas, conselheiro de Sua Majestade e da Santa Inquisição Geral, o capitão Estevan de Ares de Fonseca, natural de Coimbra, Portugal, de 32 anos de idade, e prestou depoimento sobre um certo Francisco de Brito. Consoante as palavras do capitão, um Francisco de Brito tomou parte na companhia de judeus que os holandeses enviaram com sua armada em direção à costa de Pernambuco, no ano 1629. Deste valioso depoimento valeu-se a Inquisição de Cuenca, quando procedeu, em 1653 e nos anos seguintes, contra Francisco Mendes de Brito, habitante de Madri e chanceler da cruzada. Julgavam os oficiais da Inquisição que o acusado fosse idêntico com aquele Francisco de Brito, acima referido."[28]

A Inquisição espanhola não desempenhava, portanto, apenas o papel de defender a ortodoxia católica. Funcionando como um órgão estatal, ela investigava se Francisco Mendes de Brito participara da "companhia de judeus que os holandeses enviaram com sua armada em direção à costa de Pernambuco, no ano 1629". Sem dúvida, havia a suspeita de que ele fosse judeu, ou de que ao menos ele tivesse excelentes relações com a comunidade judaica. No entanto, a Inquisição não estava interessada, neste processo, em investigar apenas se Francisco Mendes de Brito praticava o judaísmo ou não; ela estava interessada em desvendar uma suspeita que até hoje não foi completamente elucidada. Na invasão do Brasil pelos Países Baixos, os judeus espanhóis e portugueses, judeus sefarditas, teriam organizado uma "companhia de judeus" com o objetivo explícito de predominar comercialmente no Brasil.

Para Francisco Mendes de Brito, porém, a questão era de vida e morte[29]. Se a Inquisição espanhola comprovasse que ele praticava o judaísmo e participara da "companhia de judeus", o destino mais provável que lhe aguardava era ser queimado

---

28 Hermann Kellenbenz, A *Participação da Companhia de Judeus na Conquista Holandesa de Pernambuco*, Conferência proferida na Faculdade de Filosofia da Universidade da Paraíba, em 7 ago. 1964, João Pessoa: Departamento Cultural, p. 6.

29 Não há como concluir, a partir das informações disponíveis, se Estevan de Ares de Fonseca, ao denunciar Francisco de Brito, tinha como objetivo prejudicar Francisco Mendes de Brito. Por meio de ilações, a Inquisição pode ter concluído, *motu proprio*, que Francisco de Brito e Francisco Mendes de Brito eram a mesma pessoa. Durante este processo de ilação, Estevan de Ares de Fonseca pode ter ajudado.

na fogueira; o que mais lhe interessava era não ser confundido com o tal Francisco de Brito. Municiado de "toda a sua árvore genealógica, tanto por parte de pai, como de sua genitora", ele refutou a "pretensa identidade"[30].

Francisco Mendes de Brito estava bastante a par da invasão do Brasil. "Sabia que tinham saído duas armadas de navios holandeses, uma em 1623 e a outra em 1624, respectivamente; a primeira, sob o comando de Jacob Willekens[31] e composta de 26 navios, saiu a 21 de dezembro de 1623, com 3.400 homens a bordo, e a outra, de 11 navios e 4 urcas, sob a chefia de Jacob l'Hermite[32], aportou à costa do Pacífico. A armada de Willekens, depois de muitas tormentas, chegou à costa do Brasil, na Bahia do Salvador, a 8 de maio de 1624, conquistando a cidade no mesmo ano. Os espanhóis, havendo ouvido o que se passara no Brasil, mandaram a dom Fradique de Toledo em socorro à Bahia, saindo a sua armada em 14 de janeiro de 1625. Outra armada já havia saído de Lisboa, no dia 26 de novembro do ano anterior, com idêntica finalidade de socorro, estando a mesma sob o comando de D. Manuel de Menezes. Perante a prepotência dos espanhóis e portugueses, retiraram-se as tropas holandesas, que contavam, naquela época, apenas 2.000 homens. Em princípios de 1625, mandaram os holandeses outra armada

30   H. Kellenbenz, op. cit., p. 6.
31   Jacob Willekens (1564-1649), almirante holandês, comandou a frota da Companhia das Índias Ocidentais rumo ao Brasil, da qual participou Piet Hein como vice-almirante, conquistando Salvador em 1624, então capital do Brasil. Willekens ocupou-a por mais de um ano, até ser expulso pelos luso-brasileiros; Matias de Albuquerque participou da resistência. Com a conquista de Salvador, teve início a execução, pela Companhia das Índias Ocidentais, do Grande Desígnio (*Groot Desseyn*), o projeto de conquista das colônias portuguesas na América do Sul e na África, para estabelecer um comércio transatlântico que rivalizaria com o comércio com a Ásia da Companhia das Índias Orientais.
32   Jacob l'Hermite/Jacques L'Hermite (1582-1624), que serviu a Companhia das Índias Orientais, atacou em 1624 Callao, principal porto do Vice-Reino do Peru. Os Países Baixos tinham um Grande Desígnio ainda maior do que o da Companhia das Índias Ocidentais; atacar sistematicamente a União Ibérica em sua retaguarda, conquistando colônias espanholas e portuguesas no Novo Mundo. O Vice-Reino do Peru era um de seus objetivos principais; a frota que atacou Callao chamava-se Frota de Nassau (*Nassausche Vloot*). Uma espécie de *joint venture*, entre os Estados Gerais e a Companhia das Índias Orientais, a Frota de Nassau tinha como objetivo final, após a conquista de Callao, as minas de prata de Potosi (Bolívia). Incapaz de realizar incursões bem-sucedidas em terra, Jacob L'Hermite fracassou.

em socorro à cidade do Salvador. Contudo, não tinha sucesso, e, com intuito de obter descanso em algum porto, aportaram na Bahia da Paraíba, situada ao norte de Pernambuco. Perseguidos, porém por Don Fradique, fugiu em três direções: uma parte voltou à Holanda, outra foi à Santa Helena e a terceira foi ter à Índia de Castela."[33]

Em seguida, Francisco Mendes de Brito, de acusado, passa a acusador. Ele relata que "por ocasião da tomada da cidade do Salvador e da restauração do domínio hispano-português, se fazia menção de 'gente da nação', com que se denominavam os judeus portugueses residentes no Brasil que 'incitavan con auisos a los estados rebeldes para que conquistasen aquela Prouincia exagerandoles la bondad y fertilidad de la tierra y auisandoles de los petrechos y otras circunstancias, de que se originó la saida de las dichas dos armadas y los judios que residian en la ciudad del Salvador fueron los que incitavan a la gente della para que se entreguian al olandes y fueron mucha parte para ello y destos dexo castigados muchos D. Fradique quando ganó la ciudad por la trayción que auian cometido.'"[34] Depois de terem sido expulsos da Espanha e Portugal, os judeus residentes no Brasil, à luz do depoimento de Francisco Mendes de Brito, não se comportaram de uma forma passiva; não apenas estimularam os Países Baixos, "Estados rebeldes", a conquistar Salvador, como animaram a população desta cidade a aderir; valia a pena arriscar e apostar no arqui-inimigo da Espanha. Se os Países Baixos conquistassem Salvador, os judeus ficariam livres da Inquisição; poderiam viver sem medo, praticando livremente o judaísmo no Brasil.

Para livrar-se da "Santa Inquisição Geral", Francisco Mendes de Brito lembrou que, quando da tentativa de conquista de Salvador, "era um rapaz de 15 anos. Não seria admissível, assegurava, que se achasse na Holanda, nem que se alistasse como soldado, pois para isso se requeria a idade de 18 anos. E, concernente a outro empreendimento holandês, em 1629, contra Pernambuco, soube argumentar que não podia ter participado do mesmo, pois vivia em Lisboa. Teve notícia do apresamento de Pernambuco

---

33 H. Kellenbenz, op. cit., p. 9-10.
34 Ibidem, p. 10.

pelos holandeses no mês de março de 1630, aproximadamente"[35]. Não sabia, portanto, de nada que pudesse ser considerado relevante a respeito da conquista da Nova Lusitânia.

O depoimento do acusador de Francisco Mendes de Brito, Estevan de Ares de Fonseca, é ainda mais revelador no que diz respeito à formação de uma companhia judaica para predominar no Brasil. Como Francisco, Estevan era português. Filho de um tesoureiro de rendas reais, com cerca de dezesseis anos fora preso pela Inquisição portuguesa. "Até aquele tempo havia vivido confessando a fé católica, embora houvesse admitido, perante a Inquisição, ser judeu."[36] "Deram-lhe o nome de David. A circuncisão foi feita por Isaac Farque, chamado também de Antônio de Aguiar, que era o primeiro especialista de circuncisão e ganhava muito dinheiro com esta operação. Depois viveu a testemunha em Lisboa, Veneza, Trapani, Saloniki e em outras praças da Itália e da Turquia, onde visitava, como judeu, sempre as sinagogas, encontrando, frequentemente, por estes lugares muitos judeus portugueses, emigrados da Espanha e de Portugal."[37] Mais tarde, teria feito a paz com o catolicismo em grande estilo.[38] "Em Rouen se reconciliou publicamente, na catedral da cidade, com a Igreja Católica, fazendo-se batizar, bem assim um filho seu, de três anos de idade, nascido e circuncidado na Holanda, que recebeu o nome cristão de Vicente. O depoente tinha chegado a Rouen em companhia de um outro judeu do *ghetto* de Valência, Emanuel Valencin, que também se reconciliou com a Igreja, recebendo o nome Juan de Acosta ou Dacosta."[39] Estevan de Ares de Fonseca conhecia muito bem a comunidade judaica.

Para Estevan de Ares de Fonseca, a gênese da companhia judaica para o Brasil foi em Flandres, e não na Holanda[40]. "Em Antuérpia havia um grupo de judeus portugueses que a testemunha conhecia dos tempos anteriores, constituído de Fernan

---

35 Ibidem.
36 Ibidem, p. 11-12.
37 Ibidem, p. 12.
38 A reconciliação com o catolicismo, da parte de Estevan de Ares de Fonseca, pode ter sido puramente formal.
39 H. Kellenbenz, op. cit., p. 12-13.
40 Flandres, até a eclosão da Guerra dos Oitenta Anos, era uma região mais próspera do que a Holanda. Antuérpia, sua principal cidade, rivalizava, em grande estilo, com Amsterdã.

Lopez Sarabia, irmão de Juan e de Henrique Nuñez Sarabia, Juan Pinto Delgado, um rabino, e seu pai Gonzalo Delgado, bem assim Diego de Aguilar, Paulo Gomez, Simon Vaez Diez, Antonio de Paz e outros."[41] Teriam sido estes judeus que arregimentavam outros judeus para participar da companhia. "Estes persuadiram-no de voltar a Amsterdão, porém na qualidade de judeu, oferecendo-lhe, para tanto, grandes vantagens. No entanto, conseguiram apenas convencer a Emanuel Valencin a fazer a viagem ao centro do comércio holandês. Muitas vezes escreveram-lhe Valencin, Diego Peixoto, aliás Mosen Coen, e outros, quando estava em Antuérpia, convidando-o a vir a Amsterdão, a fim de alistar-se como alferes na Companhia que os judeus portugueses haviam organizado para conquistar Pernambuco. O capitão da Companhia seria o tal de Diego Peixoto, e tenente o seu irmão, Antônio Mendes Peixoto."[42] Estevan de Ares de Fonseca, no entanto, não teria aceitado fazer parte desta "Companhia que os judeus portugueses haviam organizado para conquistar Pernambuco".

Para dar provas de sua lealdade à Espanha, Estevan de Ares de Fonseca não mediu esforços; ele teria informado imediatamente sobre a companhia judaica às autoridades competentes. "Em aviso, datado de 15 de março de 1634, dirigiu-se a testemunha ao Rei, por ordem do Conde de Feria, 'Castellan de Amberes'; semelhante ordem tinha do Presidente de Flandres 'Rosa' e do Padre Fray Angel de Jesus, carmelita descalço. Avisou também a Gerônimo Enriquez de Vega em Lisboa para que afastasse o dano que a Monarquia Espanhola pudesse sofrer. Tendo ciência os judeus portugueses que a testemunha havia dado esses avisos aos espanhóis, procuraram os mesmos os holandeses rebeldes, pedindo-lhes que não organizassem a dita Companhia de judeus com tanta publicidade, e que anunciassem o seu cancelamento;[43] por outro lado, não embarcassem todos numa só nau, como fora combinado, mas antes fossem distribuídos pelos 32 navios que os Estados holandeses mandariam a Pernambuco. Esta providência, tomada pelos judeus

---

41 H. Kellenbenz, op. cit, p. 13.
42 Ibidem.
43 Para Estevan de Ares de Fonseca, o fato de ele ter denunciado a formação da "Companhia de judeus" teria levado ao seu virtual cancelamento.

portugueses em Amsterdão, comunicou a testemunha ao Rei, como também lhe fez ciente que Diego Peixoto, capitão da dita Companhia, tinha um irmão, chamado Henrique Mendez Peixoto, que vivia nos reinos espanhóis e por cuja ordem o capitão fazia a Companhia."[44] Como quem estava a par de tudo a respeito da Companhia judaica, ele era capaz de entrar em minúcias, apresentando pormenores a respeito de seus principais integrantes. "Outra interessante figura do grupo era Vicente da Costa, cunhado de Diego Peixoto. A testemunha o chama *'el pasador y por cuia orden pasan a Amsterdam y el los acompaña todos los Portugueses Judíos que van de España y como le coneceu por tal le embian a llamar de muchas partes para los acompañe'*."[45] Para mostrar serviço à Inquisição espanhola, Estevan de Ares de Fonseca terminou comprometendo seu compatriota, Francisco Mendes de Brito.[46]

Dotado de uma memória excepcional, Estevan de Ares de Fonseca conseguiu nomear, perante a Inquisição espanhola, todos os judeus que teriam participado da companhia. "A contribuição mais interessante que trouxe a testemunha é a lista dos participantes da Companhia. Foram estes: Diego Peixoto, aliás Mosen Coen, capitão; Francisco Serra, aliás Jacob Serra, alferes; Manuel Martinez de Figueiredo, sargento; Inan Garces, ajudante de alferes; Francisco Nuñez de Coimbra, clérigo, ajudante de sargento; Joseph Mendez; Francisco Mendez Francavila; Gaspar Dorta; Manuel de Leon, predicante; Rafael Buendia Garzon, *'que quiere dezir maestre de Judios'*; Francisco de Malaga, *'maestre de los niños que los enseña el hebreo'*; Francisco Caldera, barbeiro; Joan de Aro, médico; Joan Sanchez, boticário; Manuel Pereyra; Francisco Pinto; Manuel Serrano de Mezquita; Joan Diez Drago; Manuel López Querido; Joan Henriquez; Manuel Mendez Pinto; Henrique da Silva; Joan López Perez; Francisco Dorta; Rodrigo de Castro; Francisco de Lima (Fraile Francisco); Antônio Alvarez; Joan de Andrade; Francisco Dacosta; Antônio Rodriguez; Vasco Mendez; Francisco de Brito; Manuel de Sosa; Agustin Nuñez; Joan Dacuña; Gaspar Veloso; Esteban de Vitoria;

---

44 H. Kellenbenz, op. cit., p. 13-14.
45 Ibidem, p. 14.
46 Ao denunciar Francisco de Brito, Estevan de Ares de Fonseca pode não ter tido a intenção explícita de comprometer Francisco Mendes de Brito.

Diego Brandon; Joan Borjes; Nicolau Pinto; Joan Dacosta, aliás Emanuel Valencin; e mais outros vinte judeus da Alemanha."[47] Por uma questão de segurança, eles partiram dos Países Baixos rumo ao Brasil em várias naus[48]. "Esses participantes da empresa foram repartidos em 32 naus que saíram de Amsterdão em duas esquadras, uma depois da outra."[49] Na lista apresentada, havia todo tipo de gente, pertencente às mais variadas classes sociais[50]. Como eles não dispunham do mesmo cabedal de recursos para investir na companhia, eles devem ter contribuído distintamente para sua formação.

O depoimento de Estevan de Ares de Fonseca é perturbador. Para que ele, perante a Inquisição espanhola, tenha denunciado Francisco de Brito e todos os eventuais participantes da companhia judaica, devia haver motivos; ele já comparecera perante a Inquisição, tendo admitido ser judeu. Chegou a fugir da Península Ibérica, tendo perambulado por vários países antes de encontrar pouso fixo. Em suas andanças, ele teria se "convertido" ao judaísmo para depois "reconverter--se" ao catolicismo; não temos como verificar as razões que o teriam levado a comportar-se de forma tão errática. Tampouco temos como saber por que ele tomou a iniciativa de comparecer perante a Inquisição espanhola para entregar tantas pessoas; a hipótese mais plausível é que ele por alguma razão se sentia seriamente ameaçado. Talvez ele temesse ser descoberto antes de todos; algum participante da Companhia judaica poderia denunciá-lo antes. Ele podia saber que a Inquisição já suspeitava da existência de tal companhia. Para que não lhe associassem o nome, Estevan de Ares de Fonseca pode ter partido para o ataque. Seja quais foram as razões que o levaram a adotar medidas tão extremas, seu depoimento não deve ser desconsiderado[51]. "Estas informações do depoimento do capitão são

---

47 H. Kellenbenz, op. cit., p. 14-15.
48 Entre estes judeus, não há nenhum nome nem sobrenome que possa ser identificado como sendo de origem asquenaze; eram todos sefarditas.
49 H. Kellenbenz, op. cit., p. 15.
50 Ibidem, p. 14: "Mosen Coen, capitão; [...] Francisco de Malaga, *'maestre de los niños que los enseña el hebreo'*; Francisco Caldera, barbeiro."
51 Não se deve excluir a possibilidade de Estevan de Ares de Fonseca ter interpretado mal o que estava acontecendo. Mais provavelmente, os judeus estavam arrecadando recursos para investir na Companhia das Índias Ocidentais,

de valor extraordinário para a história da imigração judaica no Brasil. São duplamente valiosas, porque, em primeiro lugar, dão uma exposição detalhada de muitas particularidades da colaboração dos judeus de Amsterdão com membros residentes em Antuérpia e outros lugares: todos se prepararam para a empresa do Brasil. Em segundo lugar dá pormenores acerca da expedição de 1629 e uma lista de participantes da Companhia judaica."[52] Sem dúvida, há falhas, mas elas não inquinam a validade dos depoimentos. "Contudo, uma e outra particularidade era imprecisa ou falsa. Francisco Mendez de Brito acentuou que a armada holandesa de 1624 consistia de 32 naus, enquanto sabemos que a de 1624 contava 56 navios."[53] Uma coisa é certa; depois do depoimento prestado, Estevan de Ares de Fonseca sabia que não havia como voltar para trás. Tendo revelado tantos membros da comunidade judaica, ele não seria mais aceito.

A PARTICIPAÇÃO JUDAICA NA COMPANHIA DAS ÍNDIAS OCIDENTAIS

Estevan de Ares de Fonseca pode ter efetivamente interpretado mal a participação dos judeus na invasão ao Brasil; eles estavam dispostos a ajudar os Países Baixos, com os recursos de que dispunham, mas não necessariamente fundando uma companhia única e exclusivamente de judeus. Em território brasileiro, eles podiam auxiliar os neerlandeses até mesmo com guias. "Recentemente foi publicado por Arnold Wiznitzer um resumo daquilo que se sabe sobre a participação dos judeus nas expedições holandesas. Menciona o autor um tal de Antônio Diez, de cognome 'Paparoballes', que tinha sido, por alguns anos, mercador em Pernambuco e depois emigrado para a Holanda, servindo, mais tarde, às tropas holandesas como guia principal através do território brasileiro."[54] Ao menos alguns dos nomes enumerados por Estevan de Ares de Fonseca podem ser

como efetivamente o fizeram. Organizar uma companhia judaica podia significar tornar-se um alvo fácil.
52 H. Kellenbenz, op. cit., p. 16.
53 Ibidem.
54 Ibidem.

rastreados. "Para resolver este problema, é preciso ter conhecimento genealógico mais completo. Pelo menos uma pessoa da lista é passível de ser identificada: Joan da Costa, aliás Manuel Valencin, cujo pai vivia em Amsterdão e que mais tarde se achava em Veneza, chegando a ser negociante importante de câmbio. Joan da Costa volta mais tarde do Brasil e continua sua profissão como mercador na Europa."[55] No Brasil, Joan da Costa buscava ascender socialmente. "É quase certo que se alistou na Companhia com intuito apenas de fazer a viagem. Ademais, ofereciam-se tantas possibilidades econômicas, finda a ação militar, mormente no tocante à produção do açúcar. E somente sob este ponto de vista econômico, recebe a imigração judaica no Brasil a sua real significação."[56] Depois de terem sido expulsos de Portugal e Espanha, os judeus portugueses e espanhóis não assistiram passivamente ao desenrolar dos acontecimentos; participaram ativamente da conquista do Brasil. Mesmo tendo fracassado, ela causou grandes prejuízos à Espanha e Portugal[57].

Para os Países Baixos, invadir o Brasil significava conquistar seu açúcar. "O açúcar interessava aos holandeses em primeiro lugar, antes mesmo que o pau-brasil, o tabaco e outras mercadorias."[58] Não eram apenas os judeus que se haviam consagrado ao comércio com o Brasil. "Havia mercadores holandeses especializados no comércio do Brasil, como os Snellinck, De le Becque e Voerknecht."[59] Os judeus portugueses dispunham, no entanto, de uma rede de contatos ímpar, com ramificações na Europa e no Brasil. "No mesmo tempo, quando existia a colônia portuguesa em Amsterdão, negociavam estes portugueses com o Brasil, via Portugal, sendo o mais ativo entre eles Manuel Rodrigues Vega. Achava-se o mesmo em Hamburgo, onde portugueses imigrados, desde fins do século xv, mantinham sob controle boa parte do negócio do açúcar. E através destes negócios ficavam os

---

55 Ibidem, p. 17.
56 Ibidem.
57 O maior prejuízo sofrido por Portugal e Espanha, com a conquista do Brasil pelos Países Baixos, foi a demonstração de fraqueza diante do inimigo em ascensão; potências em declínio, pouco a pouco, eles curvaram-se aos Países Baixos. Não tardaria, no entanto, para que chegasse a vez de os Países Baixos cederem lugar à Inglaterra.
58 H. Kellenbenz, op. cit., p. 17.
59 Ibidem.

judeus, tanto os de Hamburgo, como de Amsterdão, em estreito contato com a colônia portuguesa, aparentemente cristã, mas na realidade, em grande parte, judaizante[60]."[61]

Os cristãos-novos que viviam em Portugal serviam de base de apoio para os judeus de Amsterdã. "Por essa razão continuavam as relações dos portugueses de Amsterdão com o mercado de açúcar brasileiro, via Porto, Lisboa e Viana, logo que se estabeleceu a Companhia da Índia Ocidental em terras do Brasil. Compreensível, portanto, que investissem apenas capitais limitados na Companhia nova, pois somente assim seria possível continuar, simultaneamente, mantendo suas relações com os portos portugueses, onde residiam tantos de seus parentes."[62] Apenas se levarmos em consideração a intermediação portuguesa no comércio dos Países Baixos com o Brasil é que se poderá ter uma noção clara da dimensão deste comércio. "A real importância do comércio holandês com o Brasil, feito, na terceira década do século, por portugueses residentes na Holanda, torna-se evidente quando a participação dos mesmos, na Companhia da Índia Ocidental, é somada ao vulto de negócios com os portos de Viana, Porto e Lisboa."[63] Bem relacionados com os cristãos-novos de Portugal, os judeus de Amsterdã puderam contribuir para os Países Baixos no Brasil[64]. "Desta maneira é fácil aquilatar que foram eles os mesmos que ajudaram às empresas holandesas de 1624, como também às do ano de 1629."[65] Sua lealdade para com os Países Baixos foi retribuída; mesmo os que se alistaram às forças neerlandesas, aparentemente sem capital, conseguiram, com o passar do tempo, tornar-se donos de seu próprio negócio. "Sintomático é o caso daquele Navarro que, uma vez terminado o contrato militar, tornou-se comerciante, e, mais adiante, proprietário de grandes plantações e engenhos de açúcar."[66]

---

60 Notoriamente, no Brasil do século XVI, havia muitos cristãos-novos.
61 H. Kellenbenz, op. cit., p. 17-18.
62 Ibidem, p. 18.
63 Ibidem.
64 Ao investir na Companhia das Índias Ocidentais, os judeus, mesmo como participantes minoritários, podem ter dado sua maior contribuição para a conquista do Brasil.
65 H. Kellenbenz, op. cit., p. 18.
66 Ibidem.

A invasão do Brasil não foi um ato espontâneo e impensado da parte dos Países Baixos; ela foi preparada com muita antecedência. "Em 13 de outubro de 1629, vários meses antes da grande esquadra partir da Holanda para a conquista de Pernambuco, o órgão executivo da Companhia das Índias Ocidentais, o Conselho dos XIX, obtivera a aprovação dos Estados Gerais, na Haia, para o 'Regimento de Governo das Praças Conquistadas ou que forem conquistadas nas Índias Ocidentais."[67] Para atrair os judeus, foi-lhes garantida liberdade religiosa. "Diz o seu art. 10°: 'Será respeitada a liberdade dos espanhóis, portugueses e naturais da terra, quer sejam católicos romanos quer judeus, não podendo ser molestados ou sujeitos a indagações em suas consciências ou em suas casas e ninguém se atreverá a inquietá-los, perturbá-los ou causar-lhes estorvo, sob penas arbitrárias, ou conforme as circunstâncias, exemplar e rigoroso castigo."[68]

Conquistada a Nova Lusitânia, os judeus conseguiram fundar a primeira comunidade judaica permanente em todo o Novo Mundo, no Recife, a capital da Nova Holanda (*Nieuw-Holland*)[69,70]. Em 1644, os judeus no Brasil Holandês podem ter chegado a 1.450 pessoas; ou seja, de um terço à metade da população civil branca da Nova Holanda[71]. Os judeus desempenhavam um papel marginal como proprietários de grandes plantações e engenhos de açúcar, mas eles controlavam uma grande parte do comércio com os Países Baixos. Para os

---

67 Arnold Wiznitzer, *O Livro das Atas das Congregações Judaicas "Zur Israel" em Recife e "Magen Abraham" em Maurícia, Brasil, 1648-1653* – Transcrição do manuscrito original, introdução, notas e glossário, Rio de Janeiro: Anais da Biblioteca Nacional, 1955, v. 74, p. 215.
68 Ibidem.
69 Oficialmente, para os Países Baixos, Pernambuco e regiões vizinhas, o Brasil Holandês, chamavam-se Nova Holanda (*Nieuw-Holland*), o que atesta o interesse neerlandês e a extensão e profundidade de seu projeto atlântico.
70 J.I. Israel, *European Jewry in the Age of Mercantilism 1550-1750*, p. 87: "Among the changes of the period 1618-48, perhaps the most important was the temporary Dutch conquest of north-east Brazil (1630-54) which made possible the founding of the first organized Jewish community in the New World – at Recife, the main Dutch base." Esta comunidade transferiu-se em parte à futura Nova York (*Nieuw-Amsterdam*, capital da colônia dos Novos Países Baixos (*Nieuw-Nederland*)) após ser expulsa do Recife.
71 J.I. Israel, *Dutch Primacy in World Trade 1585-1740*, Oxford: Clarendon Press, 1990, p. 165 "The Sephardi community both at Recife and in its hinterland rapidly increased, amounting by 1644 to some 1,450 souls, or between one-third and one-half of the total white civilian population of Netherlands Brazil."

diretores da Companhia das Índias Ocidentais, em função de seu conhecimento e de seus recursos, eles eram indispensáveis. Os judeus do Recife transformaram pela primeira vez a comunidade judaica dos Países Baixos numa rede social e comercial transatlântica[72].

Apesar do colapso do Brasil Holandês em 1654, e da dissolução da comunidade judaica do Recife, os judeus mantiveram sua relação preferencial com o Hemisfério Ocidental; muitos dos judeus expulsos do Brasil terminaram se estabelecendo no Caribe. Eles contribuíram, assim, para a expansão do comércio dos Países Baixos com as colônias espanholas vizinhas; a rede de contatos dos judeus sefarditas era extremamente sofisticada. Quando os Países Baixos estavam em guerra contra a Espanha, eles fizeram uma triangulação com Hamburgo. Os judeus dos Países Baixos não tinham em mente apenas o comércio com a Península Ibérica, mas com o Hemisfério Ocidental, a África e a Índia. Por mais paradoxal que possa parecer, a expulsão dos judeus da Espanha e Portugal facilitou este processo de expansão comercial. Cristãos-novos na Península Ibérica e no Brasil estavam dispostos a colaborar com os judeus de Amsterdã. Eles não dependiam de flamengos ou hanseáticos residentes na Península; tinham sua própria rede de contatos, os criptojudeus. Mesmo antes de 1621, ao final da Trégua dos Doze Anos, os judeus já eram responsáveis por uma grande parte do comércio dos Países Baixos com as colônias portuguesas.

Em meio à Guerra dos Oitenta Anos, a resistência luso-brasileira colocou a Nova Holanda em xeque. Ao tentar negociar a paz com a Espanha (1633), os Estados Gerais apresentaram suas exigências. Devido à guerra no Brasil, eles sugeriram uma trégua limitada apenas à Europa; nas Índias Ocidentais, no Hemisfério Ocidental, a guerra podia continuar. Eles solicitaram que os bens dos judeus dos Países Baixos em territórios espanhóis fossem protegidos[73]. Demonstrando sentirem-se for-

---

72 J.I. Israel, *European Jewry in the Age of Mercantilism 1550-1750*, p. 87-88.
73 Idem, *The Dutch Republic and the Hispanic World 1606-1661*, p. 246: "On 1 April 1633 Pauw and his colleagues presented the States General's revised demands to the southern delegation, revealing significant modifications in the Dutch stand. What the Republic now demanded was the whole Meierij plus Breda and Geldern, neutralization of Rheinberg, guarantees on the Flemish imposts, and, in view of the seemingly insuperable deadlock over

talecidos, os Países Baixos do sul, sob o controle espanhol, não cederam. Para que Breda[74] fosse devolvida aos Países Baixos do norte, estes tinham de devolver Pernambuco; a proteção dos bens dos judeus dos Países Baixos em territórios espanhóis foi recusada. Para compensar a Companhia das Índias Ocidentais, aumentou-se o valor da indenização proposta de "300.000 a 500.000 ducados"[75]. Ao contrário do proposto pelos Países Baixos, não se toleraria uma trégua limitada à Europa. Mantido o embargo, os Países Baixos não teriam acesso a nenhuma parte dos Impérios espanhol e português. Sentindo-se fortalecida, a Espanha endureceu os termos da negociação[76]. Para haver paz entre Espanha e Países Baixos, a restituição, sem condições, da Nova Holanda, de Pernambuco, era imprescindível[77].

Diante do impasse no Brasil, com a resistência cada vez mais acirrada dos luso-brasileiros, os Países Baixos hesitaram; os Estados da Holanda foram autorizados, se fosse necessário, a concordar com o abandono do Brasil Holandês. A guerra tornara-se cada vez mais insustentável para os Países Baixos. Foram cidades muito menos importantes do que Amsterdã, como Gouda, Hoorn e Enkhuizen que cerraram fileiras contra o processo de paz com a Espanha. Para estas cidades, o

Brazil, limitation of the truce to Europe only, leaving the war in the Indies to continue; the Republic dropped its demands for evacuation of the Spanish soldiery and shared administration in the Flemish ports and on the issue of the Dutch Jews, which aroused strong feelings in the Consejo at Madrid, now asked only that the goods and assets of Dutch Jews in Spanish territories should be safeguarded."

74 Importante cidade neerlandesa, os Países Baixos consideravam Breda parte integrante de seu território.
75 J.I. Israel, *The Dutch Republic and the Hispanic World 1606-1661*, p. 247: "When talks resumed at The Hague during May, the southern side stood their ground on the Meierij, rejected the demands for Geldern and concerning the Jews, and offered Breda only in return for Pernambuco; the sole new concessions were to agree to the neutralization of Rheinberg and to raise the offer of financial compensation to the West India Company from 300,000 to 500,000 ducats."
76 Os Países Baixos do sul, em pleno fronte da guerra, podiam aceitar condições mais benignas de negociação do que o governo central da Espanha.
77 J.I. Israel, *The Dutch Republic and the Hispanic World 1606-1661*, p. 248: "Isabella consulted Madrid, but the king replied, by letter of July 1633, that he would agree neither to a truce limited to Europe nor to the Dutch enjoying commercial access to any part of the Spanish or Portuguese Indies. Philip insisted that any peace or truce agreed on must conclusively end the conflict between Spain and the Dutch and that therefore the unqualified restitution of Pernambuco was essential."

futuro da Companhia das Índias Ocidentais era de fundamental importância[78]; para Amsterdã, a Companhia das Índias Orientais tinha um futuro mais promissor[79]. Embora os Estados Gerais tenham decidido continuar as negociações, o impasse estava instalado[80].

Com o conde João Maurício (1604-1679), príncipe de Nassau-Siegen a partir de 1674, governador do Brasil Holandês (1637-1644), a Companhia das Índias Ocidentais atingiu seu apogeu.[81] Grande parte do comércio era controlada pelos judeus sefarditas de Amsterdã, seus parentes e intermediários; centenas de judeus imigraram para o Brasil Holandês em busca de fortuna[82]. A Companhia conferia no Brasil Holandês um tratamento mais favorável aos judeus do que o existente na Holanda-Países Baixos da época[83]; haveria na Nova Holanda mais colonos judeus

---

78 Ibidem, p. 248-249: "So far had the split between Amsterdam and the West India Company now proceeded that the vroedschap authorized its deputies in the States of Holland to agree, if need be, to Dutch withdrawal from Brazil. Rotterdam likewise instructed its representatives to concede whatever was necessary to end 'this sorrowful and burdensome war'. Dordrecht urged its deputies to strive by every available means to achieve peace. But with no less vigour, Haarlem and Leiden mobilized their side to bring the peace process finally to a halt. As before, Gouda, Hoorn, and Enkhuizen wished the war to continue beyond Europe; for these towns, the question of colonial companies' future was clearly paramount."

79 Nos Países Baixos, com sua estrutura confederada, a busca de consenso entre as províncias e, dentro das províncias, entre as respectivas cidades, era fundamental.

80 J.I. Israel, *The Dutch Republic and the Hispanic World 1606-1661*, p. 249: "To command a majority in their province, Amsterdam, Rotterdam, and Dordrecht had to settle for harder terms than they themselves were inclined to for there was no chance of persuading even all the moderate towns to accept withdrawal from Brazil. Once again, the result was deadlock with no further concessions being offered to Spain but with agreement (opposed by Haarlem) that the talks should not yet be broken off. The States General finally resolved, on 7 July, by four provinces to three, and amid mounting acrimony, to continue negotiations for the time being. But it was clear that at this juncture the basic deadlock in the Republic was unbreakable."

81 Idem, *Dutch Primacy in World Trade 1585-1740*, p. 163: "Under the first and last 'governor-general' of Dutch Brazil, Count Johan Maurits of Nassau-Siegen, in the years 1637-44, the fortunes of the WIC in Brazil reached their zenith."

82 Com sua extensa rede de contatos, um pouco por toda a Península Ibérica e além, os judeus sefarditas de Amsterdã estavam em condições de aperfeiçoar o comércio de açúcar.

83 J.I. Israel, *Dutch Primacy in World Trade 1585-1740*, p. 165: "The Company allowed more liberal terms for Jewish religious practice and community organization in Brazil than were then in force in Holland itself."

do que colonos protestantes[84]. Formou-se uma relação simbiótica entre a Companhia das Índias Ocidentais e os judeus[85]. Por um lado, a Companhia tornou-se fundamental para os judeus sefarditas dos Países Baixos; por outro lado, os judeus tornaram-se fundamentais para a estratégia comercial e de colonização da Companhia das Índias Ocidentais no Brasil Holandês[86]. A partir da década de trinta do século XVII, a Companhia fez com que os judeus sefarditas de Amsterdã desempenhassem um papel essencial no processo de conquista por parte dos Países Baixos de uma posição hegemônica no comércio mundial[87].

As relações entre os judeus e a Companhia das Índias Ocidentais eram benéficas para ambas as partes. Os principais objetivos da Companhia, no entanto, não eram de natureza humanitária, tampouco raciais ou políticos. Para a Companhia das Índias Ocidentais, o importante era lucrar; ela devia satisfação aos seus investidores, que não estavam interessados em desculpas nem tergiversações. Para a Companhia, o pior pesadelo foi a Insurreição Pernambucana[88], dos luso-brasileiros contra os Países Baixos[89]. Nenhum investidor estava interessado em comprometer suas economias com investimentos destinados a uma Nova Holanda conturbada e com destino

---

84 Ibidem: "As most of the other white civilians, including a majority of the sugar planters, were Portuguese Catholics, there were in fact considerably more Jewish than Dutch Protestant colonists in the territory."
85 Também houve, em variados graus, uma relação simbiótica entre os judeus e a Companhia das Índias Orientais.
86 J.I. Israel, *Dutch Primacy in World Trade 1585-1740*, p. 165: "The Jews thus became central to the WIC's commercial and colonizing strategy in Brazil, and the Company became central in the life of Dutch Sephardi Jewry."
87 Ibidem: "The commercial policy adopted by the WIC in the 1630s once again made Amsterdam Sephardi Jewry and its offshoots an integral part of the mechanism of Dutch world-trade supremacy."
88 André Vidal de Negreiros, João Fernandes Vieira, Henrique Dias e Filipe Camarão comandaram a Insurreição Pernambucana.
89 Com a Guerra da Restauração (1640-1668), marcando o fim da União Ibérica, Portugal recuperou sua independência. Para expulsar a Companhia das Índias Ocidentais do Brasil, não foi mais possível contar com o apoio espanhol; portugueses e brasileiros foram deixados por conta própria contra o invasor. Durante a Restauração Portuguesa, a Espanha, Castela, teve que lutar em várias frentes na Europa, contra os Países Baixos (Guerra dos Oitenta Anos/1568-1648), contra os Estados protestantes e seus aliados (Guerra dos Trinta Anos/1618-1648) e contra a França e Catalunha (Guerra dos Segadores/1640-1659). Debilitada, a Espanha perdeu a Guerra da Restauração, e os luso-brasileiros foram vitoriosos.

incerto. Os judeus, no entanto, eram um aliado insuspeito com o qual se podia contar. Depois do que eles sofreram na Espanha e Portugal, a possibilidade de eles aliarem-se ao inimigo era mínima; o comprometimento e os recursos dos judeus eram essenciais para a Companhia das Índias Ocidentais.

Apesar de a Companhia fazer praticamente tudo que estava a seu alcance para proteger os interesses dos judeus, havia exceções. Desrespeitando as orientações recebidas, alguns governadores aproveitavam as oportunidades de que dispunham para incomodá-los. Os judeus, no entanto, não se davam por vencidos; apelavam aos Senhores XIX/*Heren XIX*, o Conselho Federal de Administração da Companhia das Índias Ocidentais, em Amsterdã, buscando proteção. Em 1701, o governador de Curaçao, Nicolaas van Beeck, determinou discricionariamente que os escravos pertencentes aos judeus trabalhassem nas fortificações aos sábados. De acordo com os privilégios que lhes foram conferidos, os judeus recusaram-se[90]. Os diretores da Companhia obrigaram Nicolaas van Beeck a atender aos judeus. Em respeito à liberdade e privilégios concedidos à comunidade judaica, os escravos pertencentes aos judeus não deviam ser obrigados a trabalhar nas fortificações aos sábados. Para a Companhia das Índias Ocidentais, atentar contra a liberdade e privilégios da comunidade judaica prejudicaria o comércio e o povo de Curaçao.[91]

Com a derrota da Nova Holanda, a comunidade judaica de Curaçao tornou-se a maior das Índias Ocidentais durante a segunda metade do século XVII. Um verdadeiro centro de irradiação comercial para as comunidades menos numerosas de Barbados, Jamaica, Martinica, Trinidad e Tobago e outras ilhas caribenhas, a comunidade judaica contribuiu para transformar Curaçao no principal entreposto comercial dos Países Baixos na região; Curaçao tornou-se a Amsterdã do Caribe.

Em 1700, havia cerca de quatro mil judeus sefarditas nas Índias Ocidentais, a maioria em colônias dos Países Baixos.

---

90   I.S. Emmanuel; S.A. Emmanuel, op. cit., p. 100.
91   Ibidem: "The Company directors thereupon ordered Beeck on November 5, 1701, to satisfy the Jews, as otherwise 'it would be to the considerable detriment of the trade and the people of the aforementioned island.'"

Depois de uma colaboração bem-sucedida no Brasil Holandês, eles eram admitidos de bom grado pela Companhia das Índias Ocidentais. A comunidade de Curaçao teve sua origem em contratos e cartas-patentes adotados pela Companhia em 1651, 1652 e 1659 para fomentar a colonização judaica[92].

Outrora, Amsterdã estabelecera relações comerciais privilegiadas com o Recife, durante o Brasil Holandês. A partir da segunda metade do século XVII, ela passou a comandar uma rede comercial triangular transatlântica da qual participavam não apenas Curaçao, mas também o Suriname; os judeus sefarditas nas Índias Ocidentais participaram ativamente desta rede.

A PROTEÇÃO RECEBIDA PELOS JUDEUS NO BRASIL HOLANDÊS

Os judeus beneficiaram-se no Brasil Holandês de uma situação absolutamente ímpar. "No Brasil-colônia, desde a descoberta do país até a proclamação de sua independência de Portugal, durante os trezentos e vinte e dois anos que vão de 1500 a 1822, só puderam os judeus professar livremente sua religião nos vinte e seis anos (1624-1625 e 1630-1654) quando, primeiramente, Bahia, e, mais tarde, as capitanias do norte do Brasil estavam ocupadas e administradas pela Holanda."[93] Animados com esta situação promissora, muitos judeus dos Países Baixos decidiram estabelecer-se na Nova Holanda; alguns cristãos-novos brasileiros abraçaram abertamente a fé judaica. "Confiantes nesta garantia da liberdade de religião e consciência nas Colônias das Índias Ocidentais, várias centenas de famílias judaicas emigraram sucessivamente para o Brasil Holandês, a partir de 1630. Eram, em sua maioria, descendentes de marranos portugueses e espanhóis. O número de judeus no Brasil aumentou em virtude de inúmeros marranos brasileiros retornarem oficialmente ao judaísmo, naquela época. Sabemos, entretanto, através de relatórios contemporâneos, que apenas uma parte dos mar-

---

92 J.I. Israel, *European Jewry in the Age of Mercantilism 1550-1750*, p. 128.
93 A. Wiznitzer, op. cit., p. 215.

ranos brasileiros tiveram a coragem de voltar abertamente ao judaísmo, os que acreditaram na permanência dos holandeses como senhores do Brasil. Os cautos preferiram continuar católicos oficialmente e judeus em segredo"[94]. O Recife, capital do Brasil Holandês, tornou-se um ímã para os judeus sefarditas.[95]

No Brasil, eles não constituíram uma comunidade amorfa; eles organizaram-se, para professar sua fé e defender seus interesses. "Os judeus recém-imigrados e os ex-marranos[96] formaram congregações. Só existe, porém, prova documental da existência de uma delas no Recife e de outra em Maurícia: a congregação 'Zur Israel' e a 'Magen Abraham'"[97]. Em 16 de novembro de 1593, houve uma denúncia ao Santo Ofício de que havia uma esnoga em Camaragibe, a Sinagoga de Camaragibe, perto do Recife[98]. Aos poucos, surgiu uma literatura hebraica na Nova Holanda. "A congregação '*Zur Israel*' foi citada pela primeira vez no poema histórico do *Hakham* Isaac Aboab da Fonseca (primeiro rabino do Brasil e do Hemisfério Ocidental) – '*Zekher asiti leniflaot El*' escrito em hebraico, em 1646, no Recife."[99] "A Congregação 'Magen Abraham' foi pela primeira

---

94 Ibidem.
95 Antes da chegada dos neerlandeses, o Recife não era muito mais do que uma aldeia de pescadores. Olinda, capital de Pernambuco, era a metrópole regional. Capital da Nova Holanda, o Recife deve muito aos neerlandeses em seu percurso para transformar-se na capital de Pernambuco.
96 Animados com a mudança da situação, com a conquista de Pernambuco pelos Países Baixos, alguns cristãos-novos resolveram abraçar publicamente o judaísmo.
97 A. Wiznitzer, op. cit., p. 215.
98 Primeira visitação do Santo Ofício às partes do Brasil; Denunciações e Confissões de Pernambuco 1593-1595, Recife: FUNDARPE, Diretoria de Assuntos Culturais, 1984, p. 75: "E denunciando dixe que averá quarenta annos pouco mais ou menos que nesta villa morava Anrique Mendes mouco cristão que despois foi pera Porto Seguro o qual era costumado todas as luas novas de agosto hir com sua molher Violante Rõiz e com toda a mais casa e familia em carros emramados e com festas desta villa ao lugar de Camaragibi que está daqui quatro ou simquo legoas e laa se estavão hũ e dous meses, e era fama pubrica nesta terra geralmente ditto por todos assim nobres o principais como mais gente e povo que no ditto Camaragibi avia esnoga onde se ajuntavão os judeus desta terra e faziam suas cerimonias e que nas ditas luas novas de agosto hiam ao ditto Camaragibi a scelebrar a festa do jejum do Gujppur e que elle denunciante vio tres ou quatro annos o *Reo* nas dittas luas nouas de agosto ir ho ditto Anrique Mendez cõ sua famjllia e casa pella sobreditta maneira ao ditto Camaragibi, e na companhia do ditto Anrique Mendez hiam tambem Antonio Diaz, e seu cunhado chamado de alcunha Alma de Burzeguis, o qual se gabaua que fora bautizado em pee, todos christãos nouos e alfaiates e defuntos."
99 A. Wiznitzer, op. cit., p. 215.

vez referida no Livro de Atas das congregações judaicas 'Zur Israel', do Recife, e 'Magen Abraham', de Maurícia[100], no dia primeiro de Shebat de 5409 (14 de janeiro de 1649)."[101] "Quando o Brasil Holandês foi reconquistado pelos portugueses em 1654, e os judeus confessos tiveram de sair do país, foi o manuscrito levado pelo *Mahamad* da congregação 'Zur Israel' para Amsterdão."[102] A comunidade judaica do Recife era cosmopolita[103]. "Foi o livro de atas redigido em português do século XVII, interpolado de muitas palavras hebraicas e algumas ladinas."[104] Todos os judeus do Brasil "deveriam ser considerados membros da congregação '*Zur Israel*', ficando sujeitos a seus regulamentos e responsáveis por suas dívidas e contribuições a serem arrecadadas"[105]. Durante séculos, a localização exata da Esnoga/Sinagoga Kahal Zur Israel/Rocha de Israel foi desconhecida. "São de 1636 as primeiras referências à existência de uma sinagoga no Recife[106]. Se seria a da rua do Bode, é interrogação a que não podemos responder com segurança. Mas era já então poderosa a nação judaica do Recife."[107]

Os judeus presentes no Brasil Holandês, ao contrário da crendice popular, não podiam ser reconhecidos em função só de nomes de plantas ou animais – Figueira, Oliveira, Pereira, Bezerra, Carneiro, Coelho, Falcão, Leão, Leitão, Lobo etc. Não somente judeus sefarditas estavam presentes no Recife. "Em protestos coletivos contra judeus *sefardim* constam nomes de possíveis *ashkenazim*; um deles assinando-se 'Daniel de Joode',

---

100 Maurícia/Cidade Maurícia (Mauritsstad/Mauritiopolis), capital do Brasil Holandês, em homenagem ao conde João Maurício de Nassau-Siegen, governador da Nova Holanda (1637-1644), ocupava uma parte do atual Recife (Ilha de Antônio Vaz e começo do bairro da Boa Vista).
101 A. Wiznitzer, op. cit., p. 215.
102 Ibidem, p. 215-216.
103 Judeus sefarditas e asquenazes viviam no Recife.
104 A. Wiznitzer, op. cit., p. 216.
105 Ibidem: "O artigo 10 estipula que todos os judeus do Brasil, presentes à Assembleia Plenária quando da promulgação das regras do Recife, no dia 1º do *Kislev* de 5409, ou residentes em qualquer parte do 'Estado do Brasil' àquele tempo, bem como os posteriormente imigrados para o Brasil, deveriam ser considerados membros da congregação 'Zur Israel', ficando sujeitos a seus regulamentos e responsáveis por suas dívidas e contribuições a serem arrecadadas."
106 Em finais do século XX, pesquisas terminaram permitindo a localização e reconstrução parcial da Sinagoga Kahal Zur Israel no Recife.
107 J.A.G. de Mello, op. cit., p. 260.

isto é, Daniel Judeu."[108] "É difícil identificá-los pelos nomes – salvo um ou outro inegavelmente judeu, como Simão Slecht, Judah bar Jacob, Jacob bar Simson ou Solomon ben Jacob – que muitas vezes soam como legitimamente holandeses, ou alemães; também os seus interesses coincidiram quase sempre com os dos holandeses, entrando em antagonismo com os dos judeus ibéricos ou *sefardim*."[109]

Para Gonsalves de Mello, ao contrário de Jonathan I. Israel, não seria possível quantificar com precisão o número de judeus presentes na Nova Holanda. "Não possuímos informações exatas para fixar o início da imigração dos judeus para Pernambuco a partir de 1630. Alguns teriam vindo como soldados ou como empregados da Companhia; como alferes chegou Moisés Navarro, depois um dos mais ricos da colônia. A outros foi concedida passagem gratuita. Alguns, já moradores no Nordeste, cristãos-novos, revelaram-se, com o livre exercício da religião, marranos: circuncidaram-se e mudaram os nomes, passando a usar outros mais caracteristicamente israelitas."[110] Cosmopolitas, os judeus sefarditas eram ao menos bilíngues[111]. "Conhecedores como eram os judeus *sefardim* das duas línguas usadas na colônia – a portuguesa e a holandesa[112] – estavam eles em condição de superar os flamengos no comércio e atividades correlatas."[113]

A decisão dos Estados Gerais de garantir liberdade religiosa na Nova Holanda estimulou os judeus dos Países Baixos a estabelecerem-se no Recife. "O edital dos Estados Gerais, de janeiro de 1634, garantindo liberdade de crença religiosa aos católicos e judeus, 'livres de investigações de suas consciências ou de suas residências', parece ter dado coragem aos marranos de Amsterdã para emigrar para Pernambuco."[114] Ao contrário do que se poderia esperar, não apenas os católicos,

---

108 Ibidem, p. 258-259.
109 Ibidem, p. 258.
110 Ibidem, p. 259.
111 Português, espanhol, hebraico, ladino, neerlandês, em variados graus de proficiência, costumavam ser idiomas de seu conhecimento.
112 Os Países Baixos, com a instalação de uma colônia neerlandesa no Recife, contribuíram para o surgimento de uma comunidade calvinista em Pernambuco (cf. Frans Leonard Schalkwijk, *Igreja e Estado no Brasil Holandês*, Recife: FUNDARPE, Diretoria de Assuntos Culturais, 1986).
113 J. A. G. de Mello, op. cit., p. 259.
114 Ibidem, p. 260.

mas também os calvinistas do Brasil Holandês resistiram à crescente presença judaica[115]. "Os inimigos da religião judaica e dos judeus em geral não eram apenas os católicos brasileiros, mas também os holandeses reformados; embora permitida a existência de sinagogas – uma das quais na Paraíba – o culto somente poderia ser levado a efeito a portas fechadas. E, sobretudo, nada de causar escândalos aos burgueses calvinistas. Concedeu-se-lhes, porém, o respeito ao *sabbath*, devendo ser respeitado por eles também o dia de domingo."[116] Nunca houve no Brasil Holandês nenhum pogrom. Embora os judeus possam ter representado de um terço à metade de sua população, nunca se registrou nada que possa ser comparado ao Massacre de Granada (1066) ou ao Massacre de Lisboa (1506). Ocorreram, no entanto, alguns desentendimentos[117]. "Data de 1637 o primeiro protesto em Pernambuco contra as atividades dos judeus, 'por serem gente inclinada a enganos e falências [...] e odiosa a todas as nações do mundo', gente de que 'esta terra se vai enchendo'. São, porém, de 1641 os protestos mais veementes contra os marranos; uma verdadeira campanha a que não faltaram manifestações ruidosas de rua, nem entreveros rudes."[118] O sucesso da comunidade judaica incomodava os competidores. "Pois esses judeus de todos os recantos do mundo estavam açambarcando os negócios e o comércio de Pernambuco. Gozavam eles no Brasil Holandês de direitos que não possuíam em Amsterdã, como seja 'o pequeno comércio' ou comércio a retalho. Sendo israelitas os principais corretores – Abraham Cohen, Elias Burgos, Jacob Nunes, Abraham Aboaf, Daniel Dormido e muitos outros – todos os negócios de vulto passavam-lhes pelas mãos."[119] A sensação de incômodo, no entanto, não degenerou em violência generalizada.

A presença em Pernambuco de judeus, no entanto, não começou com o Brasil Holandês. "Por este tempo da visita do inquisidor Heitor Furtado de Mendonça – que nos legou um

---

115 Representantes da "verdadeira fé cristã", os calvinistas podiam ser intolerantes sob o ponto de vista religioso.
116 J.A.G. de Mello, op. cit., p. 263.
117 Estes desentendimentos não se transformaram em conflitos abertos contra os judeus.
118 J.A.G. de Mello, op. cit., p. 266.
119 Ibidem, p. 266-267.

dos mais importantes documentos para a história social do Brasil do século XVI e que ainda está por ser aproveitado – já eram numerosos os cristãos-novos residentes no Recife e em Olinda."[120] Foram cristãos-novos os primeiros autores de obras literárias que hoje podemos considerar como autenticamente brasileiras. "Surge, também, uma figura de cristão-novo que tudo faz crer deva ser identificada com a do autor da *Prosopopeia*: Bento Teixeira, que se diz 'mestre de ensinar moços o latim e ler e escrever e aritmética'. Cristão-novo, com muito sangue de judeu, foi Ambrósio Fernandes Brandão, a quem se atribui modernamente a autoria dos *Diálogos das Grandezas do Brasil* – uma das cópias dos quais foi encontrada na Biblioteca de Leyden, na Holanda."[121]

A liberdade concedida aos judeus no Brasil Holandês não foi gratuita; os Países Baixos estavam interessados em capitalizar a Companhia das Índias Ocidentais. Em plena Guerra dos Oitenta Anos (1568-1648), eles estavam dispostos a proteger os judeus na Nova Holanda; não estavam interessados apenas em seu capital, mas também em conquistar um amigo fiel contra o arqui-inimigo comum, a Espanha. Por razões instrumentais e estratégicas, os Países Baixos adotaram um *status* privilegiado para os judeus no Novo Mundo. Mais tarde, após a perda do Brasil Holandês, eles voltaram a conceder liberdade aos judeus em Curaçao e no Suriname. Desta vez, com as Guerras Anglo-Holandesas (1652-1784), o inimigo era a Inglaterra[122].

Derrotados, os Países Baixos tiveram de devolver em 1654 a Nova Holanda; maior potência marítima e comercial do mundo à época, eles foram humilhados por uma estrela em declínio, Portugal. Com essa demonstração de fraqueza, os Países Baixos tiveram de render-se à ascensão da nova potência marítima e comercial do mundo, a Inglaterra. Derrotado o Brasil Holandês pelos luso-brasileiros, alguns judeus adiantaram-se. Abandonaram a Nova Holanda antes de serem expulsos[123]; embora a liberdade concedida aos judeus no Brasil Holandês, promovida

---

120 Ibidem, p. 239.
121 Ibidem, p. 239-240.
122 Jonathan Irvine Israel; Stuart B. Schwartz, *The Expansion of Tolerance: Religion in Dutch Brazil (1624-1654)*, Amsterdam University Press, 2007, p. 29.
123 Josette Capriles Goldish, *Once Jews: Stories of Caribbean Sephardim*, Princeton: Markus Wiener Publishers, 2009, p. 5.

pela Companhia das Índias Ocidentais, não possa ser comparada com o tratamento concedido aos judeus na América Hispânica e no Brasil, enquanto colônias espanholas e portuguesas, esta liberdade foi colocada em prática como um privilégio não permanente, uma concessão política, considerando os interesses instrumentais e estratégicos da Companhia[124].

Pragmática, a Companhia das Índias Ocidentais protegia quem lhe fosse útil quando lhe parecesse conveniente. Depois de as igrejas e mosteiros de Olinda terem sido saqueados e incendiados durante a invasão da Nova Lusitânia (1630-1632), a Companhia decidiu fazer as pazes com o catolicismo. Com esta demonstração de força, o incêndio e a virtual destruição de Olinda, a Companhia deixou claro aos luso-brasileiros quem passara a dar ordens. Somente depois de colocar em prática a política da terra arrasada, a Companhia das Índias Ocidentais passou a proteger *cum grano salis* os católicos. Antes da chegada do conde João Maurício de Nassau-Siegen, os Senhores XIX, em 1635, expulsaram os frades e jesuítas da Nova Holanda[125]. Depois de passar por tudo isto, a maioria dos membros do clero católico restante preferiu não confiar nas boas intenções da Companhia; assim que puderam, muitos fugiram do Brasil Holandês[126]. O catolicismo era tolerado apenas parcialmente; o acesso à hierarquia católica fora do Brasil Holandês não era permitido. Era como se os Países Baixos houvessem transformado a Igreja Católica Romana na Nova Holanda numa Igreja Católica Brasileira, encabeçada não mais por Roma, mas pelo Recife[127]. A prioridade,

---

124 J.I. Israel; S.B. Schwartz, op. cit., p. 18: "However, this was not considered as a right, or a necessarily permanent privilege, but merely a political concession to two particular groups, a privilege deemed strategically advantageous to the Company."
125 Ibidem, p. 19: "The edict of the Heren XIX of 1635, expelling the remaining friars and Jesuits from Dutch Brazil a year before the count's arrival, was therefore not part of any denial of religious toleration but simply a more precise implementation of the rules laid down by the Company in 1629, and restated in the terms of surrender under which Pernambuco, in 1630, and Paraíba, in 1634, submitted to the Dutch."
126 Ibidem, p. 18-19: "If the Catholic churches and monasteries of Olinda were pillaged and burnt during the course of the invasion of north-eastern Brazil from 1630 to 1632, most Catholic foundations in the area overrun by the Dutch were preserved and their integrity respected, even though a majority of the friars, and many priests, actually fled the area under Dutch control."
127 Ibidem, p. 21: "Toleration of the Catholic faith, then, was only partial, especially with regard to denying access to the Catholic hierarchy outside Dutch Brazil."

como não podia deixar de ser, era a Igreja Reformada Neerlandesa (*Nederlandse Hervormde Kerk*), o calvinismo. Secundada pelos Estados Gerais e pelos Senhores XIX, a Igreja Reformada fez tudo que pôde para tornar-se no Brasil Holandês a igreja oficial[128]. O catolicismo também era tolerado por razões instrumentais e estratégicas; a Companhia das Índias Ocidentais não queria, ao reprimir ainda mais o catolicismo, correr o risco de provocar uma resistência ainda mais cruenta entre os luso-brasileiros[129].

Os direitos reconhecidos aos judeus na Nova Holanda, que já eram amplos sob o conde João Maurício de Nassau-Siegen, ampliaram-se com a intensificação da resistência dos luso-brasileiros a partir de 1645. Como se estivessem se vingando do incêndio e da virtual destruição de Olinda, os luso-brasileiros devastaram, em guerrilhas, as plantações de cana-de-açúcar do Brasil Holandês; adotando esta estratégia, eles arruinaram a economia da Nova Holanda. Os Estados Gerais, então, instruíram os Senhores XIX a cancelar todas as restrições ainda existentes para que os judeus participassem do comércio varejista, a anular os requisitos que os impedia de tornarem-se profissionais liberais e diminuir as restrições em vigor à prática de sua religião.[130] Embora os judeus ainda fossem excluídos do exercício de todas as funções e cargos públicos, havendo dúvidas quanto à possibilidade de eles abrirem suas lojas no domingo cristão, os direitos reconhecidos aos judeus na Nova Holanda não tinham precedente no mundo cristão desde a Antiguidade[131,132].

128 Ibidem, p. 22: "Meanwhile, the Dutch Reformed Church, with the support of the States General in The Hague, and the Heren XIX, endeavoured to organize itself in an effective manner as the public church in 'New Holland' as Dutch Brazil was officially designated."

129 Se a Nova Holanda houvesse prosperado, é difícil saber que destino teria tido a Igreja Católica Romana no Brasil Holandês.

130 J.I. Israel; S.B. Schwartz, op. cit., p. 28: "Prodded by the elders of the Portuguese Jewish community of Amsterdam, the States General directed the Heren XIX to remove many of the remaining restrictions on Jewish retailing and entry into the professions, and ease the restrictions on the practice of their religion."

131 A rigor, excluídos do exercício de todas as funções e cargos públicos, em que pese a liberalidade da Companhia das Índias Ocidentais, os judeus eram cidadãos de segunda classe na Nova Holanda.

132 J.I. Israel; S.B. Schwartz, op. cit., p. 28: "Although the Jews, qua Jews, were still excluded from all public functions and offices, and there were still some points in dispute (notably the disagreement about whether the Jews had the right to open their shops and engage in business on the Christian Sabbath,

Os direitos dos judeus na Nova Holanda, no entanto, não foram considerados pela Companhia das Índias Ocidentais um modelo a ser adotado *ipsis litteris* nos outros territórios sob seu controle. Numa carta de 26 de abril de 1655 ao governador dos Novos Países Baixos[133], Pieter Stuyvesant, os diretores da Companhia, respondendo às queixas dos calvinistas de Nova Amsterdã, futura Nova York, a respeito da chegada recente dos refugiados sefarditas do Recife, após a rendição da Nova Holanda a Portugal, declararam que eles gostariam de acatar o pedido formulado, expulsar todos os judeus de Nova Amsterdã; mas, depois de muitas considerações, eles consideraram que este pedido não era "razoável e justo". Após tanto sofrimento e prejuízo sofrido na Nova Holanda, era necessário encontrar outra solução; ainda mais se fosse levada em consideração a grande quantidade de capital que os judeus sefarditas haviam investido nas ações da Companhia. Aos judeus, então, foi permitido continuar a residir em Nova Amsterdã, mas eles não continuaram a gozar dos mesmos direitos econômicos e religiosos existentes anteriormente na Nova Holanda[134]. A situação, agora, era diferente.

Com a queda do Brasil Holandês, a Nova Holanda, em 1654, os judeus presentes no Recife foram expulsos; o legado deixado por eles, no entanto, foi imenso. A primeira sinagoga do

> closing only on their own Sabbath) the degree of toleration accorded to this group by the late 1640s was, from any historical perspective, something wholly unprecedented in the Christian world since ancient times."

133 Os Novos Países Baixos (*Nieuw-Nederland*) eram a colônia neerlandesa da América do Norte. Sua capital, Nova Amsterdã (*Nieuw-Amsterdam*), a futura Nova York, foi efetivamente o destino de parte dos judeus que habitavam o Recife após o colapso do Brasil Holandês.

134 J.I. Israel; S.B. Schwartz, op. cit., p. 28: "At no stage, though, did the WIC regard the form of toleration established in its colony in Brazil as proscriptive for its other territories and conquests. Hence, in a letter of 26 April 1655 to the governor of New Netherland, Pieter Stuyvesant, the directors responded to complaints from the Calvinist burghers of New Amsterdam regarding the recent arrival of Sephardic refugees from Recife, following the final surrender of Dutch Brazil to the Portuguese crown, by declaring that in principle they would have liked to have granted their request that the Jews be expelled from New Netherland, but, after considering the matter carefully, had concluded this would be 'unreasonable and unfair' given the Jews' heavy losses in Brazil. They pointed out that it would also be imprudent, certainly from their point of view, given the 'large amount of capital which they have invested in the shares of the Company'. As a result, the Sephardim were permitted to remain and permanently settle in New Netherland but had to put up with more restricted rights, economic and religious, than they had previously enjoyed in New Holland."

Hemisfério Ocidental, o primeiro rabino do Hemisfério Ocidental, Isaac Aboab da Fonseca (1605-1693), as primeiras obras literárias em hebraico do Hemisfério Ocidental. "Foi um momento de grande brilho para a nação judaica do Recife. Nomes bem conhecidos no mundo judeu estavam reunidos na colônia: Aboab, Aguilar, Velozino, dr. Abraham de Mercado, David Nassy, Eliahu Machorro, Jacob Lagarto. Eram inclusive médicos, poetas e talmudistas dos quais ainda hoje os nomes são citados com admiração pelos estudiosos do assunto."[135] "Parece que foi no Recife que nasceu a literatura hebraica na América."[136] "Também no Recife foi que compôs poemas e orações o primeiro escritor israelita em terras das Américas: o já citado rabino Isaac Aboab da Fonseca[137]. Conhecem-se dele duas orações compostas em Pernambuco."[138] Na Nova Holanda, os judeus construíram uma nova Israel, e, no Recife, uma nova Jerusalém.[139]

Misturados aos luso-brasileiros, os judeus não eram fáceis de serem identificados. "Em princípio, os estudiosos são unânimes em esclarecer que no mundo ibérico não é possível identificar os judeus pelo nome."[140] "É igualmente difícil identificar os chamados judeus *ashkenazim* da massa dos habitantes holandeses. Os *ashkenazim* começaram a afluir para a Holanda, vindos da Polônia e Alemanha, em consequência da guerra dos Trinta Anos (1618-1648) e vários deles passaram ao Brasil."[141] Judeus sefarditas e asquenazes formaram juntos, no Recife, uma colônia vibrante, influente e culta.

Do Brasil Holandês, os judeus recifenses partiram sobretudo para Nova Amsterdã (Nova York), Amsterdã e Curaçao. Em Curaçao, as primeiras famílias de judeus de 1659 tinham sobrenomes indiscutivelmente espanhóis e portugueses, sefarditas: Aboab, Aboab Cardozo, Chaves, Henriquez Coutinho, Jesurum, De Leon ou Leão, Marchena, De Meza, Oliveira, La Parra,

---

135 J.A.G. de Mello, op. cit., p. 262.
136 Ibidem.
137 De retorno aos Países Baixos, Isaac Aboab da Fonseca participou do processo que excomungou Bento de Espinoza.
138 J.A.G. de Mello, op. cit., p. 262-263.
139 A Sinagoga Kahal Zur Israel, hoje, é um museu; seu endereço é a rua do Bom Jesus, antiga rua dos Judeus (*Jodenstraat*).
140 J.A.G. de Mello, op. cit., p. 258.
141 Ibidem.

Pereira e Touro[142]. Da mesma forma que as primeiras famílias de judeus que chegaram ao Recife fundaram a Esnoga/Sinagoga Kahal Zur Israel/Rocha de Israel, as primeiras famílias de judeus que chegaram a Curaçao fundaram a Esnoga/Snoa/Sinagoga Mikvé Israel-Emanuel/A Esperança de Israel-Emanuel[143]. Ao contrário do que ocorrera com o Recife, no entanto, os judeus de Amsterdã não se interessaram muito em estabelecer-se em Curaçao; considerada à época uma ilha remota e semidesértica, diante da atual Venezuela, em pleno Caribe Holandês, muitos a abandonaram. Mais tarde, veio a prosperidade.

Com a Nova Holanda, houve uma mudança radical nas relações de poder em Pernambuco, favorecendo os comerciantes do Recife, muitos dos quais eram judeus. "A invasão de 1630 veio tirar das mãos dos aristocratas da Câmara de Olinda e dos irmãos da Santa Casa de Misericórdia – quase todos senhores de engenho – o poder político que usavam em favor de sua classe."[144] A maior parte da população luso-brasileira não se solidarizou, no entanto, com o invasor neerlandês, em que pesem as melhorias introduzidas no Recife pelo conde João Maurício de Nassau-Siegen em sua tentativa de pacificação e cooptação da Nova Lusitânia[145]. "Em geral a população pernambucana levantou-se firmemente contra os invasores: durante cinco anos lutou para deter os flamengos, superiormente armados e adestrados."[146]

O messianismo lusitano, mesmo abalado pelo declínio de Portugal, não esmaeceu. "A morte de D. João IV em novembro de 1656 não conseguiu abalar a convicção de Vieira de que ele era o rei prometido que comandaria um dia Portugal contra os turcos otomanos para a reconquista de Constantinopla e de Jerusalém, e que inauguraria assim a quinta monarquia universal."[147]

---

142 I.S. Emmanuel; S.A. Emmanuel, op. cit., p. 46-47.
143 Ibidem, p. 51: "The immigrants of 1659 can be properly considered the founders of the community [Curaçao], significantly called by the earlier settlers Mikvé Israel – Hope of Israel."
144 J.A.G. de Mello, op. cit., p. 242.
145 Após adotarem uma política de terra arrasada em Olinda, os Países Baixos, com o conde João Maurício de Nassau-Siegen, resolveram contemporizar. Numa tentativa de pacificação e cooptação da Nova Holanda, ele adotou uma série de medidas para criar uma capital no Recife.
146 J.A.G. de Mello, op. cit., p. 242-243.
147 Charles Ralph Boxer, *O Império Colonial Português: 1415-1825*, Lisboa: Edições 70, 1969, p. 352.

INTOLERÂNCIA CALVINISTA E PERSEGUIÇÃO RELIGIOSA

Os Países Baixos só passaram a reconhecer, em seu próprio território, direitos aos judeus, comparáveis aos que vigoraram no Brasil Holandês, a partir do século XVIII. No final do século XVII, era comum, tanto na Holanda como em outras províncias, proibir a residência, a visita temporária ou o comércio de judeus; estas medidas continuaram em vigor século XVIII adentro. Gouda e Utrecht, por exemplo, aprovaram leis em 1712 proibindo aos judeus residir, hospedar-se em estalagens ou fazer comércio[148].

O crescimento da comunidade judaica nos Países Baixos, a partir do começo do século XVIII, deveu-se à imigração asquenaze; provenientes sobretudo da Alemanha, eles logo superaram em número os sefarditas. O número total de sefarditas atingia seus 3 mil; suas congregações – Amsterdã, Haia, Naarden, Nijkerk, Maarssen, Midelburgo e Roterdã – permaneceram as mesmas; as congregações asquenazes, pelo contrário, proliferaram[149]. A maioria dos judeus asquenazes era muito pobre; também para eles, os Países Baixos eram uma terra de oportunidades.

Durante muito tempo, como os arminianos, católicos, luteranos e menonitas[150], os judeus defrontaram-se com dificuldades nos Países Baixos. Para os calvinistas, os judeus, da mesma forma que essas outras minorias, eram dissidentes religiosos, uma espécie de herege. Desde o final do século XVI, judeus sefarditas,

---

148 J. I Israel, *The Dutch Republic: Its Rise, Greatness, and Fall 1477-1806*, p. 1025: "At the end of the seventeenth century, it was still usual in most Dutch towns, in Holland as well as in the outer provinces, to forbid Jews to settle, visit temporarily, or trade, and it was by no means uncommon for this policy to be reconfirmed in the early eighteenth. Thus, Gouda and Utrecht both passed civic laws in 1712, forbidding Jews to settle, lodge in inns, or enter for purposes of trade."
149 Ibidem: "The continuous growth of the Jewish presence in the United Provinces, after 1700, was thus entirely due to Ashkenazic immigration, principally from Germany. While the Sephardic population remained static, at around 3,000, and the number of Sephardic congregations constant, at seven – Amsterdam, The Hague, Rotterdam, Middelburg, Maarssen, Nijkerk, and Naarden – German Jewish congregations proliferated all over the Republic, and the size of the Ashkenazic population steadily increased."
150 Descendentes dos anabatistas, que surgiram na Europa no século XVI, durante a Reforma, os menonitas têm um histórico de sofrerem perseguição religiosa; foram discriminados e reprimidos por calvinistas e luteranos. Seu fundador foi o frísio Menno Simons (1496-1561).

provenientes da Espanha e Portugal, começaram a residir em Amsterdã; mas em nenhum lugar dos Países Baixos, no entanto, até a Revolução Batava (*Bataafse Revolutie*)[151], o judaísmo foi oficialmente reconhecido ou permitido[152]; arminianos, católicos, luteranos, menonitas e judeus sofriam com a intolerância calvinista. Em 1612, os judeus portugueses de Amsterdã, com o apoio de alguns membros da Câmara Municipal (*Vroedschap*)[153], tentaram construir uma sinagoga; o Consistório da Igreja Reformada Neerlandesa, no entanto, obrigou a Câmara Municipal a impedir que o projeto fosse adiante[154]. A Sinagoga Portuguesa de Amsterdã foi concluída apenas em 1675.

A vitória dos contrarremonstrantes a partir de 1618 reduziu a tolerância concedida pelos Países Baixos aos dissidentes religiosos[155]. Contrastando com o clima de tolerância existente na Nova Holanda, principalmente durante o governo do conde João Maurício de Nassau-Siegen, ao menos no que diz respeito à comunidade judaica, proibiu-se até mesmo o luteranismo. Em

---

151 Com a Revolução Batava (1794-1799), influenciada pela Revolução Francesa, os Países Baixos adotam princípios iluministas. A República das Sete Províncias Unidas dos Países Baixos (1581-1795) chega ao fim. Ela é substituída pela República Batava (1795-1806), Estado satélite francês.

152 J.I. Israel, *The Dutch Republic: Its Rise, Greatness, and Fall 1477-1806*, p. 376: "But nowhere was Jewish worship officially acknowledged, or permitted."

153 *Vroedschap* era a designação das câmaras municipais que governavam as cidades dos Países Baixos de então. O vereador era chamado de "*vroedman*", sábio. Um título honorífico da *Vroedschap* era "*vroede vaderen*", pais sábios.

154 J.I. Israel, *The Dutch Republic: Its Rise, Greatness, and Fall 1477-1806*, p. 377: "In 1612, the Portuguese Jews in Amsterdam, with the support of some members of the vroedschap, tried to build a synagogue but (to the relief of Spanish ministers, in Brussels) the Reformed consistory made such a fuss that the vroedschap felt obliged to suppress it."

155 Os contrarremonstrantes eram inimigos da Irmandade Remonstrante (*Remonstrantse Broederschap*), baseada nos ensinamentos de Jacó Armínio (1560-1609), mais liberal do que o calvinismo. Versão autóctone, neerlandesa, de protestantismo, ela apresentou em 1610 para conhecimento geral os Cinco Artigos de Remonstrância (*Vijf artikelen van de remonstranten*). Discordando em quase tudo do calvinismo, versão estrangeira de protestantismo, eles rejeitaram o dogma da predestinação. Opondo-se radicalmente ao ensinado por Jacó Armínio, Francisco Gomarus (1563-1641), teólogo calvinista, contribuiu para que os remonstrantes, os arminianos, fossem derrotados no Sínodo de Dordrecht (1618-1619). A Irmandade Remonstrante foi condenada como uma seita herege, depravada e blasfema; os calvinistas conseguiram, assim, desmoralizar e eliminar a versão autóctone, neerlandesa, de protestantismo. Combalido pela controvérsia com Francisco Gomarus, que degenerou em perseguição contra a Irmandade Remonstrante, Jacó Armínio faleceu prematuramente aos 49 de idade.

plena Holanda, a província mais próspera e esclarecida dos Países Baixos, o radicalismo imperou; a igreja luterana em Leiden foi fechada, e a de Roterdã, simplesmente demolida. Os calvinistas, com medo de perder fiéis e influência, passaram a adotar uma posição claramente hostil contra outras religiões protestantes; açulados por agitadores, a turba calvinista era temida pelos luteranos. Para o desespero da comunidade judaica, os sínodos da Igreja Reformada Neerlandesa tentaram convencer os Estados Gerais a proibir o judaísmo. Quando ficou claro que Amsterdã não permitiria a adoção desta medida, eles solicitaram que a liberdade dos judeus fosse limitada[156].

Um dos líderes mais contundentes dos contrarremonstrantes, famoso pelo fanatismo e discurso incendiário, era Henricus Arnoldi de Delft. Bem articulado, sem medir palavras, ele expôs seus argumentos altamente favoráveis aos calvinistas em seu tratado de título revelador, publicado em 1629, *Da Obrigação de Consciência* (*Vande Conscientie-dwangh*). Para este calvinista convicto, não cabia falar de liberdade de consciência, de liberdade religiosa; o calvinismo era a única religião verdadeira. Sendo assim, seguindo esta linha de raciocínio, os calvinistas eram os únicos escolhidos de Deus. Para o bem dos não calvinistas, mesmo contra sua vontade, todas as outras religiões podiam e deviam ser banidas. Talvez assim os mais sensatos, iluminados por Deus, então, tomassem a única decisão cabível – converter-se, para seu próprio bem, ao calvinismo. Para Henricus Arnoldi de Delft, os Estados Gerais, muito menos os Estados das províncias, não haviam nunca concedido liberdade religiosa aos católicos, luteranos, menonitas e judeus. Se eles praticavam sua falsa religião, era porque as autoridades seculares se faziam de desentendidas[157]. Tolerar o judaísmo era ainda pior, pois prejudicava a Cristandade como um todo; os judeus não deviam

---

[156] J.I. Israel, *The Dutch Republic: Its Rise, Greatness, and Fall 1477-1806*, p. 476: "The Lutheran church at Leiden was closed and that at Rotterdam demolished. [...] The synods persuaded the States to consider banning Jewish worship and, when it became clear that Amsterdam would block this, petitioned that the 'freedom of the Jews might be cut back and limited, as is done in other lands where they are permitted to reside.'"

[157] Ibidem, p. 500: "Arnoldi expounded his arguments most systematically in his tract Vande Conscientie-dwangh, published at Delft, in 1629. [...] He pointed out that neither the States General, nor provincial States, had ever authorized the 'free exercise of their pretended religions to the Lutherans or Mennonites, and still

ser tolerados em lugar algum[158]. Henricus Arnoldi de Delft não conseguiu o que queria, banir o judaísmo dos Países Baixos.

Pela primeira vez desde 1579, quando as províncias debateram e aprovaram a União de Utrecht, a Grande Assembleia (*Grote Vergadering*), em 1651, reuniu-se na Haia, no *Binnenhof*[159,160]. Modelo de civilidade, as repúblicas foram apresentadas como sendo inerentemente superiores às monarquias; bastava lembrar as glórias das repúblicas clássicas, medievais e modernas de Atenas, Esparta, Roma, Florença, Gênova, Veneza e Suíça. Novamente em ação, os sínodos da Igreja Reformada apresentaram uma petição conjunta à Grande Assembleia alertando os deputados a respeito dos riscos que o calvinismo atravessava nos Países Baixos; o catolicismo estava retomando a ofensiva. Para impedir que o problema se agravasse, eles sugeriram sua supressão pura e simples, se necessário *manu militari*, em todos os Países Baixos; os católicos deviam ser excluídos de todas as funções e cargos públicos. Para evitar a perda de fiéis e de influência, os sínodos da Igreja Reformada queriam ainda proibir o estabelecimento de novas congregações de luteranos, menonitas e remonstrantes. Como um mal menor, difícil de ser extirpado, as congregações já existentes podiam, até segunda ordem, continuar a existir. Quanto aos judeus, eles deviam ser proibidos de praticar publicamente sua fé em todos os Países Baixos[161]. Para os sínodos da Igreja Reformada, calvinista, os

---

less to the godless Jews, in these lands; their conducting services in some places occurs only as a consequence of the secular authorities turning a blind eye."

158 Ibidem, p. 501: "But tolerating Jews, he argued, damages all Christian society 'since they insult the name of Christ', so that Jews should not be tolerated anywhere."
159 Literalmente "Pátio Interior", o *Binnenhof*, na Haia, é um complexo de edifícios que abriga os Estados Gerais, o Parlamento neerlandês, desde 1446; é, há séculos, o centro máximo da política dos Países Baixos. A Haia desenvolveu-se em torno do *Binnenhof*. Ao lado do *Binnenhof*, encontra-se a Casa de Maurício/Casa Maurícia (*Mauritshuis*), do conde João Maurício de Nassau-Siegen.
160 J.I. Israel, *The Dutch Republic: Its Rise, Greatness, and Fall 1477-1806*, p. 706: "The Great Assembly was the first occasion, since 1579, when the provinces gathered to debate the form and structure of the Union."
161 Ibidem, p. 708: "The joint petition of the synods to the Great Assembly insisted that Catholicism was reviving and that its suppression should be taken more energetically in hand throughout the provinces and Generality Lands. In the latter, exclusion of Catholics from all offices, blocked since 1649, should now take effect. At the same time, the synods wanted the Great Assembly to rule that no tolerated congregations of Lutherans, Mennonites, and Remonstrants could be established, where these did not already exist, to prevent their

católicos, luteranos, menonitas e judeus, minorias religiosas, eram considerados inimigos.

A maior parte da legislação contra a comunidade judaica adotada nos Países Baixos, por províncias e cidades, no século XVIII era de natureza econômica; ela tinha como objetivo proteger as guildas e os lojistas calvinistas. Muitos asquenazes, ao chegarem aos Países Baixos, tentavam ingressar no comércio varejista. Para as guildas e lojistas calvinistas, era uma concorrência desleal da qual era preciso proteger-se com a intervenção do poder público.[162] Ao contrário do exemplo notório de Amsterdã, a maioria das cidades dos Países Baixos começou a permitir efetivamente o estabelecimento de judeus somente a partir do final do século XVII, ou começo do século XVIII. Esta permissão, no entanto, não lhes impedia de continuar a restringir seu contingente máximo e as atividades que eles podiam exercer; não só os judeus não podiam participar das guildas, como eles eram proibidos de abrir suas próprias lojas.[163] Como resultado, mesmo tendo capital próprio, adquirido mediante herança, esforço próprio ou empréstimo, os judeus não podiam ter sua própria loja; precisavam, muitas vezes, investir no negócio alheio, controlado por calvinistas.

Esta situação começou a mudar com a Revolução Batava por influência da Revolução Francesa; uma de suas prioridades era retirar da Igreja Reformada seu *status* especial, com fortes vínculos com o Estado. Assim, os cidadãos que não pertencessem à Igreja Reformada, que não fossem calvinistas, não seriam mais excluídos do exercício de funções e cargos públicos; não precisariam mais, tampouco, contentar-se com um *status* inferior nas milícias, guildas e universidades[164]. A Revolução, no

---

spreading further and that the Jews, as 'blasphemers against Christ', be forbidden the public practice of their faith throughout the United Provinces, as well as to take vigorous steps to suppress Socinianism."

162 Ao discriminar os judeus, estas guildas e lojistas calvinistas tentavam promover uma reserva de mercado.

163 J.I. Israel, *The Dutch Republic: Its Rise, Greatness, and Fall 1477-1806*, p. 1026: "Most Dutch towns began allowing Jewish settlement at the end of the seventeenth century, or beginning of the eighteenth, but continued to restrict their numbers and activity in various ways, in particular by excluding them from guilds and shopkeeping."

164 Ibidem, p. 1125: "Yet another priority of the Batavian Revolution was to detach the Reformed Church from its special status and close links with the State,

entanto, deparou-se com a resistência feroz dos calvinistas; na realidade, estes eram cidadãos de primeira classe, privilegiados, enquanto os católicos, luteranos, menonitas e judeus eram cidadãos de segunda classe[165]. As igrejas, escolas eclesiais e outras propriedades, que pertenciam à Igreja Reformada, continuaram a pertencer-lhe. Com a Revolução Batava, os católicos, menonitas e judeus emanciparam-se em teoria, mas não na prática[166]. O preconceito contra a comunidade judaica, mesmo em Amsterdã, era patente. Embora cerca de 11% da população de Amsterdã fosse composta por judeus, a proposta de que eles passassem a servir na milícia da cidade junto com os outros cidadãos foi bloqueada pela Câmara Municipal[167].

Os judeus, no entanto, apesar de todos os obstáculos com os quais se confrontaram nos Países Baixos, deram uma grande manifestação de capacidade de superação; não só sobreviveram, mas conseguiram contribuir em grande medida para a transição econômica, nos Países Baixos, do mercantilismo ao capitalismo. Ao lado dos calvinistas e judeus, também os católicos, luteranos e menonitas contribuíram decisivamente para que os Países Baixos se transformassem, a partir do século XVII, numa das maiores potências marítimas e comerciais da história e triunfasse a liberdade de consciência.

ending the exclusion of the non-Reformed from office-holding and civic government and their lower status in the militias, guilds, and universities."
165 Para os calvinistas, essas minorias religiosas eram consideradas suspeitas. Como não podiam ser eliminadas completamente, deviam ser toleradas. Havia, no entanto, sérios obstáculos – dogmáticos, legais e políticos – à sua assimilação.
166 J.I. Israel, *The Dutch Republic: Its Rise, Greatness, and Fall 1477-1806*, p. 1125: "If Catholics, Mennonites, and Jews were now emancipated in theory, this was not yet the case in fact."
167 Ibidem: "Even central government's plan that in Amsterdam the Jews – who now formed about 11 per cent of the city's population – should serve alongside others in the citizen's militia was firmly blocked by the vroedschap."

Este livro foi impresso em São Paulo,
nas oficinas da MarkPress Brasil, em julho de 2014,
para a Editora Perspectiva.